POUR UNE THÉORIE
DU NOUVEAU ROMAN

DU MÊME AUTEUR

JEAN RICARDOU

POUR UNE THÉORIE DU NOUVEAU ROMAN

ÉDITIONS DU SEUIL
27, rue Jacob, Paris VIe

CE LIVRE
EST PUBLIÉ DANS LA COLLECTION
TEL QUEL
DIRIGÉE PAR PHILIPPE SOLLERS

Je vous instruirai avec plaisir de la par-
tie technique de notre art et nous lirons
ensemble les écrits les plus remarquables.
                                    Novalis

I

LA LITTÉRATURE COMME CRITIQUE

> La situation de principe est toujours la même
> et elle définit la fonction que partout le
> système doit assurer.
>
> Bataille

S'il arrive aux partisans d'une littérature rétrograde de s'en prendre aux travaux modernes, c'est le plus souvent de manière indirecte, en leur déniant tout impact critique. A partir des deux aptitudes cardinales du langage, on s'efforce d'imposer une curieuse alternative.

Le bien : en sa fonction directement instrumentale, le langage, on le sait, permet *l'expression* d'une expérience ou d'une doctrine, la *représentation* des divers aspects du monde. Appuyé sur un quelque chose à dire, il permettrait, outre les plus féconds développements littéraires, la seule attitude résolument efficace.

Le mal : mais le langage, c'est aussi un matériau sur lequel peut porter un travail d'organisation et de transformation. Loin de véhiculer un sens déjà établi, il s'agit alors de *produire* du sens. C'est cette activité mal comprise que l'on condamne hâtivement comme stérile jeu sur les mots, incapable de la moindre action réelle.

Nul doute que les tenants de ce préjugé n'aient été particulièrement encouragés par certains aspects de la doctrine que Jean-Paul Sartre développa, après la guerre, dans *Situations II*. C'est en interrogeant quelques-unes des positions sartriennes que nous ferons paraître certains aspects producteurs du romanesque moderne. Nous préciserons ensuite plusieurs des pouvoirs critiques de la littérature comme telle.

I. PRODUCTION

A. *Poésie/prose.*

On se souvient du critère proposé par le chapitre *Qu'est-ce qu'écrire* :

> La prose est utilitaire par essence, je définirai volontiers le prosateur comme un homme qui se SERT des mots (...) [La poésie] ne s'en sert pas de la même manière; et même elle ne s'en SERT pas du tout; je dirai plutôt qu'elle les sert. Les poètes sont des hommes qui refusent d'utiliser le langage [1].

L'opération que permet ce partage est simple. Ainsi opposée à la poésie, toute prose se trouve condamnée à l'immédiat utilitaire : le domaine du roman est annexé par le langage instrumental. Mais la démonstration ne va pas sans surprise. Quand Sartre veut montrer comment le poète envisage les mots, il recourt à l'exemple suivant :

> Florence est ville et fleur et femme, elle est ville-fleur, et ville-femme et fille-fleur tout à la fois. Et l'étrange objet qui paraît ainsi possède la liquidité du FLEUVE, la douce ardeur fauve de l'or et, pour finir, s'abandonne avec DÉCENCE et prolonge indéfiniment par l'affaiblissement continu de l'E muet son épanouissement plein de réserve.

Or, si peu qu'on l'observe, il apparaît que ce passage se rattache non point à un poème, mais à une prose romanesque célèbre : *A la recherche du temps perdu.*

> Entre Bayeux si haute dans sa noble dentelle rougeâtre et dont le faîte était illuminé par le vieil or de sa dernière syllabe; Vitré dont l'accent aigu losangeait de bois noir le vitrage ancien (...); Quimperlé, lui, mieux attaché, et depuis le moyen âge, entre les ruisseaux dont il gazouille et s'emperle en une grisaille pareille à celle que dessinent, à travers les toiles d'araignées d'une verrière, les rayons de soleil, changés en pointes émoussées d'argent bruni.

---

1. Dans les citations, les petites capitales signaleront les mots soulignés par l'auteur, l'italique les mots soulignés par nous.

Divers lecteurs seront sans doute portés à croire qu'il n'y a là que fortuite rencontre. Nous les invitons à relire, dans *la Recherche*, deux voisins paragraphes qui permettent de définir le raisonnement sartrien sur la *poésie* comme l'exacte réminiscence d'un passage proustien où le *roman* commente ses propres mécanismes. Quelques lignes au-dessus (Pléiade, I, p. 388), Proust évoque Parme et, comme par hasard, Florence :

> Et quand je pensais à Florence, c'était comme à une ville miraculeusement embaumée et semblable à une corolle, parce qu'elle s'appelait la cité des lys et sa cathédrale, Sainte-Marie des Fleurs.

Et un peu plus haut il propose, pour le fonctionnement du roman, la distinction même que Sartre détourne pour l'employer à la poésie :

> Les mots nous présentent des choses une petite image claire et usuelle comme celles que l'on suspend aux murs des écoles pour donner aux enfants l'exemple de ce qu'est un établi, un oiseau, une fourmilière, choses conçues comme pareilles à toutes celles de même sorte. Mais les noms présentent des personnes — et des villes qu'ils nous habituent à croire individuelles, uniques comme des personnes — une image confuse qui tire d'eux, de leur sonorité éclatante ou sombre, la couleur dont elle est peinte uniformément.

Le roman proustien (nous en donnerons un exemple) s'inscrit foncièrement dans ce rôle *producteur* des mots (le nom propre s'y révèle comme signe dégagé du signifié autoritaire qui occulte communément l'aptitude productrice du signifiant) par opposition à leur fonction strictement utilitaire. En conséquence, nous ne pouvons admettre la distinction sartrienne qui autorisait l'annexion du roman par le langage instrumental.

Pour que la démonstration soit complète, il faut toutefois montrer que *la Recherche* n'est pas un phénomène isolé. Relisons donc *la Route des Flandres* de Claude Simon :

> Dans cette robe rouge couleur de bonbons anglais (mais peut-être cela aussi avait-il été inventé, c'est-à-dire la couleur), ce rouge acide, peut-être simplement parce qu'elle était quelque chose à quoi pensait non son esprit, mais ses lèvres, sa bouche, peut-être à cause de son nom, parce que « Corinne » faisait penser à « corail ».

Souvenons-nous aussi de la confusion que, dans *le Voyeur* de

Robbe-Grillet, Mathias établit entre une certaine *Violette* et Jacqueline Leduc dont le *viol* l'obsède. Songeons non moins à Roussel et à Joyce.

B. *Décoration et adjonction.*

Aux larges fragments de cette démonstration que nous lui présentâmes au cours du débat *Que peut la littérature ?*. Sartre répondit ceci :

> Quand on citait le passage que j'ai écrit sur FLORENCE, en prenant le mot dans la mesure où il évoquait des images et non pas dans la mesure où il était signe, et qu'on le confrontait à cette affirmation : « le mot de la prose veut montrer », on oubliait une note où j'ajoutais que bien entendu, tout ce matériel d'images existe aussi dans la prose; sans cela il n'y aurait pas de style; le style est précisément fait de cela.

La tentative de réduction est donc nette. Sartre s'efforce de ramener un fondamental processus de production à un rôle stylistique secondaire : une décoration, un adjuvant. Dans *Qu'est-ce qu'écrire ?*, il avançait :

> Tout cela n'empêche point qu'il y ait la manière d'écrire. On n'est pas écrivain pour avoir choisi de dire certaines choses mais pour avoir choisi de les dire d'une certaine façon. Et le style, bien sûr, fait la valeur de la prose. Mais il doit passer inaperçu. Puisque les mots sont transparents et que le regard les traverse, il serait absurde de glisser parmi eux des vitres dépolies. La beauté n'est ici qu'une force douce et insensible. (...) Dans la prose, le plaisir esthétique n'est pur que s'il vient par dessus le marché.

Il fixait aussi la portée du « plaisir esthétique » : ornement de la thèse, celui-ci en augmente insidieusement la force de conviction. En somme, le style « dore la pilule » :

> Dans un livre [la beauté] se cache, elle agit par persuasion comme le charme d'une voix ou d'un visage, elle ne contraint pas, elle incline sans qu'on s'en doute et l'on croit céder aux arguments quand on est sollicité par un charme qu'on ne voit pas.

Le processus producteur réduit au style, le style est à son tour contraint au subalterne et au douteux : il est cet adjuvant littéraire dont nous parlions plus haut.

Mais, puisque nous y étions invités, considérons maintenant la fameuse note. Sartre y donne ces précisions :

> La prose la plus sèche renferme toujours un peu de poésie (...) Il n'en faudrait pas conclure, toutefois, qu'on peut passer de la poésie à la prose par une série continue de formes intermédiaires. Si le prosateur veut trop choyer les mots, l'EIDOS « prose » se brise et nous tombons dans le galimatias.

Nul doute qu'un tel raisonnement ait permis à plus d'un critique mineur d'accuser maintes pages d'*Ulysse* et de *Finnegans Wake* de « choyer » trop les mots et d'aboutir au galimatias. L'inculpation d'inintelligibilité traduit un peu trop souvent l'inaptitude à lire pour que nous lui accordions une quelconque valeur critique.

C. *Vocable producteur.*

Dans notre démonstration précédente, nous avons prétendu que les paragraphes de Proust sur les noms commentaient l'aptitude productrice, dans *la Recherche*, du langage comme matériau. Nous devons à présent en fournir la preuve. Les exemples sont innombrables, mais, tant qu'à faire, autant éclaircir un problème demeuré semble-t-il obscur.

Considérons la « séquence » des clochers de Martinville : l'extase, la page écrite par Marcel, les diverses hypothèses du narrateur, l'expérience voisine des chênes d'Hudimesnil. Dans sa *Lecture de Proust*, Gaëtan Picon y voit l'ébauche interrompue de la théorie proustienne de la métaphore telle que la développe *le Temps retrouvé*. Comme *ébauche*, elle s'intègre (de manière un peu floue) au système ; en tant qu'*interrompue*, elle reste secrète. C'est cette énigme que nous nous proposons de résoudre.

L'un des principaux dispositifs de *la Recherche*, nous le savons, est le rapprochement général de deux horizons inconciliables. Au niveau biographique, l'opposition, parmi d'autres, de Swann (déclassé par son mariage avec Odette) et des Guermantes se résorbe en Gilberte, fille de Swann et d'Odette, épouse du Guermantes Saint-Loup. Au niveau du paysage, et selon un parallélisme fructueux, la région de Combray est soumise au même motif. L'*écartement* d'abord :

> Car il y avait autour de Combray deux « côtés » pour les prome-
> nades, et si opposés qu'on ne sortait pas en effet de chez nous
> par la même porte, quand on voulait aller d'un côté ou de
> l'autre : le côté de Méséglise-la-Vineuse, qu'on appelait aussi
> le côté de chez Swann, parce qu'on passait devant la propriété
> de M. Swann pour aller par là, et le côté de Guermantes. (...)
> Alors « prendre par Guermantes » pour aller à Méséglise, ou le
> contraire, m'eût semblé une expression aussi dénuée de sens
> que prendre par l'est pour aller à l'ouest, etc.

Puis le *raccourci :* au début du *Temps retrouvé*, quand plusieurs
milliers de pages ont permis les rapprochements innombrables,
Gilberte (justement) au cours d'une promenade du côté de Méséglise précise au narrateur :

> « Si vous n'aviez pas trop faim et s'il n'était pas si tard, en
> prenant ce chemin à gauche et en tournant ensuite à droite, en
> moins d'un quart d'heure nous serions à Guermantes (...). Si
> vous voulez nous pourrons tout de même sortir un après-midi
> et nous pourrons alors aller à Guermantes, c'est la plus jolie
> façon », phrase qui en bouleversant toutes les idées de mon
> enfance m'apprit que les deux côtés n'étaient pas aussi inconci-
> liables que j'avais cru.

Ainsi, Méséglise contenait le raccourci secret joignant de préten-
dues antipodes. Le paysage de Combray pouvait donc se lire
comme le schéma du motif central de *la Recherche*. Connaître
ce chemin de Méséglise eût été percevoir le fonctionnement même
du livre.

Maintenant, nous pouvons comprendre l'extase de Martinville.
Loin d'être seulement une désignation usuelle (le narrateur ne
s'y rend pas), Méséglise joue le rôle d'un vocable producteur.
L'interprétation de ses syllabes détermine tout un paysage. Mes
églises : les clochers de Martinville, *mes* clochers, ceux qui recè-
lent le secret de *mon* roman. Dans cette perspective, maints détails
s'éclairent : l'éclairage d'abord (seule la lumière du livre finissant
pourra éclaircir cette scène), le soudain voisinage de clochers
isolés, le sentiment d'une imminence primordiale :

> A un tournant d'un chemin, j'éprouvai tout à coup ce plaisir
> spécial qui ne ressemblait à aucun autre, à apercevoir les deux
> clochers de Martinville, *sur lesquels donnait le soleil couchant* et
> que le mouvement de notre voiture et les lacets du chemin
> avaient l'air de faire changer de place, puis celui de Vieuxvicq

qui, séparés d'eux par une colline et une vallée, et situé sur un plateau plus élevé dans le lointain, *semblait pourtant tout voisin d'eux.*

En constatant, en notant la forme de leur flèche, le déplacement de leurs lignes, l'ensoleillement de leur surface, *je sentais que je n'allais pas au bout de mon impression, que quelque chose était derrière ce mouvement, derrière cette clarté, quelque chose qu'ils semblaient contenir et dérober à la fois.*

Les clochers *paraissaient si éloignés* et nous avions l'air de si peu nous rapprocher d'eux, que je fus étonné quand, *quelques instants après, nous nous arrêtâmes devant l'église de Martinville.*

Et, puisqu'il ne s'agit guère ici de proposer une étude complète, apportons seulement cette dernière preuve. Le motif central du roman, en la proximité de son substitut, inspire naturellement un texte :

Sans me dire que *ce qui était caché derrière les clochers de Martinville devait être quelque chose d'analogue à une jolie phrase,* puisque c'était sous la forme de mots qui me faisaient plaisir que cela m'était apparu, *demandant un crayon et du papier au docteur, je composai.*

Ici encore, nous le savons, l'œuvre de Proust n'est pas exceptionnelle. Citons les calembours directeurs du récit dans *la Route des Flandres* (Saumure-Saumur), les rimes productrices du procédé roussellien (cf. chapitre v) et les « fictions » étranges du système de Brisset.

D. *Style inducteur.*

Quand au style même, l'amenuisement sartrien de son rôle (décoration, adjonction) doit être aussi remis en cause. Une fois encore, c'est Proust qu'il faut relire. Éminente figure de style, la métaphore, en le roman lui-même, est célèbrement saluée :

On peut faire se succéder indéfiniment dans une description les objets qui figuraient dans le lieu décrit, la vérité ne commencera qu'au moment où l'écrivain prendra deux objets différents, posera leur rapport, analogue dans le monde de l'art à celui qu'est le rapport unique de la loi causale dans le monde de la science, et les enfermera dans les anneaux nécessaires d'un beau style; même, ainsi que la vie, quand en rapprochant une qualité commune à deux sensations, il dégagera leur essence commune en les réunissant l'une et l'autre pour les soustraire aux contingences du temps, dans une métaphore.

Mieux. C'est d'une décisive extension du style qu'il s'agit. La métaphore ne sera plus seulement cette figure qui agrémente de ses prestiges chatoyants le cours d'une prose ; elle tendra, au cours d'expériences souvent fondamentales, à ordonner et produire la substance même du récit : madeleine et pavés certes, mais aussi l'Odette botticellienne, la marine alpestre, etc. Sous le nom de *métaphore structurelle*, il nous a été aisé d'en suivre le rôle producteur [1]. Comme aujourd'hui chez Robbe-Grillet, Simon et quelques autres (cf. chapitre VI), il y a donc déjà chez Proust retournement des éléments traditionnels de l'expression (métaphore, calembour) en facteurs de production. *Du côté de chez Swann* ne manque pas d'offrir, à toute lecture attentive, une parfaite superposition des deux niveaux du système :

> ... avant même d'arriver à la Madeleine, j'étais ému à la pensée d'approcher d'une rue où pouvait se produire inopinément l'apparition surnaturelle.

Ce qui ici désigne l'activité de la *métaphore* structurelle capable de faire surgir surnaturellement un événement inopiné (et dont le parangon est la célèbre madeleine), c'est le jeu d'un *calembour* associant une petite patisserie et un monument parisien, la Madeleine (une de « mes églises », justement).

En sa précision extrême, le style descriptif, de son côté, n'échappe point à la règle. Il ne s'accomplit guère sans que son exercice ne produise d'incessants effets. Rappelons cet aveu de Flaubert à Feydeau :

> A chaque ligne, à chaque mot, la langue me manque et l'insuffisance du vocabulaire est telle, que je suis forcé à changer les détails très souvent.

Souvenons-nous aussi de cette tentative de panoramique exhaustif qui a induit Ollier, dans *Description panoramique d'un quartier moderne*, à inventer, pour l'aisance de la description, une cloison nue, privée de tout ornement. Ou, dans les romans de Robbe-Grillet, de l'augmentation lisible des scènes figées, plus faciles à inscrire, avec l'accroissement de la rigueur descriptive.

---

1. *Problèmes du nouveau roman*, p. 135-142.

E. *L'inflation des choses ou les signes estropiés.*

Ce déplacement étrange, ces détournements curieux, l'occultation en laquelle, dans le roman, est maintenue l'aptitude productrice des vocables et du style, tout cela n'est chez Sartre que la conséquence d'une bizarre doctrine du signe. Ce qui frappe, en elle, d'emblée, c'est une exorbitante inflation des choses. Pour le poète, les mots sont *choses*, les phrases, *objets*. Pour le prosateur, ils sont une transparence dont l'immédiat franchissement conduit aux *choses* :

> En fait, le poète s'est retiré d'un seul coup du langage-instrument; il a choisi une fois pour toutes l'attitude poétique qui considère les mots comme des choses et non comme des signes. Car l'ambiguïté du signe implique qu'on puisse à son gré le traverser comme une vitre et poursuivre à travers lui la chose signifiée ou tourner son regard vers sa RÉALITÉ et le considérer comme objet. L'homme qui parle est au-delà des mots, près de l'objet.

La lecture d'un signe prosaïque se définit aussi, pour Sartre, comme la traversée de cette association d'un mot et d'un objet. Lors du débat *Que peut la littérature ?* Sartre appelait curieusement cet objet tantôt *signifié*, tantôt *signification* :

> Mais on a oublié que le langage est fait de certains objets qui sont écrits ou oraux, qui sont des objets présents, matériellement présents et qui visent d'autres objets qui ne sont pas là ou qui sont là mais qu'on n'a pas vus, qui sont les signifiés, et qu'on donne à connaître par des signes ces signifiés à d'autres individus. Il y a donc le lecteur, qui est l'homme à qui on donne à connaître, par des signes, des significations.

Contestable, peut-être, d'un autre point de vue, la linguistique saussurienne, en proposant un dispositif plus complexe, permet de bien lire la réduction de Sartre. Dans son *Cours*, Saussure précise fortement que « le signe linguistique unit non une chose et un nom, mais un concept et une image acoustique », ou encore : un signifié et un signifiant. Et, dans ses *Éléments de sémiologie*, Barthes ajoute, à propos des hypothèses portant sur le degré de « réalité » du signifié que « toutes s'accordent cependant pour insister sur le fait que le signifié n'est pas « une chose » ». Par une confusion têtue entre objet même et signifié, Sartre avilit la triade linguistique (signifiant, signifié, objet même) et transforme les signes en stropiats. Le signe sartrien subit la terrible perte de son signifié (proprement dit), dévoré par l'objet même. Quand Bernard Pingaud, rédacteur à la revue de Sartre, accusait (*La Quinzaine* nº 42) « l'idéologie » de *Tel Quel* d'être « le refus du signifié », il réussissait donc, remarquons-le, un retournement prodigieusement acrobatique. Nous y reviendrons.

Il faut faire d'abord deux remarques. D'une part, la doctrine sartrienne n'est que la généralisation hâtive d'un cas très particulier : si, à table, quelqu'un demande : « passez-moi le pain », la pratique « superposition » de l'objet même et du signifié permet au premier d'éclipser l'autre.

F. *Problèmes de la Fiction.*

D'autre part, elle brouille toute théorie précise des spécifiques problèmes de la fiction. Supposons par exemple la fameuse cafetière de Robbe-Grillet :

> La cafetière est en faïence brune. Elle est formée d'une boule, que surmonte un filtre cylindrique muni d'un couvercle à champignon. Le bec est un s aux courbes atténuées, légèrement ventru à la base. L'anse a, si l'on veut, la forme d'une oreille, ou plutôt de l'ourlet extérieur d'une oreille; mais ce serait une oreille mal faite, trop arrondie et sans lobe, qui aurait ainsi la forme d'une « anse de pot ». Le bec, l'anse et le champignon du couvercle sont de couleur crème. Toute le reste est d'un brun clair très uni et brillant.

Loin de se confondre avec tout objet même, la cafetière fictive se livre dans une ambiguïté parfaite. Sans doute, d'une certaine manière, rappelle-t-elle l'objet même, mais, surtout, elle obéit à des nécessités impérieuses. Tandis que l'objet même propose son volume et la profusion indéfinie de ses attributs comme un tout immédiat, l'objet fictif se forme par une succession close de qualités. Les effets de cette différence sont incalculables : ailleurs, nous en avons analysés certains. Notons seulement ici que réunir les attributs épelés en une synthèse rétrospective est à la fois indispensable et inadmissible. S'en contenter (par une hypostase des signifiés qui s'efforcerait de confondre, après coup, objet fictif et objet même) reviendrait à offrir d'abusifs privilèges à l'une des deux grandeurs contradictoires de la fiction. Ce danger menace sans cesse toute lecture : si attentif à l'illusion réaliste, Valéry lui-même (cf. chapitres II et IV) en a quelquefois été victime.

Ce qui échapperait dès lors, c'est que cette cafetière fictive, par la nécessaire successive distribution des attributs, possède en sa littéralité, en l'étrange temporalisation scripturale qui la compose, l'exacte structure d'un *récit*. Non qu'elle soit prise *dans* un récit et y joue son rôle en le sens où Flaubert disait à Sainte-Beuve :

> Il n'y a point dans mon livre une description isolée, gratuite; *toutes servent* à mes personnages et ont une influence lointaine ou immédiate sur l'action.

Elle est elle-même, déjà, le récit. La cafetière décrite n'est pas seulement un élément utile au récit *le Mannequin, le Mannequin* est le récit (d'un séjour labyrinthique et d'une prudente sortie) obtenu par le prolongement descriptif de cette description.

Ainsi l'ordre que choisit la description pour présenter les diverses parties d'un tout, suffit à établir une intrigue. Dans *la Chambre secrète*, Robbe-Grillet en fournit un exemple complexe. « D'abord » : insistant ainsi sur la temporalité descriptive, le texte, en dévoilant peu à peu divers aspects d'une scène fixe, met en place l'allure suspensive d'un récit :

> C'est d'abord une tache rouge, d'un rouge vif, brillant, mais sombre, aux ombres presques noires. Elle forme une rosace irrégulière aux contours nets, qui s'étend de plusieurs côtés en larges coulées de longueurs inégales, se divisant et s'ame-nuisant ensuite jusqu'à devenir de simples filets sinueux. L'ensemble se détache sur la pâleur d'une surface lisse, arrondie, mate et comme nacrée à la fois, un demi-globe raccordé par des courbes douces à une étendue de même teinte pâle — blancheur atténuée par l'ombre du lieu : cachot, salle basse, ou cathédrale — resplendissant d'un éclat diffus dans la pénombre.

Sans doute, *à un moment* de la description, les personnages s'animent. C'est que, en dépit de leur différence fondamentale, la transition est aisée entre l'animation descriptive et la description d'une mobilité. Puis, gardant pour la fin un détail décisif, la description produit une chute surprenante comme celle d'un policier suspens :

> Près du corps dont la blessure s'est figée, dont l'éclat déjà s'atténue, la fumée légère du brûle-parfum dessine dans l'air calme des volutes compliquées : c'est d'abord une torsade couchée sur la gauche, qui se relève ensuite et gagne un peu en hauteur, puis revient vers l'axe de son point de départ, repart de nouveau dans l'autre sens, pour revenir encore, traçant ainsi une sinusoïde irrégulière, de plus en plus amortie, qui monte, verticalement, vers le haut de la *toile*.

Sachant que, dans une séquence descriptive, toute énumération d'une simultanéité forme déjà la scansion d'un récit, Flaubert s'en sert parfois comme l'annonce secrète du récit lui-même. Dans le premier chapitre de *Salammbô*, à diverses reprises, la description s'ordonne selon une croissante violence. De l'étrangeté :

> Le Grec se reconnaissait à sa taille mince, l'Égyptien à ses épaules remontées, le Cantabre à ses larges mollets. Des Cariens balançaient orgueilleusement les plumes de leur casque, des archers de Cappadoce s'étaient peints avec des jus d'herbes de larges fleurs sur le corps, et quelques Lydiens portant des robes de femmes dînaient en pantoufles et avec des boucles d'oreilles. D'autres qui s'étaient par pompe barbouillés de vermillon, ressemblaient à des statues de corail.

ou du vacarme :

> On entendait à la fois le claquement des mâchoires, le bruit des paroles, des chansons, des coupes, le fracas des vases campaniens qui s'écroulaient en mille morceaux, ou le son limpide d'un grand plat d'argent.

Ainsi prélude-t-elle au récit des violences, du pillage par les mercenaires, et, mieux, selon une subtile mise en abyme, évoque-t-elle, en sa progression, l'ultérieure venue de Salammbô : « des robes de femmes » « des boucles d'oreilles », « le son limpide d'un grand plat d'argent ».

G. *Le dogme de l'Expression-Représentation.*

C'est la place même de ce travail de *production*, avec ses aspects innombrables, qu'éclipse la défiguration sartrienne. En le couple mot/objet, c'est l'objet, certes, qui reçoit tout privilège. Ainsi reconnaissons-nous le traditionnel dispositif de l'*expression-représentation* : une entité antécédente (idée, objet) « à dire » et « le moment verbal » comme « structure secondaire de l'entreprise ». Peu nous surprend, dès lors, l'appui que découvre Sartre, soudain, dans un très bourgeois *bon* sens :

> Et le bon sens, que nos doctes oublient trop volontiers, ne cesse de le répéter. N'a-t-on pas coutume de poser à tous les jeunes gens qui se proposent d'écrire cette question de principe : « Avez-vous quelque chose à dire ? » Par quoi il faut entendre : quelque chose qui vaille la peine d'être communiqué.

Si nous serrons d'un peu près cette question curieuse, une idéologie bien connue, aussitôt, se trouve mise à jour. Votre propriété (Avez-vous quelque chose) mérite-t-elle visite ? (à dire ?). L'interrogatoire, donc, à tout coup, laisse interdit le jeune homme. En effet, selon le mot de Blanchot, il se suppose écrivain à ceci, justement, qu'il n'a rien à dire. Il n'a rien à dire ; il a à écrire. Il n'est pas propriétaire d'une richesse intérieure (produit, d'ailleurs, de quel travail ?) qui lui donnerait accès à la parole littéraire, un peu comme la richesse financière, sous la Restauration, avec le suffrage censitaire, donnait droit à la parole politique. Ce qui pourrait rendre compte, semble-t-il, au départ, de son désir d'écrire, serait plutôt la description anticipée du texte à venir. Non, à la façon borgesienne, la critique d'une œuvre supposée écrite, mais l'évocation des fonctionnements possibles, des procédés prévus. Or, s'il est relativement facile de les déduire d'un texte déjà fait, il est en revanche impossible de mesurer à l'avance leur importance respective et les exigences de leurs combinaisons. Écrire, tout écrivain à sa manière l'atteste, est une activité productrice qui se caractérise notamment par la transformation, à mesure, de ses propres bases.

Cette métamorphose, récemment, *Nombres* n'omettait pas de la signaler. Par tout un lexique du changement (que nous soulignons), une séquence au présent, par exemple, se définissait en l'évolution de son rôle :

> Vous avez sous les yeux la séquence en blanc du présent, *son retournement, son renversement* à vivre à la fois (...) c'est-à-dire, d'une *surface à son opposé* (...) c'est-à-dire, *d'un blanc au blanc*

redoublé (...) c'est-à-dire, en définitive, la superposition des scènes, l'émergence et l'*articulation progressive* mais parfaite depuis le début, *l'évolution si on pense un commencement*...

Faisant donc de l'écrivain le propriétaire d'un « quelque chose à dire », le dogme de l'*expression-représentation* occulte bien et le texte et les exacts travaux qui le produisent. Or, débarrassé de cette bourgeoise idéologie, le texte littéraire, malgré l'étrange avis de Sartre :

> D'ailleurs à considérer seulement cette structure secondaire de l'entreprise qu'est le MOMENT VERBAL, la grave erreur des purs stylistes c'est de croire que la parole est un zéphyr qui court légèrement à la surface des choses, qui les effleure sans les altérer.

connaît, précisément, diverses aptitudes critiques.

II. *CRITIQUE*

En toute occurrence, l'examen critique suppose un objet d'étude et une méthode capable d'en faire surgir certains éléments plus ou moins perceptibles. Quels que soient donc les domaines successivement offerts à sa critique, c'est le texte, toujours, par conséquent, qui jouera ce rôle analytique.

A. *Critique du « visible ».*

« Que peuvent les arbres dans les livres contre les arbres du réel ? » demandait Berger au débat *Que peut la littérature ?* Nous le comprenons à présent : leur critique. Pour reprendre un texte cité, supposons-nous devant ce très simple objet : une cafetière. Notre perception connaît la variété d'une profusion immédiate : c'est un ensemble de caractères qui nous atteint d'un seul coup. Et si nous réduisons le champ visible, demeure, quitte à se faire microscopique, cette simultanéité perceptive. En revanche, la cafetière obtenue par la description de Robbe-Grillet, nous l'avons vu, se montre de tout autre nature. Pour la première, c'est la *coexistence* de la matière, des couleurs, des formes ; le fourmillement de mille détails. Pour l'autre, la *succession* irrémédiable d'attributs en nombre nécessairement limité. Loin d'être l'objet d'une attention marginale, chaque élément de la seconde jouit d'une importance accrue non seulement parce qu'il appartient à un ensemble clos mais encore parce que la lecture, à un moment, est contrainte d'en passer par lui. Tout l'intérêt se porte alors, par exemple, obligatoirement, sur ce bec, ce « S » aux courbes atténuées, légèrement ventru à la base, qui peut dès lors paraître, à l'évidence, en sa sinuosité et son accroissement, comme l'annonce de l'accroissement labyrinthique du subséquent espace. Par rapport à tout objet de référence, la description fonctionne comme une machine analytique dégageant les accidents, variant leur valeur, déterminant un ordre imprévu, fondant une nouvelle économie.

Déjà très sensibles s'il s'agit d'une seule chose, ces phénomènes sont agrandis et multipliés avec des groupes d'objets. Nettement exhaussé de l'ensemble par le rôle analytique de la description, tout caractère (morphologique, par exemple) pourra aisément rimer avec son semblable révélé ailleurs de la même manière. Ainsi, à deux objets de référence fort éloignés dans le quotidien, peuvent correspondre, dans un texte, deux objets décrits fermement liés par leur commun attribut scripturalement mis en valeur. Nous savons par exemple que dans *le Voyeur*, Robbe-Grillet joue systématiquement de ces aptitudes :

> C'était une fine cordelette de chanvre, en parfait état, *soigneusement roulée en forme de huit*, avec quelques spires supplémentaires serrées à l'étranglement.
> Quatre ou cinq mètres plus à gauche, Mathias aperçut *le signe gravé en forme de huit*.
> C'était un huit couché : deux cercles égaux, d'un peu moins de dix centimètres de diamètre, tangents par le côté. Au centre du huit, on voyait une excroissance rougeâtre qui semblait être le pivot, rongé par la rouille, d'un ancien piton de fer. Les deux ronds pouvaient avoir été creusés, à la longue, dans la pierre, par un anneau tenu vertical contre la muraille, au moyen du piton, et ballant librement de droite à gauche dans les remous de la marée basse.

Si donc, comme on l'a maintes fois noté, la littérature nous fait mieux voir le monde, nous le révèle, et, d'un mot, en accomplit la critique, c'est dans l'exacte mesure où, loin d'en offrir un substitut, une image, une représentation, elle est capable, en sa textualité, de lui opposer la différence d'un tout autre système d'éléments et de rapports.

Toute tentative naturaliste qui (par une quelconque doctrine de l'expression/représentation ou par l'hypostase d'une rétrospective synthèse fascinée) voudrait substituer à l'objet décrit le simulacre d'un objet quotidien se trompe deux fois. Elle méconnaît d'une part, nous l'avons vu, l'action productrice de la littérature, et d'autre part ce corollaire : sa fonction critique.

Ainsi, non sans paradoxe, en son exercice rigoureux, la description est le plus sérieux adversaire du naturalisme. Tout auteur qui prétend susciter une violente illusion de réalité doit donc restreindre les aptitudes de l'analyse descriptive. Réduisant toujours le dangereux choix descriptif, producteur et critique, à la pure illustration d'un sens clairement défini au préalable, Balzac, par exemple, nous le savons, y est parvenu mille fois. C'est pourquoi il a fait siennes les théories de Gall et Lavater : elles lui permettaient, avant toute description, de déterminer *le* sens du visage. Songeons au portrait de Michu dans *Une ténébreuse affaire* :

> S'il était possible, et cette statistique vivante importe à la Société, d'avoir un dessin exact de ceux qui périssent sur l'échafaud, la science de Lavater et celle de Gall prouveraient invinciblement qu'il y avait dans la tête de tous ces gens, même chez les innocents, des signes étranges. Oui, la Fatalité met sa marque au visage de ceux qui doivent mourir d'une mort violente quelconque! Or, ce sceau, visible aux yeux de l'observateur, était empreint sur la figure expressive de l'homme à la carabine. Petit et gros, brusque et leste comme un singe, quoique d'un caractère calme, Michu avait une face blanche, injectée de sang, ramassée comme celle d'un Calmouque et à laquelle des cheveux rouges, crépus, donnaient une expression sinistre...

Il faudra recenser un jour les innombrables procédés par lesquels les romanciers traditionnels sont souvent tentés d'éclipser et réduire le rôle producteur de l'écriture.

B. *Critique de l'Imagination.*

A chaque fois qu'un texte se dissimule ainsi comme texte en se voulant une transparence ouverte sur un sens institué au préalable, nous assistons à une tentative *d'illusionnisme*. En ses avatars, l'entité antécédente joue tantôt la naïveté (elle s'assimile au « réel »), tantôt la ruse (elle se dit imaginaire). Dans un curieux paragraphe de *Pour un nouveau roman*, Robbe-Grillet, passant de l'un à l'autre, ne semble guère percevoir que cette métamorphose, loin de changer l'essentiel, a pour fonction de masquer la pérennité du schéma :

> Il m'est arrivé comme à tout le monde, d'être victime un instant de l'ILLUSION RÉALISTE. A l'époque où j'écrivais LE VOYEUR, par exemple, tandis que je m'acharnais à décrire avec précision le vol des mouettes et le mouvement des vagues, j'eus l'occasion de faire un bref voyage d'hiver sur la côte bretonne. En route je me disais : voici une bonne occasion d'observer les choses « sur le vif » et de me « rafraîchir la mémoire »... Mais dès le premier oiseau de mer aperçu, je compris mon erreur : d'une part les mouettes que je voyais à présent n'avaient que des rapports confus avec celles que j'étais en train de décrire dans mon livre, et d'autre part cela m'était bien égal. Les seules mouettes qui m'importaient à ce moment-là, étaient celles qui se trouvaient dans ma tête.

A moins d'oublier résolument qu'elle est le produit d'un texte, la mouette décrite, en ses particularités, ne saurait mieux se confondre avec une image mentale qu'avec un animal même. En un sens, textuel et imagination sont deux grandeurs contradictoires. A niveau d'écriture, le texte ne se fait qu'en refusant d'exprimer un imaginaire. A niveau de lecture, par la permanente rigueur de sa littéralité, il rappelle à l'ordre les hypostases qu'à partir de lui l'imagination tente toujours d'établir. Ce n'est pas le recours à un imaginaire plus ou moins débridé qui définit la littérature, c'est le degré d'activité d'un texte. Ainsi le label roman, lié à l'idée de fabulation, n'est-il nullement un gage certain de littérature.

C. *Critique des langages coercitifs.*

Activité productrice, la littérature est par définition libre de tout sens précédent sa pratique : sauf à trahir, elle n'en saurait servir aucun. Suite d'un patient travail sur le langage, elle entend former les plus complexes ensembles de signes entrecroisés. Ainsi ne suppose-t-elle guère cette lecture courante en laquelle une transparente prose offre aussitôt son intelligibilité. Elle exige plutôt un acte de déchiffrement qui considère le texte, en son tissu, comme le lieu du permanent problème. Dès lors, pas d'illusionnisme; point d'accès direct au sens à travers un discours invisible. Le sens déchiffré se définit toujours, irrécusablement, comme un effet du texte. En somme, *déchiffrer*, c'est avoir franchi deux analphabétismes : le premier, visible (on ne sait pas lire), perçoit un texte et pas de sens; le second, caché (on croit savoir lire), un sens et pas de texte. C'est percevoir sens et texte (sans tomber, nous le verrons au chapitre suivant, dans l'illusion équilibriste), savoir se rendre sensible à toutes procédures de production.

Rompu à cet exercice, le déchiffrement sera capable de démasquer aussitôt tous langages coercitifs, en lesquels maints pouvoirs producteurs sont détournés et asservis pour venir insidieusement renforcer les « idées » qu'on souhaite répandre, ou, comme disait Sartre de la beauté, pour incliner « sans qu'on s'en doute ». Continûment attentive au texte, et à ses effets, cette seconde lecture saura répertorier les adjuvants poétiques, démasquer les rhétoriques honteuses qui agissent dans les langages pipés. Formant tels lecteurs, la littérature exerce, marginalement, une permanente critique des propagandes, des publicités.

Ainsi n'est-il guère pour nous surprendre que ce soit dans un chapitre intitulé *Linguistique et Poétique*, que Jakobson analyse un slogan politique :

> Les deux colons de la formule I like/Ike riment entre eux, et le second des deux mots à la rime est complètement inclu dans le premier (rime en écho), /layk/-/ayk/, image paronomastique d'un sentiment qui enveloppe totalement son objet. Les deux colons forment une allitération vocalique, et le premier des deux mots en allitération est inclu dans le second : /ay/-/ayk/, image paronomastique du sujet aimant enveloppé par le sujet aimé. Le rôle secondaire de la fonction poétique renforce le poids et l'efficacité de cette formule électorale.

Sans accomplir une étude aussi experte, songeons cependant à la phrase publicitaire par laquelle la nouvelle variante d'une lessive entendait s'imposer : « *Les sept taches* terribles *capit*ulent ». Elle s'établit comme une approximative rime de : « *Les sept péchés capit*aux ». Par cette association phonétique, la poudre est investie

d'une vertu latérale : elle devient apte à opérer un baptême.
Tremper un linge en cette détergente solution permettra de se
livrer à une purification double, physique et morale : un nettoyage,
une ablution. La force persuasive de la formule s'appuie ainsi,
par le biais d'une rime, sur les certitudes d'un catéchisme. Le
consommateur aura accès à l'intégrité du Booz hugolien, il sera
« vêtu de probité candide et de lin blanc ».

Sensible aux falsifications par la rime (cette métaphore des
signifiants), le déchiffrement percevra non moins les travestisse-
ments par la métaphore (cette rime des signifiés). Il n'aura guère
de mal à saisir, par exemple, la manœuvre accomplie, non sans une
surprenante démesure, par le journaliste Denis Lalanne dans le
quotidien sportif *l'Équipe* du 17 juin 1968, à quelques jours des
élections :

> En marge des événements que nous vivons, il s'est d'ailleurs
> passé, hier, dans ce stadium toulousain rafraîchi par un orage
> *providentiel des choses qui vont bien dans le sens de l'histoire.*
> Au début, *l'énorme participation populaire* fut incontestablement
> dominée par le fracas des supporters toulonnais (...). Sur la
> grande avenue du rugby, *le grand parti de la crainte s'était réveillé !*
> Et, comble de bonheur, sur la touche gagnée au 10 mètres
> toulonnais, Gachassin passa là-dessus son drop-goal, manière à
> lui de faire *le petit discours que le peuple espérait.* (...)
> Alors, *comme un seul homme*, le public toulousain, *le parti de la
> crainte*, cria sa joie (...). On eut bien la démonstration que ceux
> qui crient le plus fort pour condamner les représentants du
> beau jeu, pour acclamer un rugby bête et méchant, ne sont pas
> les plus nombreux. Dans l'ombre et sans fracas, *la majorité des
> fervents ne cesse d'espérer.* (...)
> Des supporters toulonnais « *katangais* » dans l'âme, et qui repré-
> sentaient bien pâlement leur brave équipe, s'en prirent *salement
> à un service d'ordre pourtant peu belliqueux et animé des meilleures
> intentions.* Mais lorsque la troupe toulonnaise fut enfin mise
> en déroute, l'on vit toute une fraction du public, restée à son
> poste d'observation, acclamer *les gardiens de l'ordre.*

Par cette métaphore sans cesse résurgente et confinant à l'allégorie,
les habituels lecteurs du journaliste (plus ou moins adeptes, donc,
de sa conception du rugby) sont insidieusement invités à en tirer
la leçon : un bulletin de vote.

D. *Critique des langages « neutres ».*

Ce qui est mis en cause, donc, aussi, par la littérature et la lecture qui s'en fortifie, c'est toute idée d'un langage naturel, innocent, transparent. Non moins que la préciosité, le naturel est le fruit d'un précis labeur qui ordonne une certaine syntaxe, un lexique déterminé, bref un ensemble d'artifices. Il n'y a pas de langage « neutre »; point d'innocent paradis de l'écriture. Pour tout message, la littérature nous apprend à considérer avec soin, et peut-être circonspection, le système de signes qui le produit.

La définir comme expression d'un « quelque chose à dire », c'est prêter à la littérature un statut fallacieusement proche du reportage. A l'inverse, nous semble-t-il, la littérature nous incite à considérer tout reportage comme un morceau de littérature *dérivée* et à mettre l'accent sur les nécessaires procédés qui tissent le texte. Ce qui apparaît dès lors, c'est que, loin de l'innocence, tout reportage est condamné à user d'adjuvants ou de « déformants ». Reconnaître cette malédiction permet au lecteur de dépister les effets de texte, à l'auteur de comprendre qu'il doit en restreindre la portée par un contrôle permanent.

Nous familiarisant avec le jeu complexe de ses procédés, la littérature critique en somme l'illusion du dictionnaire. Les mots, nous assure-t-elle, ne *possèdent* pas un groupe de sens clos. Le texte n'est pas un espace neutre où viennent s'assembler des sens inaltérables; c'est un milieu de transformation, une machine à changer les sens. Ainsi, dans *le Scarabée d'or* (cf. chapitre III), par exemple, en renforçant des constellations de termes (familiarité des signifiés : soleil, scarabée, trésor; des signifiants : old, gold), Edgar Poe permet en tous lieux du texte leur désignation réciproque, et change le domaine sémantique de chacun. Évidemment réinvesti dans l'économie globale, le produit de cette métamorphose y provoque de nouvelles réformes. Par cette généralisation absolue, la rassurante banale idée que l'assemblage des mots *fixe* le sens de chacun (je *bois;* le *bois*) se retourne en une inquiétante dynamique. La littérature incline à considérer avec une incessante suspicion les langages prétendument neutres qui postulent l'innocence d'un sens *coagulé.*

E. *Critique de l'Université traditionnelle.*

Elle conteste non moins les institutions qui prétendent commercer avec elle. A sa lumière, diverses coutumes universitaires, notamment, ne laissent pas de surprendre. Nous savons par exemple que récemment encore une œuvre ne pouvait fournir la base d'une thèse d'État que si la mort de l'auteur était enfin acquise. Étrange paradoxe qui incline le chercheur à souhaiter l'extinction, précisément, du travail qu'il apprécie. La meilleure raison de cette bizarrerie, sans doute, est la prudence extrême. En effet cette procédure offre au moins deux avantages. Laissant la durée établir ses décantations, elle élude toute responsabilité de choisir, dès leur sortie, les ouvrages dignes d'intérêt. Hélas, à vouloir éviter un peu trop tels périls, tout un enseignement littéraire avoue son impuissance à reconnaître la littérature en son combat. Ici, l'Université traditionnelle est en deçà de l'imprudente Académie qui, n'attendant pas tout à fait la mort de ceux qu'elle immortalise, accepte de se tromper et ne s'en prive guère. Le second bénéfice, c'est le report statistiquement lointain de l'examen des textes. En la douceur de ce retard confortable, il sera possible, peut-être, en les exhumant, de respirer le suave culturel parfum qui en dissipe les violences.

Ce qui frappe, aussi, c'est que, loin d'être mises en circulation, les copies d'examens supérieurs subissent l'abolition différée d'un entassement en d'obscures archives. Ainsi avoue-t-on à quel point, hors le contrôle de certaines connaissances, sont dérisoires, nécessairement, ces myriades de lignes. Certes, nous fera-t-on noter, *le Figaro littéraire* se plaît à divulguer, rituellement, les majeures copies du Concours général. C'est que nulle prose n'est mieux capable de rassurer la clientèle de cette publication académique. La réussite aux examens de lettres, le plus souvent, relève non de l'écriture, mais de la dégurgitation chronométrée d'un prétendu savoir.

Car la littérature, cet inverse de l'expression, est seule en mesure, probablement, de contester *aussi* certains principes au nom desquels on a critiqué, en mai 1968, l'ordre universitaire. Ce qui a été surprenant, surtout, c'est l'inflation paroxystique du dogme de l'expression. Sans doute le terme connaît-il une faveur croissante :

jusqu'à *l'Équipe* qui nomme « s'exprimer », maintenant, l'acte de pédaler sur routes. Mais il y a lieu, peut-être, de s'étonner que ce vocable ait si bien prospéré, à l'époque, chez les étudiants comme les représentants de la plupart des partis. Sans doute les jeunes gens ont-ils voulu retourner le rôle passif d'auditeur des cours *ex-cathedra* en l'activité d'une expression par la prise de parole. Hélas le romantique désir de s'exprimer, loin de s'opposer à l'enseignement archaïque, est son parfait complémentaire. Au cours magistral, en lequel une Vérité est censée *remplir* l'esprit d'un auditoire, correspond exactement l'idée d'expression par laquelle (comme on exprime le jus des agrumes) l'esprit se *vide* de son contenu. Réussir à l'examen c'est précisément, semble-t-il, établir une concordance : savoir se vider de ce dont on a été rempli. Dans les exigences étudiantes, c'est l'Autorité et ses coercitions qui ont surtout été mises en cause, non pas encore, fondamentalement, le principe réactionnaire par lequel les travaux du texte sont occultés. Sauf constant recours aux vertus critiques de la littérature, il est difficile, à des esprits façonnés par un enseignement bourgeois, de s'arracher aux dogmes qu'ils tentent de combattre.

F. *Critique de la littérature.*

Tout désir d'*arrêter* la littérature à une date ou une autre est symptôme de caducité. Ériger cette inaptitude en principe revient à fournir à l'obscurantisme les pouvoirs d'une institution. Sauf exceptions, donc, précisément, il ne faut guère attendre d'une Université qui persisterait dans les candides délices d'une littérature un peu trop antépénultième. A cette critique restrictive appuyée sur une consommation retardataire s'oppose une critique rétrospective définie par la production actuelle : celle que la littérature, à chaque instant, exerce sur la littérature.

Dans une intervention au colloque *Chemins actuels de la critique* à Cerisy, Jean Rousset remarquait :

> La critique de Proust est une critique de superposition des œuvres. Il emploie, je crois, ce terme à propos de Hardy. C'est, en effet, une méthode extraordinairement féconde et il est l'un des premiers à l'employer systématiquement. Elle est couramment employée maintenant, et par ceux qui ne se récla-

ment nullement de Proust (...). Il n'y a que lui qui ait pu voir cela, cette critique n'a absolument rien de scientifique, elle implique l'intuition d'un sujet particulier qui est Proust.

Telle « intuition », nous le savons, n'est pas inexplicable : elle n'est rien de moins que le verso critique d'un des principes producteurs de *la Recherche*. A toute superposition des niveaux destinée à faire surgir des points communs correspond le procédé inverse de la métaphore structurelle où un point commun met en communication des niveaux variés. C'est en son travail du texte que Proust a trouvé son intuition critique. Dans son exposé *Raisons de la critique pure*, Gérard Genette, pour sa part, ajoutait :

> Comme on l'a déjà dit bien souvent, l'écrivain est celui qui ne sait et ne peut penser que dans le silence et le secret de l'écriture, celui qui sait et éprouve à chaque instant que lorsqu'il écrit, ce n'est pas lui qui pense son langage, mais son langage qui le pense, et pense hors de lui. En ce sens, il nous paraît évident que le critique ne peut se dire pleinement critique s'il n'est pas entré lui aussi dans ce qu'il faut bien appeler le vertige, ou si l'on préfère, le jeu, captivant et mortel, de l'écriture.

D'une autre manière, en son exercice, la littérature inflige à la bibliothèque d'incessantes perturbations. Elle vieillit l'académisme contemporain. Comment se nomment, massifs en leur succès d'alors, la plupart des diplodocus dont Sainte-Beuve se plut à parler, innombrablement, en des lundis qui omirent un peu trop Baudelaire ? Nous l'ignorons : les textes de Baudelaire les ont périmés. C'est par exemple dans les livres que la glorieuse philosophie aéronautique de Saint-Exupéry a éclipsés, qu'il faut chercher ceux qui, déjà, le font disparaître. Pour le passé, inversement, déchirant la grisaille culturelle, elle révèle d'étranges constellations avec, toujours, leurs astres sombres. Le Surréalisme : Sade, Swift, Fourrier, Lichtenberg, Lautréamont, Rimbaud, Brisset, Roussel. Le « Nouveau Roman » : Flaubert, Poe, Proust, Joyce, Roussel, Kafka, Borges. Tel Quel : Dante, Sade, Lautréamont, Mallarmé, Roussel, Artaud, Bataille. Seul l'académisme, par définition, ignore cette permanente ré-évaluation. Ce n'est pas *l'Iliade* qui peut expliquer *Personnes* ou *Nombres*, par exemple. C'est le roman de Baudry ou celui de Sollers qui peut permettre une nouvelle lecture du texte d'Homère.

Enfin, la fiction, nous l'avons vu, est soumise à deux mobiles contraires : l'un, illusionniste, tend à réduire la présence du texte en fascinant le lecteur avec des événements. Ainsi arrive-t-il à Homère (cf. chapitre II) de dissimuler la nécessaire succession descriptive sous une contingente suite de gestes. Pour cette diversion, le récit se veut surtout, selon la formule, l'écriture d'une aventure. Inversement, s'il choisit de décrire une simultanéité (cf. chapitre II), Flaubert fait paraître, pur de toute succession anecdotique, le mouvement descriptif lui-même. Pour cet index, le récit s'offre plutôt comme l'aventure d'une écriture. L'action critique de la littérature, nous le comprenons, est liée à ce lent, difficile, périlleux surgissement. Sans doute nul texte n'est-il vraiment homogène. Mais nous pourrons juger de son rôle dans la mise à nu de l'écriture dissimulée à l'importance qu'il accorde aux diversions ou aux index, bref à la place qu'il occupe par rapport au concept de représentation. Sous cet angle, trois tendances enchevêtrées se partagent le texte, dont les occurrences, suivant la plus influente, se classent en trois types. L'illusionnisme représentatif de style balzacien. La tendance à l'*auto-représentation* du *Nouveau Roman*, par laquelle le récit, notamment en l'intense effet de la mise en abyme qui retourne la fonction représentative, se désigne mille fois lui-même. La tentative d'*anti-représentation* pratiquée à *Tel Quel* et très sensible dans *Personnes* et dans *Nombres* (cf. chapitre X). C'est, par exemple, le violent remplacement du personnage par de parfaites personnes grammaticales rebelles à toute appropriation représentative. Le signifié n'est donc nullement refusé (comme l'affirmait Pingaud un peu vite) mais soumis mot à mot, par le jeu de l'écriture à une permanente critique qui l'empêche de coaguler et de cacher le travail qui le forme. Ainsi, au centre de la littérature, l'écriture est la contestation même. C'est ce pouvoir critique, on s'en doute, en les diverses tentatives pour travestir la littérature, qui est avant tout occulté.

II

DE NATURA ficTIONis

Je voudrais les décrire, mais je suis découragé par les difficultés de la description,
et j'hésite entre le détail et les généralités.
                                        Poe

La fiction ne se développe pas dans un espace homogène. Certaine phrase de *Madame Bovary*, dont les aptitudes échappent peut-être à une lecture hâtive, semble se plaire à le montrer :

> A la base, d'abord, c'était un carré de carton bleu figurant un temple avec portiques, colonnades et statuettes de stuc, tout autour, dans des niches constellées d'étoiles en papier doré; puis, se tenait au second étage un donjon en gâteau de Savoie, entouré de menues fortifications en angélique, amandes, raisins secs, quartiers d'orange; et enfin, sur la plate-forme supérieure qui était une prairie verte où il y avait des rochers avec des lacs de confiture et des bateaux en écales de noisettes, on voyait un petit Amour, se balançant à une escarpolette de chocolat, dont les deux poteaux étaient terminés par deux boutons de rose naturelle, en guise de boules, au sommet.

Apporté par le pâtissier d'Yvetot, posé sur la table du repas de noces, le gâteau se présente comme l'ensemble *simultané* de ses parties. Or, ce qui frappe, c'est la curieuse insistance des indications *temporelles* : « d'abord », « puis », « enfin ». Voilà une irrécusable contradiction. Pour la comprendre, il suffit d'admettre que ces précisions se rapportent, non à l'objet dans la simultanéité de ses parties, mais à la description elle-même. Celle-ci est en effet bien faite d'une *succession* d'éléments, disons la suite des mots sur la page, et il faut un certain temps pour la parcourir. Là où un lecteur traditionnel parlerait de maladresse (l'on sait d'ailleurs que s'il arrive, par extraordinaire, que la prose flaubertienne soit défectueuse, c'est peut-être par le choix des comparaisons et des méta-

33

phores, jamais par l'usage des adverbes), il faut marquer, au contraire, une fois encore, l'activité moderne d'une description se désignant elle-même.

A. *Tendances contradictoires.*

Mais observons de plus près le paradoxe à l'aide du schéma bi-axial[1]. Supposons donc deux axes temporels Tn et Tf correspondant respectivement aux niveaux du narratif et du fictif. Admettons entre eux, arbitrairement, un rapport d'homologie qui fera mieux paraître les problèmes. Appelons d'une part :

a   la formule : « A la base »
b   la formule : « d'abord »
c   la formule : « puis »
d   la formule : « au second étage »
e   la formule : « enfin »
f   la formule : « sur la plate-forme »

et d'autre part :

o   la « simultanéité » du gâteau en ses diverses parties
o′   la « successivité » du gâteau en ses diverses parties,

puisque l'objet est aussi conçu, en cours de lecture, selon une suite d'éléments. Le phénomène se dispose alors comme le montre la figure 1.

Ainsi est-il facile de noter que :

1. Le rapport T_f/T_n (qui marque évidemment ce qu'on peut nommer vitesse du récit) tend vers zéro. On assiste à un enlisement. C'est de cette manière aussi que la description s'exhibe, d'autant plus visible, on le sait, qu' « il ne se passe rien ».

2. L'objet décrit est bien un être paradoxal, déchiré entre deux tendances contradictoires : la *tendance référentielle* (le gâteau dans la simultanéité de ses parties), la *tendance littérale* (le gâteau dans la successivité de ses parties). Or c'est sur cette opposition que Flaubert insiste méthodiquement en associant deux à deux les précisions spatiales, orientées ici vers le référent, et les précisions temporelles, désignant ici le littéral : ab, cd, ef.

1. Cf. *Problèmes du nouveau roman*, p. 161-170.

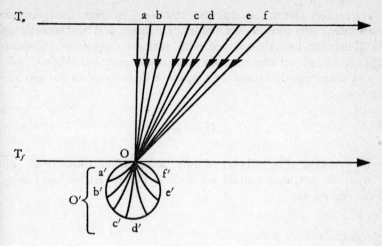

Figure 1

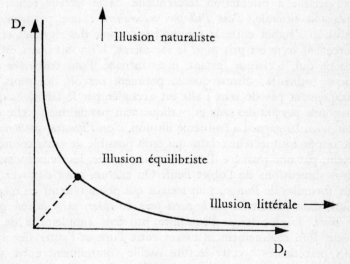

Figure 2

3. L'objet décrit est un être instable, oscillant continûment entre deux tensions inconciliables. La dimension référentielle et la dimension littérale sont en effet dans un rapport inversement proportionnel : l'attention du lecteur ne peut privilégier l'une qu'au détriment de l'autre. Le graphique de la fonction qui marque ce rapport :

$$D_r = \frac{1}{Dl}$$

une branche d'hyperbole, donne idée, schématiquement, de l'incessant parcours auquel est soumis l'être variable de l'objet fictif (figure 2).

B. *Illusions de la lecture.*

Trois illusions menacent ainsi la lecture. Si le lecteur refuse la dimension référentielle, c'est *l'illusion littérale* : une certaine intelligence du texte disparaît, car l'intelligibilité d'une suite de signifiés descriptifs exige que celle-ci se rassemble en une synthèse rétrospective à orientation référentielle. Si le lecteur refuse la dimension littérale, c'est *l'illusion naturaliste* : une permanente confusion s'établit entre la somme hypostasiée des signifiés et le référent; le livre est pris pour la vie même. L'on sait que c'est la seconde qui, à chaque instant, nous menace. Pour employer un lexique ordinaire, disons que la première perçoit des mots et pratiquement pas de sens : elle est aveuglée par le langage; que la seconde perçoit des sens et pratiquement pas de mots : elle est aveugle au langage. La troisième illusion, c'est *l'illusion équilibriste*. Elle frappe tout lecteur éclairé qui croit possible de saisir conjointement, par une manière d'attention divergente, les deux inconciliables dimensions de l'objet fictif. Ou encore, pour dévoyer ici deux formules de Ponge, tout lecteur qui pense obtenir en même temps, dans sa lecture, et *le parti pris des choses* et *le compte tenu des mots*. L'impression d'équilibre provient simplement de la vitesse d'un chatoiement incessant entre l'une et l'autre des illusions précédentes : cette lecture oscille continûment entre des mots cachant des sens et des sens cachant des mots.

C. *Dénaturation et motivation.*

On l'a vu : si la phrase de Flaubert est décisive, c'est que la parfaite antinomie qui joue entre la dimension référentielle (simultanéité) et la dimension littérale (successivité) tient le rôle d'un révélateur. C'est pourquoi tout obscurantisme s'efforcera de restreindre ce conflit ressenti comme une dénaturation. Puisque la successivité littérale est inamovible, c'est la simultanéité des diverses parties de l'objet qui doit être mise en cause. On devine les deux solutions. Premièrement : le mouvement descriptif ascendant représente le regard attentif d'un observateur qui contemple chaque aspect successivement. Mais cette motivation est insuffisante : la pièce montée n'est pas si volumineuse ni l'observateur si proche que le regard soit astreint à un déplacement d'une telle amplitude. Deuxièmement : le mouvement descriptif ascendant obéit aux simples lois de la logique qui demandent qu'on pose d'abord la base avant tout sommet. Or, précisément, inaugurant sa phrase par l'un et la terminant par l'autre, c'est une parfaite distorsion qu'à ce niveau non moins Flaubert exécute : c'est au sommet du texte que se trouve « la base », c'est à sa base que se trouve « le sommet ».

Davantage : comme s'il s'agissait, une fois de plus, de prendre pour thème de la description son fonctionnement même, les caractères de cet objet marquent une dénaturation. Le gâteau, en effet, forme une pyramide d'artifices : le cartonnage figure un temple, le gâteau de Savoie un donjon, la confiture un lac, etc... Si bien que, prises dans ce mouvement, les roses *naturelles* sont contraintes à n'être ici présentes que comme *artifices*, figurations d'autre chose : les boules au sommet des deux poteaux.

D. *Ostentation et dissimulation.*

Appliquée à une dénaturation si têtue, c'est du crime d'artifice que se voit alors accusée cette littérature, au nom certes d'un prétendu naturel. C'est omettre qu'en littérature il n'est de naturel qui ne soit l'effet, toujours, de précis artifices. L'on vient de voir les deux moyens par lesquels une lecture obscurantiste essayait de changer en successivité l'embarrassante simultanéité de l'objet.

Mais l'auteur? Il disposait, pour ce faire, d'un artifice bien connu. Ne lui suffisait-il pas d'introduire entre chaque partie de l'objet une action, celle, en une quelconque cuisine, du pâtissier élevant peu à peu les divers étages de la pièce montée? Ce n'est pas la phrase de Flaubert qui nous eût alors été offerte, mais celle-ci, plutôt, célèbre :

> Il revêtit sa belle tunique, fine, neuve, et s'enveloppa de son grand manteau; à ses pieds, il mit sa belle chaussure et attacha son glaive à son épaule par des clous d'argent; puis il reprit le sceptre ancestral et impérissable.

d'Homère, où la fiction (les gestes d'Agamemnon) y est déjà solution de problèmes narratifs. Face à la même difficulté, vingt-six siècles plus tard, une phrase, choisissant la contradiction, s'est inscrite à l'inverse d'une autre. La description, jadis dissimulée, s'y est rendue visible, s'y est donnée à lire. Ainsi s'est bien disposé, avec discrétion, minuscule, l'un des signes de la naissante modernité.

III

L'OR DU SCARABÉE

Un trésor est caché dedans.
La Fontaine

La technique de dissimulation célébrée dans *la Lettre volée* a semble-t-il permis l'occultation la plus perfide, celle-même, étrangement, du travail d'Edgar Poe. Obscurcissement paradoxal qui s'accomplit sous l'effet d'une gloire ambiguë. Tout se passe comme si, faite à l'adolescence sous prétexte d'énigmes et de péripéties, l'offre trop généreuse des *Histoires extraordinaires* répondait à une très précise fonction.

Nul doute que l'alliance d'un amalgame et d'une dépréciation lui permette d'imposer une subtile censure. Émue par la volupté du mystère, peu de chance en effet qu'une lecture débutante sache faire le départ entre cette littérature et les sous-produits innombrables. Parallèlement s'accomplira la flétrissure qui souille, ainsi les contes de fées, tout texte lié à un public puéril. Maint adulte, en conséquence, choisit selon le cas l'une des deux faces de la même résistance : « plus l'âge » ou « déjà lu ».

Ce refoulement n'est pas fortuit : peu d'auteurs, mieux que Poe, ont réussi à faire paraître le texte et la constellation de ses problèmes. C'est au recensement de plus d'un que ces lignes s'attachent, choisissant l'histoire la plus glorieuse (la mieux capable, en sa splendeur, de rendre aveugle) et lui posant cette question d'un personnage de la roussellienne *Poussière de Soleils* :

> Eh bien, ce legs d'un crâne à écriture n'est-il pas suffisamment étrange pour qu'on puisse lui supposer une signification secrète ?

I. GÉOGRAPHIE

La plupart des tentatives d'oblitération du texte, on le sait, s'appuient sur un naturalisme. Il existerait un *hors-texte* primordial : « monde extérieur, univers intérieur ». L'écriture consisterait à représenter l'un; à exprimer l'autre. Elle serait réduite au rôle d'ustensile et donc, pour atteindre la perfection instrumentale, devrait tendre vers l'absence, cet extrême de la discrétion.

Quant au hors-texte, abusivement intitulé « réel », il n'est jamais, pour une période donnée, que le ramas de ses croyances reçues. Non une science dont la relative cohérence, toujours remise en cause, se sait provisoire, mais un acquis tyrannique, ossifié, mystifiant.

A. *L'invention.*

On devine combien, en une fiction, toute localisation géographique peut satisfaire le dogme naturaliste : l'espace fictif semble alors donner copie conforme d'un rassurant quotidien. Peut-être, même, à cette « représentation du monde extérieur » sera-t-il possible d'ajouter « une expression de l'univers intérieur ». Ne suffirait-il pas de découvrir que cette région tient une place marquante en la biographie de l'écrivain? Si nous en croyons les premières lignes :

> Il y a quelques années, je me liai intimement avec un M. William Legrand. Il était d'une ancienne famille protestante, et jadis il avait été riche; mais une série de malheurs l'avait réduit à la misère. Pour éviter l'humiliation de ses désastres, il quitta la Nouvelle-Orléans, la ville de ses aïeux, et établit sa demeure dans l'île de Sullivan, près de Charleston, dans la Caroline du Sud,

c'est le cas du *Scarabée d'or*. En effet, comme n'a point manqué de le noter Marie Bonaparte :

> En l'automne de 1827, Edgar Poe, alors âgé de dix-huit ans, (...) s'était embarqué avec la Batterie « H » du premier régiment des États-Unis d'Amérique, pour la Caroline du Sud. (...) Il avait, quelques semaines plus tard, abordé aux rives plates de l'île de Sullivan, en face de Charleston. Là, une année durant, les murailles du fort Moultrie abritaient son repos, son sommeil.

Mais cette superposition de l'atlas et d'une biographie ne va pas ici sans risque. Des côtes de la Caroline, Marie Bonaparte précise avec raison qu'elles sont plates. Or c'est vers une région tourmentée que se dirigent les chercheurs de trésor :

> Nous traversâmes dans un esquif la crique à la pointe de l'île, et, grimpant sur les terrains montueux de la rive opposée, nous nous dirigeâmes vers le nord-ouest, à travers un pays horriblement sauvage et désolé, où il était impossible de découvrir la trace d'un pied humain (...). Nous marchâmes ainsi deux heures environ et le soleil était au moment de se coucher quand nous entrâmes dans une région infiniment plus sinistre que tout ce que nous avions vu jusqu'alors. C'était une espèce de plateau près du sommet d'une montagne affreusement escarpée couverte de bois de la base au sommet, et semée d'énormes blocs de pierre qui semblaient éparpillés pêle-mêle sur le sol.

Puisqu'il y a vécu, Poe est le dernier dont on puisse attendre, en ces régions, qu'il érige telle altitude à la place de collines et de plaines. S'il s'y résout, c'est évidemment à dessein, pour satisfaire quelque exigence du récit : ces escarpements et les énormes pierres répondent au moins à la double fonction, capitale pour l'emplacement du trésor, d'établir une sauvagerie du lieu et la possibilité des repères.

B. *L'exception.*

Nullement accidentelle, cette pratique est reprise d'une façon voisine avec un commentaire qui en révèle le parti-pris :

> Sous la latitude de l'île de Sullivan, les hivers sont rarement rigoureux, et c'est un événement quand, au déclin de l'année, le feu devient indispensable. Cependant vers le milieu d'octobre 18.., il y eut une journée d'un froid remarquable.

L'impitoyable bouleversement de l'ordre habituel, cette fois par une exception improbable, permet la mise en place de cet autre élément majeur : le feu. C'est en effet la chaleur du feu qui révèlera le crâne dessiné à l'encre secrète sur une face du parchemin :

> Il a fallu que tous ces événements arrivassent le seul jour de toute l'année où il a fait, où il a pu faire assez froid pour nécessiter du feu; et sans ce feu (...), je n'aurais jamais eu connaissance de la tête de mort et n'aurais jamais possédé ce trésor.

Amendé par les éclatantes corrections de l'inventé et de l'exceptionnel, le pays du *Scarabée d'or*, loin de fournir une complaisante image de la géographie, n'est rien d'autre que l'espace sur mesures exigé par le récit.

C. *Un espace polarisé.*

Or, la spécificité du territoire est assurée par un étrange phénomène de polarisation. Que l'on considère certains éléments choisis d'abord à l'est, puis à l'ouest; les maisons :

> Au plus profond de ce taillis, non loin de l'extrémité orientale de l'île, c'est-à-dire la plus éloignée, Legrand s'était bâti lui-même une *petite hutte*. (...) Vers l'extrémité occidentale, à l'endroit où s'élève *le fort Moultrie et quelques misérables bâtisses* de bois;

les arbres :

> de l'île : « la végétation (...) est (...) naine », et du continent : « un tulipier *gigantesque* qui se dressait, en compagnie de huit à dix *chênes* »;

le relief :

> de l'île : « Elle n'est guère composée que de *sable* de mer », et du continent : « C'était une espèce de plateau près d'une *montagne* affreusement escarpée »;

que l'on observe enfin l'île elle-même, microscopique par rapport au continent dont l'ensemble, pour elle, est occidental, et il faut bien admettre que l'ouest, en cet espace, dispose de la curieuse faculté d'agrandir et de multiplier.

Apparemment offerts, comme en mainte œuvre inconséquente, par une capricieuse fantaisie, plusieurs détails prouvent alors leur nécessité en confirmant cette impérieuse aptitude à la majoration. Riche, Legrand habitait la Nouvelle-Orléans; pauvre, il doit revenir vers l'est du continent et, mieux, en cette terre plus petite : l'île de Sullivan. Ou encore, Legrand est lié à l'ouest, le petit (Kidd, Kid : enfant) vient de l'est, la mer. Le scarabée (que nous pourrons assimiler à un trésor miniature) est trouvé à l'est :

> L'endroit où nous découvrîmes le scarabée était sur le côté du continent, à un mille environ de *l'est* de l'île,

et, pour qu'il se multiplie en la profusion des richesses, il faudra, avec les chercheurs, qu'il se déplace vers le nord-ouest. En outre, pendant la soirée où s'accomplit la découverte du message sur le parchemin (cette décisive approche du trésor), c'est vers l'ouest, à fort Moultrie, par les soins du lieutenant G., que le scarabée a été porté. Quant au trésor lui-même, c'est à l'ouest de l'Atlantique, sur le continent, qu'il a trouvé son assise. Si enfin Legrand corrige une erreur de repère, c'est en déplaçant la cheville « à trois pouces vers l'*ouest* de sa première position ».

D. *Cosmogonie.*

Or, cette valorisation de l'occident est de toute évidence liée à un autre élément du récit. Toute première lecture découvre l'insistante présence du soleil à ses deux crépuscules :

> Juste avant *le coucher du soleil* je me frayais un chemin à travers les taillis vers la hutte de mon ami. (...) L'autre jour il m'a échappé avant le *lever du soleil*. (...) Nous allons partir immédiatement, et, dans tous les cas, nous serons de retour au *lever du soleil*.

Leur commun va-et-vient entre l'est et l'ouest détermine entre soleil et scarabée une étroite liaison resserrée ailleurs de deux manières : par l'involontaire substitution d'un quiproquo :

> Restez ici, cette nuit, et j'enverrai Jupiter le chercher au *lever du soleil*. C'est bien la plus ravissante chose de la création !
> — Quoi ? Le *lever du soleil* ?
> — Eh non ! que diable ! — le *scarabée*,

et par le résultat conjoint d'une proximité et d'une ressemblance :

> L'insecte qu'il laissait filer apparaissait maintenant au bout de la ficelle et brillait comme une boule d'or brunie aux derniers rayons du soleil couchant dont quelques-uns éclairaient encore faiblement l'éminence où nous étions placés.

Comme, selon un procès que nous préciserons plus loin, le scarabée devient peu à peu substitut des richesses, il est possible d'établir entre les trois termes une chaîne d'équivalences :

> trésor = scarabée = soleil.

Disparition, le soleil couchant éclaire alors le lien entre l'initiale fortune de Legrand (à l'ouest : perdue) et le trésor de Kidd (à l'ouest : enterré). Nul doute que cette ressemblance ne détermine entre Legrand et Kidd une familiarité sur laquelle nous aurons à revenir.

Mais l'équivalence du soleil et du scarabée convoque ici une nouvelle grandeur. Dans *les Peuples de l'Orient méditerranéen*, Étienne Drioton et Jacques Vandier écrivent :

> Le soleil voyageait au ciel avec son équipage, sur deux barques, celle du jour, la Manndjet, et celle de la nuit, la Masaktet. Il était censé s'engouffrer le soir dans la bouche de la déesse-ciel, traverser nuitamment l'intérieur de son corps, et renaître d'elle le matin comme nouveau soleil. Une ancienne tradition faisait de lui *un scarabée khopri :* ce nom fut par la suite réservé au *soleil du matin*.

Si l'on songe à la découverte, au Levant, du scarabée et l'usage de deux barques, celle qui, *de jour*, ramène le narrateur dans l'île et l'esquif sur lequel les chercheurs passent sur le continent en vue de leur expédition *nocturne*, il faut convenir que c'est en parfaite connaissance de cause que Poe fait intervenir ici une nouvelle dimension : l'Égypte. Nous en étudierons plus loin le rôle.

II. *QUI SE RESSEMBLE S'ASSEMBLE*

Ainsi l'étude des particularités cosmographiques du récit ouvre-t-elle sur un symbolisme. Mais, comme l'espace fictif n'utilise que partiellement une géographie dont il conteste s'il le faut maint caractère, le texte n'obéit guère à un répertoire de symboles. Ce n'est point par soumission à un mythe codé que scarabée et soleil sont joints par un rapport, c'est parce que le texte les a enchaînés par ce rapport, au contraire, que la dimension égyptienne est convoquée. A l'opposé de toute soumission à un savoir catalogué, on assiste à un travail du texte. A titre d'exemple, lisons comment le scarabée devient un correspondant du trésor.

A. *Grammaire.*

Si une phrase se révèle remarquable, c'est bien celle où se produit la première allusion au scarabée :

> Il avait trouvé un bivalve inconnu, formant un genre nouveau, et, mieux encore, il avait chassé et attrapé, avec l'assistance de Jupiter, un scarabée qu'il croyait tout à fait nouveau et sur lequel il désirait avoir mon opinion le lendemain matin.

C'est en effet deux trouvailles qu'on nous annonce et, curieusement, elles sont unies par toutes sortes de procédés. Inclus dans l'unité d'une même phrase, bivalve et scarabée sont fermement unis par la conjonction qui coordonne leurs propositions respectives. Mieux, cette proximité se double d'une ressemblance grammaticale; les noms bivalve et scarabée jouent chacun le même rôle syntaxique : objet du verbe. En outre, non sans insistance, l'un comme l'autre sont qualifiés par le même adjectif : nouveau.

Or, ce rapprochement est sitôt déséquilibré. Contre toute anecdotique vraisemblance, il ne sera plus question du bivalve; l'absence du scarabée le premier soir lui donnait pourtant une nouvelle chance d'apparaître. C'est que la fonction du contact inégal est très précise : colorer l'élément qui subsiste de la teinte de l'élément qui s'estompe. Ainsi le scarabée est-il marqué par le lieu d'exercice des pirates : la mer.

Observons alors l'arrangement des mots : allant du bivalve au scarabée, le trajet syntaxique, comme Kidd procédant à la dissimulation de son butin, passe de la mer au continent.

B. *Similitude, contiguïté, superposition.*

Tel rapprochement grammatical met donc en œuvre trois des principales lois de la mise en rapport : d'une part proximité (entre les mots bivalve et scarabée coordonnés dans l'unité d'une même phrase) et similitude (des propositions où ces deux mots jouent le même rôle), d'autre part leur superposition (la similitude des propositions s'ajoute à leur proximité dans l'unité de la phrase). C'est par l'effet de ce triple jeu qui s'efforce en somme de rendre *voisins* (contigus) les éléments rendus *voisins* (semblables) et réciproquement, que la fiction lie ici scarabée et trésor.

Selon une insistance savamment dosée, le scarabée reçoit donc plusieurs des attributs du trésor. La lourdeur exceptionnelle :

> Je n'ai jamais vu de ma vie un scarabée à moitié aussi lourd;

la teinte dorée :

> Il est d'une brillante couleur d'or;

les taches dorsales évoquant l'emblème des pirates :

> Une tête de mort! répéta Legrand. Ah! oui, il y a un peu de cela sur le papier, je comprends. Les deux taches noires supérieures font les yeux, et la plus longue, qui est au plus bas de la figure, une bouche, n'est-ce pas? D'ailleurs, la forme générale est ovale...

Il est non moins localisé, diverses fois, à proximité du domaine du trésor. Outre l'association avec le bivalve, il se trouve à l'ouest le premier soir. Sa découverte s'est accomplie sur le continent, et près de la carcasse d'un navire :

> Près de l'endroit où nous le trouvâmes, j'observai les restes d'une coque de grande embarcation, autant du moins que j'en pus juger. Ces débris de naufrage étaient là probablement depuis longtemps, car à peine pouvait-on y trouver la physionomie d'une charpente de bateau.

À condition qu'il se puisse aussi renverser, le proverbe « Qui se ressemble s'assemble » rend assez bien compte de la superposition de ces jeux métonymiques et métaphoriques. Quand Jupiter attrape le scarabée, il rapproche la tête de mort (le dos de l'insecte) du crâne encore secret tracé par Kidd sur le parchemin :

> La mine de ce scarabée et sa bouche ne me plaisaient guère, certes; — aussi je ne voulus pas le prendre avec mes doigts; mais je pris un morceau de papier, et j'empoignai le scarabée dans le papier; je l'enveloppai donc dans le papier, avec un petit morceau de papier dans la bouche; voilà comment je m'y pris.

C'est, presque parfaite, séparée par l'infime intervalle qui distingue un recto d'un verso, la même coïncidence que William Legrand accomplit, dessinant sur le même parchemin la silhouette tachetée de l'insecte. Utilisant le scarabée dans les ultimes approches du trésor, c'est une fois encore au voisinage des semblables qu'il sacrifie.

Peu à peu, loin d'être un naturaliste rassemblement d'objets fortuits, l'espace se peuple de dispositifs spécifiques produits par les lois du texte, ces machines à inventer la fiction.

III. *LECTURE*

Au lieu de s'imposer comme péripéties dont le texte ne serait que l'effet, la fiction se déclare donc ici comme un effet du texte. Évitant de se confondre avec toute substance hallucinogène, le texte exige et définit la lecture qui déchiffrera son travail.

A. *Un effet du texte.*

Nous l'avons vu, les perturbations infligées à l'ordre habituel ruinaient le naturalisme qui voue la fiction à représenter le « monde ». Or, en son étrangeté même, n'est-il pas possible de ressaisir cet espace fictif comme lieu enchanté, résultat d'une intervention surnaturelle ? Il n'est guère douteux que le fantastique traditionnel soit l'avatar rusé du naturalisme : une tentative plus subtile d'oblitérer le texte. Par l'insistante récurrence des allusions au diable, c'est pourtant bien une dimension fantastique qui semble ici noyauter la prose :

> Envoyant mentalement au diable toute la race des scarabées (...) J'avais coupé un bon bâton exprès pour lui administrer une correction de tous les diables (...) Le diable m'emporte si je n'en suis pas convaincu (...) Mais prétendez-vous dire que cet infernal scarabée ait quelque rapport avec votre expédition dans les collines (...) Il était d'ailleurs d'une humeur de chien, et ces mots : *Damné scarabée !* furent les seuls qui lui échappèrent tout le long du voyage (...) Pourquoi donc faut-il que je porte avec moi ce scarabée sur l'arbre ? Que je sois damné si je le fais (...) Infernal coquin! cria Legrand (...) Scélérat! criait Legrand en faisant siffler les syllabes entre les dents, infernal noir.

Or, cette contamination est un piège dont le leurre et le mécanisme distinguent clairement deux manières de lire. Si, par une prompte banalisation, un lecteur s'empressait d'accueillir cette diablerie comme principe directeur, il devrait très vite reconnaître sa bévue : fréquentes jusque-là, toutes les allusions au démon cessent sitôt que le récit, par l'intermédiaire de Legrand, révèle sa parfaite logique, et la secrète fonction annonciatrice de la série. La dernière occurence, en effet, est un repère topographique, le lieu-dit : « la chaise du diable ».

S'il est impossible de lire en ce texte le résultat d'un quelconque surnaturel, les fugaces apparitions d'un fantastique, en revanche, doivent être admises comme un effet du texte. La procédure est évidente : par le fréquent rappel du diable, en contiguïté directe ou indirecte avec le scarabée, la prose tend à monter un système métonymique artificiel grâce auquel, à la manière du dressage pavlovien, scarabée et diable seront automatiquement associés. Ainsi est-ce sans doute parce qu'il fut sensible à ce dressage que Baudelaire, en sa version, eut l'heureuse idée d'accroître cette grappe d'un élément nouveau, traduisant : « Nonsense! no! — the bug » par « Eh non! que diable! — le scarabée ». Ce qui est infernal, en somme, ici, c'est cette fausse piste fantastique par laquelle est condamnée au contresens toute idéologie qui prétend expliquer le texte en empêchant le texte de s'expliquer.

B. *Lecteurs insuffisants.*

Mieux : en ce récit d'un décryptage, la lecture fait l'objet d'une explicite mise en place. C'est par leur façon de lire que sont déterminés pour l'essentiel les trois acteurs. Legrand est seul capable de déchiffrage; Jupiter et le narrateur, en revanche, sont en mauvais termes avec le langage. En cas d'ambiguïté, leur interprétation obéit à la loi du quiproquo. Si Jupiter interrompt la description de Legrand :

> Les antennes sont...
> — Il n'y a pas d'étain sur lui, Massa Will,

ce n'est pas sans qu'un jeu de mots involontaire lui fasse prendre une chose pour une autre. Ailleurs, il oppose deux synonymes, et ces deux termes, précisément, évoquent le langage :

— M'apportes-tu un message de M. Legrand?

— Non, massa, je vous apporte une lettre que voici.

Quant au narrateur, c'est non moins d'un malentendu qu'il est victime : il confond lever de soleil et scarabée. Ainsi pour les deux hommes, fut-ce au prix d'une méprise, toute ambiguïté doit se réduire à une monovalence : nul élément ne saurait à la fois être ce qu'il est et l'affleurement allusif d'autre chose. Ils n'admettent en somme que des sens propres; comme, selon Barthes, divers critiques positivistes, ils sont condamnés à une asymbolie.

Victime de l'échange du recto et du verso, le narrateur voit, en le dessin du scarabée, non l'évocation approximative de la tête de mort, mais un crâne parfait :

> Mais alors, mon cher camarade, dis-je, vous plaisantez; ceci est un crâne fort passable, je puis même dire que c'est un crâne parfait, d'après toutes les idées reçues relativement à cette partie de l'ostéologie, et votre scarabée serait le plus étrange de tous les scarabées du monde, s'il ressemblait à ceci.

Pour Jupiter, le scarabée ne saurait être doré ni indice de l'or; il est en or même :

> Le Scarabée est un scarabée d'or, d'or massif, d'un bout à l'autre, dedans et partout excepté les ailes.

Sans doute ici, par l'effet d'un calembour dû à l'étrange charabia du domestique, reste ouverte une certaine ambiguïté. Jupiter prononce non pas « gold » mais « goole », ce qui maintient en quelque sorte l'insecte entre l'or et, « ghoul », le démon. Mais ce naissant symbole s'étiole à s'intégrer à l'obscurantiste série du diabolique.

C. *L'ordre établi et son bon sens.*

Leur médiocre lecture convoque ici, pour Jup et le narrateur, les comportements que l'on peut supposer. Devant des événements dont ils ne saisissent point la cohérence, l'un et l'autre, au lieu d'accuser leur propre inaptitude, préfèrent croire qu'ils sont incohérents. Parlant de Legrand, Jupiter confesse :

Il fait des chiffres avec des signes sur une ardoise — les signes les plus bizarres que j'ai jamais vus. Je commence à avoir peur tout de même. Il faut que j'aie toujours un œil braqué sur lui,

et le narrateur :

Ah! le malheureux est fou, à coup sûr.

Faut-il rappeler, après Genonceaux, les lignes que Léon Bloy osait sur *les Chants de Maldoror* :

C'est un aliéné qui parle, le plus déplorable, le plus déchirant des aliénés. (...) Car c'était un fou, hélas! un vrai fou qui sent sa folie.

En somme, chacun à sa manière, Jupiter et le narrateur respectent le bon sens, celui de l'ordre établi. C'est donc un rapport d'autorité qui les lie au perturbateur William Legrand. Ancien esclave, Jupiter tient rôle d'un père dérisoire :

Il considérait comme son droit de le suivre partout. Il n'est pas improbable que les parents de Legrand, jugeant que celui-ci avait la tête un peu dérangée, se soient appliqués à confirmer Jupiter dans son obstination, dans le but de mettre une espèce de gardien et de surveillant auprès du fugitif,

et, songeons au bon bâton et à la correction de tous les diables, serait plutôt partisan des violences corporelles. Le narrateur, lui, se voudrait un ami paternel : c'est une ferme douceur, plutôt, qu'il préconise :

Et vous me promettez, sur notre honneur, que ce caprice passé, et l'affaire du scarabée — Bon Dieu! — vidée à notre satisfaction, vous rentrerez au logis, et que vous y suivrez exactement mes prescriptions, comme celles de votre médecin?

Loin d'essayer de comprendre, Jupiter et le narrateur souhaitent intimider ou récupérer le dangereux aventurier de la lecture.

D. *Lecture.*

Lire n'est guère obéir à un savoir satisfait qui tend à proscrire l'extraordinaire. Puisqu'elle est transgressive, toute aberration doit être tenue, à l'inverse, comme émergence possible d'un autre système. William Legrand profite d'une curieuse intuition : supposant sur le parchemin un texte, il se définit avant tout comme lecteur. Or, s'il cherche les raisons de ce pressentiment, il n'oublie pas, notamment, de citer le caractère exceptionnel du concours des circonstances :

> — Je présume que vous espériez trouver une lettre entre le timbre et la signature.
> — Quelque chose comme cela. Le fait est que je me sentais comme irrésistiblement pénétré du pressentiment d'une immense bonne fortune imminente. Pourquoi ? je ne saurais trop le dire. Après tout, peut-être était-ce plutôt un désir qu'une croyance positive ; — mais croiriez-vous que le dire absurde de Jupiter, que le scarabée était en or massif, a eu une influence remarquable sur mon imagination ? Et puis cette série d'accidents et de coïncidences était vraiment si extraordinaire ! Avez-vous remarqué tout ce qu'il y a de fortuit là-dedans ? Il a fallu que tous ces événements arrivassent le seul jour de toute l'année où il a fait, où il a pu faire assez froid pour nécessiter du feu ; et, sans ce feu et sans l'intervention du chien au moment précis où il a paru, je n'aurais jamais eu connaissance de la tête de mort et n'aurais jamais possédé ce trésor.

Autrement dit, ce qui incite Legrand à faire surgir le texte du parchemin, est son aptitude à découvrir en cet assemblage d'événements une logique fort irrespectueuse de tout quotidien vraisemblable : le système sous-jacent du texte même en lequel il respire.

En conséquence, loin de subir l'impérialisme des sens propres, lire c'est se rendre attentif à l'ordre clandestin du travail textuel : sous l'or même que Jupiter suppose, il faut voir briller l'or indiciel. Sous le nom « château », il importe de découvrir :

> un assemblage irrégulier de pics et de rochers, dont l'un était aussi remarquable par sa hauteur que par son isolement et sa configuration quasi-artificielle.

Sous les mots « bon verre » : longue-vue.

Que William Legrand fût lecteur prédestiné (désigné par le texte), une lecture moins hâtive nous l'eût signalé d'ailleurs, dès la troisième ligne. Quel détail oiseux, ce protestantisme du héros, s'il n'assure point une appartenance, non au catholicisme dont l'église se veut juge et gardienne de la vérité des Écritures, mais, puisque l'Écriture peut y être consultée et interprétée par la raison individuelle, à une religion de lecteurs.

IV. JEUX DE MOTS

Admettre d'un texte qu'il produise son propre jeu sémantique, c'est croire qu'il forme tendanciellement, à l'intérieur de sa langue, un curieux spécifique langage. Soleil, scarabée, trésor sont pris ici dans un système particulier de désignation réciproque. Machine à changer indéfiniment le sens des mots, le texte établit une permanente subversion du langage instrumental. En cette perspective, on ne sera guère surpris qu'il accueille volontiers le calembour, cet explosif procédé de capture des sens.

Lorsque Baudelaire propose : « Je crus un moment que la *flamme* allait l'atteindre » pour le passage : « At one moment I thought the *blaze* had caught it », sa traduction volatilise nécessairement la constellation des sens de *blaze* que le texte permet de lire. Il existe deux verbes *to blaze* : l'un signifie bien enflammer; mais l'autre se lit publier (la flamme rend publique le texte du parchemin), blasonner (la tête du chevreau est l'emblème hiéroglyphique de Kidd), marquer (des arbres : le tulipier est marqué par la tête de mort clouée à la septième branche).

Si, constamment, la prose multiplie sens figurés ou captés, elle exclut les noms propres. Une fois encore, supposant cette loi, Legrand est le lecteur : Kidd, remarque-t-il, c'est Kid, le chevreau. Mais, plus généralement, cette abolition de la propriété n'obéirait-elle pas à quelque règle ? Il suffit pour la saisir de noter que le domestique, ce père dérisoire, sans autorité réelle, se nomme Jupiter. Loin d'appartenir à un élément isolé, le nom « propre » désigne une fonction du récit.

L'ouest, nous l'avons vu, dispose d'une aptitude à la majoration. Pendant la nuit révélatrice (l'amorce de cette métamorphose du scarabée en innombrables richesses), l'insecte est à l'ouest : au fort Moultrie. Il serait étrange qu'un auteur citant Crébillon et Quinault ignorât « moult ». Il y a mieux. Moultrie peut s'entendre comme un calembour bilingue : moultrees. Portant le scarabée au fort, le lieutenant G. annonce secrètement une autre scène, celle où Jupiter s'élève avec l'insecte dans le tulipier « qui se dressait en compagnie de *huit à dix chênes* ».

Venant de l'ouest, capable d'agrandir un minuscule trésor ento-
mologique aux dimensions d'une fortune, le héros porte le nom
opportun de Legrand. Quant à la curieuse familiarité de Legrand
avec la prose à l'emblème du crâne, elle se comprend mieux à
lire William comme will I am : testament je suis. N'est-ce pas cette
voie que nous indique « massa Will », cette fréquente abréviation
de Jupiter ?

Puisque, sous l'espèce d'innombrables indices et allusions,
le trésor se signale, partiellement, en maints lieux du récit, n'est-il
pas possible de supposer que le mot « gold » apparaisse, dans la
masse des lettres, sous l'aspect que Saussure a nommé hypo-
grammatique ? Commentant les notes du linguiste, Jean Staro-
binski précise :

> Le « discours » poétique ne sera donc que la seconde FAÇON D'ÊTRE
> d'un nom : une variation développée qui laisserait apercevoir,
> pour un lecteur perspicace, la présence évidente (mais dispersée)
> des phonèmes conducteurs.
> L'hypogramme glisse un nom simple dans l'étalement complexe
> des syllabes d'un vers; il s'agira de reconnaître et de rassembler
> les syllabes directrices, comme Isis réunissait le corps dépecé
> d'Osiris.

Apparu diverses fois dans le texte, l'adjectif « old » révèle ainsi
la fonction d'un nom énigmatique, celui du lieutenant de fort
Moultrie : G. + old = Gold. En ce texte anglais, on ne sera guère
surpris que le pays des richesses soit non l'Eldorado, mais « Gol-
conda ».

Désormais notre lecture ne peut entendre l'anagramme appro-
chée « god », ou son anacyclique « dog » (qui permet de mieux
comprendre le rôle du chien) sans souligner les *l* environnants :
« (good *God*) sett*l*ed » et, naturellement inversé, « the violent how-
*l*ings of the *dog* ».

Voudrait-on susciter, non sans un léger vertige, des recherches
plus fouillées, qu'il suffirait d'ajouter, au hasard du texte : « right
*hold*ing » et « *good gl*ass, I knew, co*uld* have reference to nothing
but a telescope ».

V. *ÉCRITURE*

Si lire c'est refuser l'orthodoxie d'un sens stable et, en somme, comme nous y invite en ces dernières lignes *le Scarabée* :

> Deux bons coups de pioche ont peut-être suffi, pendant que ses aides étaient encore occupés dans la fosse, il en a peut-être fallu une douzaine.
> — Qui nous le dira ?

persister dans l'interrogation du texte, nul doute que la découverte du trésor joue un rôle obscurantiste. C'est que, par sa destination toute particulière (le concours organisé par un journal) ce récit est voué à une trahison relative : il faut aussi *réussir* et donc, si possible, laisser paraître une idéologie réconfortante. On la devine : il y a une vérité du texte et la preuve en est, pour le message de Kidd, la découverte du trésor. Preuve et richesse, l'or permet ici d'hypostasier un sens comme Vérité et Valeur. On imagine les aptitudes à plaire de tout texte qui rapprocherait ainsi l'or et la vérité.

Sans doute cette panoplie de la réussite accueille-t-elle des armes moins ostentatoires. Ne sera-t-elle pas agréable, cette valorisation systématique de l'ouest, à une époque où le pays est pris dans la conquête du « Far West » ? Pis encore : l'auteur, par un roussellien subtil hommage, semble avoir accueilli en son histoire l'emblème du journal organisateur : le *Dollar Newspaper*. *Dollar* : le trésor; *paper* : le parchemin; *news* : cette suspecte abondance dans les premières pages :

> he left *New* Orléans (...). He had found an unknown bivalve, forming a *new* genus, and, more than this, he had hunted down and secured, with Jupiter's assistance, a Scarabeus which he believed to be totally *new* (...) and a large *New*foundland.

A. *L'or : diversion et index.*

Nous le savons : au début de l'histoire, la série du diable joue un rôle équivoque. Ingérence d'un vraisemblable fantastique qui réduirait la trame des événements à un ordre non-textuel, elle

54

entraîne et dénonce, par son échec, une piètre lecture; aspect narratif remarquable signalant le parfait montage d'une métonymie artificielle, elle désigne le travail du texte. Offerte en somme à deux lectures contraires, banalisation et déchiffrement, elle forme, quant à la production textuelle, diversion dénoncée ou index.

Avec le message de Kidd, tout se passe au contraire, semble-t-il, comme si la fonction obscurantiste, loin de se voir dénoncée, réussissait entièrement sa diversion. Découvert selon les directives secrètes, l'or nous incite à oublier le texte pour recevoir les rassurantes satisfactions de la « vérité ». Mais, comme en la série du diable, cette fonction n'est-elle pas doublée de son inverse?

Sous la responsabilité globale du narrateur anonyme, notons-le, les péripéties du *Scarabée* connaissent deux versions successives. Celle des médiocres lecteurs : le narrateur, Jupiter, le narrateur encore; puis celle de Legrand qui produit à mesure le décryptage des situations. Pleine d'étrangeté et de mystère, la première section du récit est un cryptogramme; la seconde, son déchiffrement. Avec l'énigme de Kidd et sa patiente mise au clair, le texte offre ainsi, au centre de lui-même, une mise en abyme.

Le message du pirate possède bien deux fonctions : prescription, il conduit au trésor; microcosme, il désigne le texte. Si la première tend à masquer l'autre, si la diversion tend à cacher l'index, c'est, une fois encore, par l'effet d'une asymbolie. N'est-ce pas comme or même, richesse amoncelée, que le trésor certifie un sens ortho-doxe, cette « vérité » qui volatilise le texte? Mais ne peut-on suppo-ser un retournement qui, découvrant à cet or une dimension méta-phorique, le lirait aussi comme index? Nous l'essaierons plus loin.

B. *Lecture — écriture.*

Auparavant doit se marquer la différence majeure qui sépare Legrand des deux piètres lecteurs. Sans doute sa religion a-t-elle désigné en William une particulière familiarité avec la lecture. Mais ce protestantisme est un indice, non une explication. Croire cette religion raison suffisante des aptitudes de Legrand reviendrait, par un habile contre-sens interrompant un peu tôt la lecture, à retourner un index en une diversion.

Lors de l'expédition nocturne, progressant peu à peu dans la résolution du problème, Legrand, par son emphase, ses attitudes solennelles, les balancements du scarabée au bout du fil, se livre à une nouvelle cryptographie. C'est en chiffrant qu'il décrypte, en écrivant qu'il lit.

D'ailleurs, en cette histoire, avec une insistance singulière, n'est-il pas le seul qui écrive ? N'est-ce pas lui qui, sur le parchemin de Kidd, trace les lignes du scarabée ? N'est-ce pas lui, encore, qui sur son ardoise forme des chiffres avec des signes ? Et si une missive surgit dans le conte, n'est-ce pas sa main qui en a inscrit le texte ?

La lecture se donne ici comme labeur, sans cesse repris, d'une écriture sur une autre.

C. *Index de l'écriture.*

Nous l'avons établi : soleil, scarabée, trésor sont pris dans une chaîne d'équivalence. Loin d'être figé en une propriété innocente, chaque terme subit de part en part, le travail d'un courant métaphorique. Il suffit de s'y rendre attentif pour qu'une nouvelle dimension se déclare bientôt.

C'est le rapprochement du parchemin et de la flamme qui permet à la chaleur d'accomplir sa révélation du texte. Or le feu peut se lire ici comme substitut du soleil : lumière, chaleur, et il est allumé au crépuscule. Le soleil se trouve ainsi lié par ce texte à la mise à jour de l'écriture.

Souvenons-nous maintenant de la manière dont Jupiter, selon ses étranges dires, a attrapé le scarabée :

> I cotch him vid a piece ob *paper* dat I found. I rap him up in de *paper* and stuff a piece of *it* in he mouff.

Tout sphinx demandant qui, environné de papier, est censé en consommer, recevrait aussitôt en réponse : l'écriture. Cette indication, Baudelaire s'est plû à l'accroître, semble-t-il, en multipliant, jusqu'à l'extraordinaire, on l'a vu, les occurences du mot papier :

> Je pris un morceau de papier; j'empoignai le scarabée dans le papier; je l'enveloppai donc dans ce papier, avec un petit bout de papier dans la bouche.

Nous avions signalé que le texte permettait au scarabée la convocation de l'Égypte antique, nous comprenons à présent que c'est comme pays des hiéroglyphes.

Qu'il nous soit enfin permis d'inscrire la curieuse fable avec laquelle, maints indices nous l'assurent, *le Scarabée* ne cesse de jouer :

> Un riche [1] laboureur [2], sentant sa mort [3] prochaine
> Fit venir ses enfants, leur parla sans témoins,
> « Gardez-vous, leur dit-il, de vendre l'héritage
>   Que nous ont laissé nos parents [4].
>   Un trésor [5] est caché dedans.
> Je ne sais pas l'endroit [6], mais un peu de courage [7]
> Vous le fera trouver, vous en viendrez à bout.
> Remuez votre champ dès qu'on aura fait l'oût.
> Creusez, fouillez, bêchez, ne laissez nulle place
>   Où la main ne passe et repasse. »
> Le père mort, les fils vous retournent le champ [8],
> Deçà, delà [9], partout; si bien qu'au bout de l'an
>   Il en rapporta davantage.
> D'argent, point de caché. Mais le père fut sage
>   De leur montrer, avant sa mort,
>   Que le travail est un trésor.

Nombreux sont les rapports; bornons-nous aux plus lisibles : (1) « il avait été riche », (2) va-et-vient du labour : va-et-vient ouest-est, (3) tête de mort, (4) la ville de ses aïeux, (5) le trésor, (6) cachette énigmatique, (7) ténacité de Legrand, (8) fouilles, (9) les deux trous.

Par le jeu d'une méprise provisoire, la fable consiste à déposséder *trésor* de son sens propre en l'investissant de la dimension substitutive de *travail*. Pourquoi interromprait-on ce mouvement de la lecture et, par une prompte trahison, se contenterait-on, maintenant, pour travail, d'un sens figé? C'est un bien curieux labeur qu'est allé choisir La Fontaine. Obligeant le *bœuf à tourner*, au bout du sillon, pour avancer en sens inverse, nul doute que ce labourage au cours duquel le trésor change de sens, ne désigne le *boustrophédon*, cette écriture dont les lignes s'inscrivent, alternativement, en un sens puis l'autre. A l'opposé de toute jouissance d'un capital, c'est à écrire, donc, au contraire, très précisément, que nous invite *le Laboureur et ses Enfants*.

Produit de ce détour, tel sens figuré permet alors de combattre la diversion exercée par le trésor, comme sens propre, en le texte de Poe. Loin d'être, ainsi qu'il paraissait, preuve d'une orthodoxie, l'or est sommé, par le travail du texte, à jouer le rôle d'une métaphore : celle par laquelle, en le lieu le plus adverse, en somme avec la « belle encre d'or » de *la Poussière de Soleils,* l'écriture se trouve désignée.

Nul savoir dont on pourrait se rendre propriétaire n'est ainsi permis par le texte. Formation qui se conteste à mesure, le sens subit une circulation permanente, attestée s'il désigne l'écriture, ce mouvement qui l'instaure et le contredit.

IV

L'IMPOSSIBLE MONSIEUR TEXTE

> ECRIRE était déjà pour moi une opération
> toute distincte de l'expression instantanée
> de quelque « idée » par le langage immédia-
> tement excité.
>
> Valéry

Pur, l'adjectif valéryen par excellence, est sans doute le dernier qui convienne à l'œuvre de Valéry. Peu de pensées ont davantage toléré en ce siècle la périlleuse sanction d'une si croissante moisson d'honneurs. Une élection à l'Académie, l'inscription de diverses maximes au front des monuments, des funérailles nationales, voilà une suite qu'on ne suscite guère, aujourd'hui, toute ironie admise, sans quelque aimable complaisance. Certains s'en prévalent pour proscrire celui qui, moqueusement, avait fini par se nommer lui-même « une espèce de poète d'État ». C'est là reconnaître une cohérence singulière à une production qui ne fait pas mystère de ses discords internes : « on y trouvera aussi des contradictions » avoue l'*Avis de l'éditeur* en tête de *Tel Quel I*. Et en somme, para-doxalement, la refuser sur le compte d'une vertu dont elle-même le plus souvent s'exempte.

S'intitulant volontiers *Variété* et *Mélange*, le travail de Valéry s'ouvre au divers : « Poésies », « Études littéraires », « Essais quasi-politiques », « Théorie poétique et esthétique », « Enseignement », « Pièces sur l'art », « Dialogues », telles en sont les majeures rubriques. Il faut y adjoindre une tentative romanesque, *Monsieur Teste*, et le prodigieux foisonnement des thèmes observables dans les quel-ques trente mille pages des *Cahiers*. Cet ensemble n'est pas si multiple cependant, qu'il ne se laisse investir par l'insistance d'une hantise. Quoique sporadiques, d'innombrables occurences dési-gnent les problèmes de la production littéraire comme un perma-nent souci. Leur archipel s'ordonne en partie selon la figure d'une

thèse méthodique. Rompant avec cette triomphale doctrine rétrograde que l'on nomme Romantisme, Valéry y développe certaines
exigences modernes qui ne vont pas sans violemment contredire
maint autre de ses textes. Cette querelle interne, en sa vigueur,
est d'une âpreté exemplaire. Suivons-la avec toute la minutie
qu'elle requiert.

I. *VALÉRY*
CONTRE LE ROMANTISME

Si Valéry se signale comme un adversaire résolu du Romantisme,
c'est d'abord qu'il se méfie par principe de semblables labels.
Nulle façon de parler n'est innocente. L'usage d'étiquettes comme
Romantisme, Classicisme, Réalisme, Symbolisme répond à une
fonction bien définie. Par lui, d'agréables causeries réussissent un
double escamotage : celui des travaux de l'écriture et de la lecture;
celui de leur propre incompétence.

> Il est trop clair que toutes ces classifications et ces vues cavalières
> n'ajoutent rien à la jouissance d'un lecteur capable d'amour, ni
> n'accroissent chez un homme de métier l'intelligence des moyens
> que les maîtres ont mis en œuvre : elles n'enseignent ni à lire ni
> à écrire. Davantage, elles détournent et dispensent l'esprit des
> problèmes de l'art; cependant qu'elles permettent à bien des
> aveugles de discourir admirablement de la couleur. (*Variété,
> Questions de poésie.*)
> Il est impossible de penser — sérieusement — avec des mots
> comme Classicisme, Romantisme, Humanisme, Réalisme...
> On ne s'enivre ni ne se désaltère avec des étiquettes de bouteilles.
> (*Mauvaises Pensées.*)

Mais le Romantisme ne se contente pas de partager avec chaque
terme de cette constellation culturelle l'aptitude à dissimuler le
texte. Il la porte à son comble par les singularités de son propre
système, prodigue en mirages littéraires. Parmi eux, Valéry ne
manque pas d'accorder une ironie toute particulière à ce qu'il
appelle, dans *Propos me concernant*, « le problème ridicule de l'inspiration ».

A. *L'inspiration.*

Cette idée lui semble à la fois si absurde et si enracinée dans ce que « l'opinion confuse prête au poète », qu'il n'hésite guère à toujours y revenir. C'est en la critiquant à tous niveaux et sous tous les angles qu'il en fait paraître la suffisance et les insuffisances. Même les attaques indirectes ne sont pas négligées; c'est parfois jusque dans le détail d'implications imprévues qu'il poursuit la notion adverse :

> L'idée d'INSPIRATION contient celles-ci : CE QUI NE COÛTE RIEN EST CE QUI A LE PLUS DE VALEUR.
> CE QUI A LE PLUS DE VALEUR NE DOIT RIEN COÛTER.
> Et celle-ci : SE GLORIFIER LE PLUS DE CE DONT ON EST LE MOINS RESPONSABLE. *(Tel Quel I, Littérature.)*

Thibaudet notait que l' « idée d'inspiration s'oppose à celle de fabrication ». Valéry invite tout poète à ne point trop tirer gloire d'une illusion qui, masquant son travail, le réduit lui-même à un rôle quelque peu subalterne. Non sans un efficace effet de provocation, il pousse même le parti pris jusqu'à d'avance récuser tout éventuel chef-d'œuvre qui ne dépendrait pas de son activité précise :

> C'est une image insupportable aux poètes, ou qui leur devrait être insupportable, que celle qui les représente recevant de créatures imaginaires le meilleur de leurs ouvrages.
> AGENTS DE TRANSMISSION, c'est une conception humiliante. Quant à moi, je n'en veux point. Je n'invoque que ce hasard qui fait le fond de tous les esprits; et puis, un travail opiniâtre qui est contre ce hasard même. *(Tel Quel II, Suite.)*
> QUE SI JE DEVAIS ÉCRIRE, J'AIMERAIS INFINIMENT MIEUX ÉCRIRE EN TOUTE CONSCIENCE ET DANS UNE ENTIÈRE LUCIDITÉ QUELQUE CHOSE DE FAIBLE, QUE D'ENFANTER A LA FAVEUR D'UNE TRANSE ET HORS DE MOI-MÊME UN CHEF-D'ŒUVRE D'ENTRE LES PLUS BEAUX. *(Variété, Lettre sur Mallarmé.)*

Ailleurs, inversant sa tactique, il fait appel à la méthode du problème résolu. Accordant toute son ampleur à la notion douteuse, il lui est facile de montrer combien les résultats qu'on doit logiquement en attendre diffèrent radicalement des textes d'où elle est malencontreusement déduite. Ou encore, plus simplement, il recourt à la plus naïve des observations : tout manuscrit, avec ses reprises, bifurcations, béquets, ratures, loin d'inscrire le flux parfait d'une notation inspirée, ne révèle-t-il pas plutôt les innombrables opérations d'un calcul délicat ?

> Supposé que l'inspiration soit ce que l'on croit, et qui est absurde, et qui implique que TOUT un poème puisse être dicté à son auteur par quelque déité, — il en résulterait assez exactement qu'un inspiré pourrait écrire aussi bien en une langue autre que la sienne, et qu'il pourrait ignorer (...).
> L'inspiré pourrait ignorer de même l'époque, l'état des goûts de son époque, les ouvrages de ses prédécesseurs et de ses émules, — à moins de faire de l'inspiration une puissance si déliée, si articulée, si sagace, si informée et si calculatrice, qu'on ne saurait plus pourquoi ne pas l'appeler Intelligence et Connaissance. *(Tel Quel II, Rhumbs.)*
> A la moindre rature — le principe d'inspiration totale est ruiné. — L'intelligence efface ce que le dieu a imprudemment créé. *(Tel Quel I, Littérature.)*

L'assistance qu'elle peut offrir à toute tentative d'occulter les patients travaux du texte donne sans doute à la doctrine de l'inspiration une certaine immunité. Elle est trop défaillante, pourtant, dès qu'on examine son fragile mystère, pour que son efficacité si fréquente ne provienne de quelque phénomène nécessairement banal. Valéry le découvre en cette illusion rétrospective dont toute lecture de pure consommation risque d'être victime :

> C'est à un tel discours que se donne le nom d'INSPIRÉ. Un discours qui a demandé trois ans de tâtonnements, de dépouillements, de rectifications, de refus, de tirages au sort, est apprécié, lu en trente minutes par quelque autre. Celui-ci reconstitue comme CAUSE de ce discours, un auteur capable de l'émettre spontanément et de suite, c'est-à-dire un auteur infiniment peu PROBABLE. On appelait MUSE cet auteur qui est dans l'auteur. *(Tel Quel II, Autres Rhumbs.)*

Mais certes cette prétendue notation d'une dictée mythique n'est pas la seule manière de dissimuler l'élaboration du texte. Persistant dans son attitude, Valéry ne manque pas de faire subir ses remarques détersives au dogme de l'expression, si hautement exalté par le romantisme.

B. *L'expression.*

Repérable en français au XIIe siècle, le verbe exprimer vient on le sait du latin *premere*, presser. Qu'elles qu'en soient les nuances, ses diverses acceptions se ressentent chacune de cette idée, venue d'ailleurs en plein jour au XVIᵉ, qu'exprimer, c'est faire sortir par pression. Le plus fréquent exemple de cette pratique est offert, on s'en doute, par le citron et son jus. L'expression suppose donc, avant sa manœuvre même, la nécessaire abondance d'un suc, la présence obligée d'une substance, l'inéluctable existence d'un « quelque chose à dire ». Pour cette doctrine, l'essentiel est ce qui précède le texte et le contraint à n'être qu'un moment second et secondaire : le moyen de son expression. Avec ce déplacement de l'intérêt, toute chance que le texte, réduit au subalterne, soit sacrifié jusqu'à souffrir de maints défauts : c'est dans une perspective esthétique, indirectement, que ce principe doit donc pouvoir être contesté.

> Les Romantiques en général, se préoccupent d'agir presque uniquement sur le premier mouvement de l'âme, dont ils s'efforceront de communiquer les émotions, sans prendre garde aux résistances du lecteur, sans s'inquiéter des conditions formelles dont j'ai parlé. Ils se fient à l'emportement, à l'intensité, à l'étrangeté, à la forme nue de leur sentiment ; ils ne s'attardent pas à en organiser l'expression. Leurs vers sont étonnamment inégaux, leur vocabulaire vague, leurs images souvent imprécises ou traditionnelles. Les immenses ressources du langage et de la poétique leur sont inconnues ; ou bien les considèrent-ils comme des gênes, des empêchements d'avoir du génie. Ce sont là des conceptions naïves, des relâchements détestables. *(Variété, Victor Hugo créateur par la forme.)*

Valéry ne se contente pas de cette critique marginale. Un impératif de l'authentique se lie nécessairement à tout dogme de l'expression. Supposer à l'aube du texte un « quelque chose à dire », c'est se mettre en la posture de toujours craindre que « ce qui est dit » ne lui corresponde pas exactement. A la facile inquiétude selon laquelle l'interposition d'un langage empêche souvent, par ses défauts, une authenticité parfaite, Valéry oppose une angoisse plus subversive née au contraire de l'excès des aptitudes langagières. Très fréquente, plutôt, l'impression de sincérité peut aussi bien dépendre du travail le plus averti. Comment dès lors faire le départ entre le vrai et la réussite du faire vrai ?

> Sa prétention à lui le conduit à vouloir accumuler dans une œuvre tous les symptômes les plus expressifs de la SINCÉRITÉ (...). Je m'accuse de trouver ses intonations trois ou quatre fois trop

sincères; je perçois le projet d'être soi, d'être vrai jusqu'au faux. Le vrai que l'on favorise se change par là insensiblement sous la plume dans le vrai qui est fait pour paraître vrai. Vérité et volonté de vérité forment ensemble un instable mélange où fermente une contradiction et d'où ne manque jamais de sortir une production falsifiée.

Comment ne pas choisir le meilleur, dans ce VRAI sur quoi l'on opère? Comment ne pas souligner, arrondir, colorer, chercher à faire plus net, plus fort, plus troublant, plus intime, plus brutal que le modèle? EN LITTÉRATURE, LE VRAI N'EST PAS CONCEVABLE. (*Variété*, Stendhal.)

Si peu qu'on la généralise, cette remarque n'est pas sans envergure.

C. *La littérature n'est pas un humanisme.*

Vérité donc, authenticité, sincérité, bonne foi, bonne volonté, toutes ces valeurs que les diverses conceptions humanistes de la littérature prônent avec une inlassable persévérance sont les premières à être évacuées par l'exercice intégral du texte. A trop longtemps se le dissimuler, l'humanisme risque de devenir quelque jour synonyme d'hypocrisie :

> Je ne dis pas que Nerval nous ait voulu transmettre de son monde idéal un peu plus qu'il n'avait reçu; mais je ne puis pas oublier que la littérature corrompt tout ce à quoi elle s'intéresse, étant par essence un développement monstrueux des vertus du langage, et qu'il n'est point de sincérité, de bonne foi, de bonne volonté qu'elle manifeste qui ne puisse faire penser qu'elles ne soient que les plus délibérés et artificieux des artifices. (*Variété*, *Souvenir de Nerval.*)

Nulle parfaite pureté communicative n'est tolérée par l'irrémédiable double tranchant de la rhétorique. Si par exemple certaine perfection d'une prose assurant exprimer quelque violent transport trahissait la froideur d'un labeur minutieux, il est clair qu'un plus rusé travail saurait inscrire tel relâchement de la syntaxe ou du lexique apte à produire, par une perfection plus secrète, l'effet d'émotion voulu. La littérature n'est donc pas un humanisme. Un bref florilège saura convaincre que Valéry a poussé jusque-là, non sans une insistante ardeur, les conséquences de son analyse :

« Profondément humain » (comme disent les ânes). *(Tel Quel II, Rhumbs.)*

Que de facilités furent écrites par la grâce du mot « Humanisme ». *(Variété, Questions de poésie.)*

Voici venir le crépuscule du Vague et s'apprêter le règne de l'Inhumain qui naîtra de la netteté, de la rigueur et de la pureté dans les choses humaines. *(Tel Quel II, Rhumbs.)*

Si l'on traite d'HUMAIN ce système d'exposer au public ses affaires, je dois me déclarer essentiellement INHUMAIN. *(Variété, Fragments des mémoires d'un poème.)*

Rien de ce « trop humain » qui avilit tant de poèmes. *(Variété, Je disais quelquefois à Stéphane Mallarmé...)*

Quand on dit qu'une œuvre est bien humaine, on dit naïvement que l'effort de l'esprit s'est appliqué avec bon succès à se nier — ou à se dissimuler. *(Mélange, Le beau est négatif.)*

D. *Stimulants.*

Participant de ce fait à la révolution par laquelle s'annonce la modernité, Valéry entend bien passer de l'idée de texte expressif à une théorie du texte producteur. Or, sitôt abolie la croyance en un quelconque sens préalable dont le texte serait le simple véhicule, l'immédiate question surgit : quel est le stimulant qui, excitant le désir d'écriture, peut mettre le texte en route ? Nul hors-texte, certes, mais un texte plutôt, déjà, fût-il quelconque, s'il permet par exemple, en son mouvement, une lecture scandée ; ou bien, c'est le simple entrain d'un porte-plume. A l'opposé de l'excessive hâblerie d'un quelque chose de capital à dire, Valéry se plaît donc, non sans malice, à réduire cet élan à ses avatars les moins emphatiques :

> Aujourd'hui, 17 mars 191., je fais profiter un petit travail poétique de l'excitation provoquée par un scandale public, par les cris des aboyeurs de journaux. *(Tel Quel II, Analecta.)*
>
> J'entre dans un bureau où quelque affaire m'appelle. Il faut écrire, et l'on me donne une plume, de l'encre, du papier qui se conviennent à merveille. J'écris avec facilité je ne sais quoi d'insignifiant. Mon écriture me plaît. Elle me laisse une envie d'ÉCRIRE. Je sors. Je vais. J'emporte une excitation à écrire qui se cherche une chose à écrire. Il vient des mots, un rythme, des vers et ceci finira par un poème dont le motif, la musique, les agréments, et le tout, — procéderont de l'incident matériel dont ils ne garderont aucune trace. *(Tel Quel II, Littérature.)*

E. *Générateurs.*

Abolir tout sens antécédent, c'est admettre un renversement de causalité. Une fois donc stimulé le désir d'écriture, quels types de générateurs seront-ils choisis pour établir le texte ? On en relève deux, qui définissent respectivement un Valéry formaliste et, plus curieusement peut-être, un Valéry matérialiste. S'il lui arrive d'admirer Hugo et de l'opposer précisément aux romantiques, n'est-ce pas en ce qu'il peut écrire, dans *Variété*, un *Victor Hugo créateur par la forme* ? Ne note-t-il pas aussi, innombrablement, des remarques de ce genre :

> Tel autre poème a commencé en moi par la simple indication d'un rythme QUI S'EST PEU A PEU DONNÉ UN SENS. Cette production, qui procédait, en quelque sorte, de la « forme » vers le « fond », et finissait par exciter le travail le plus conscient à partir d'une structure vide... *(Variété, Fragments des mémoires d'un poème.)*

Ou encore, très précisément, et c'est là un aperçu des plus fertiles, toute figure d'expression peut devenir génératrice sitôt sa fonction traditionnelle infléchie en rôle organisateur :

> Dans l'ordre du langage, les FIGURES qui jouent communément un rôle accessoire, semblent n'intervenir que pour illustrer ou renforcer une intention, et paraissent donc adventices, pareilles à des ornements dont la substance du discours peut se passer — deviennent dans les réflexions de Mallarmé, des éléments essentiels : la MÉTAPHORE, de joyau qu'elle était ou de moyen momentané, semble ici recevoir la valeur d'une relation symétrique fondamentale. *(Variété, Je disais quelquefois à Stéphane Mallarmé.)*

En somme, dès qu'il cesse d'être ce moyen de transmettre que la communication, en sa transparence, condamne à disparaître, le langage surgit dans sa violente matérialité. Produire, c'est donc l'admettre comme une matière et, renonçant à tout spiritualisme, en tirer les renversantes conclusions :

> La musique déduite des propriétés des sons; l'architecture déduite de la matière et des forces; la littérature, de la possession du langage et de son rôle singulier et de ses modifications, — en un mot, la partie réelle des arts excitant leur partie imaginaire,

l'acte possible créant son objet, ce que je puis m'éclairant ce que je veux, et m'offrant des desseins à la fois tout inattendus et tout réalisables, telle est la conséquence d'une virtuosité acquise et surmontée. (...)

La modification et, parfois, L'INVENTION de l'acte par la matière, est généralement peu comprise, sinon ignorée, par ceux qui raisonnent de l'art : un certain SPIRITUALISME, et une idée inexacte ou incommode de la matière, en sont responsables. *(Variété, Je disais quelquefois à Stéphane Mallarmé.)*

F. *Idées comme conséquences.*

Parmi elles, celle-ci, évidemment, que loin d'être inductrices du texte, les idées ne sont que les conséquences d'une certaine pratique scripturale. Mieux : par cet insupportable scandale du calembour producteur, il arrive même qu'un thème, une thèse, une mystique n'aient d'autre source que l'interprétation d'un pur et simple assemblage de sonorités :

> En particulier, je me trouvai accoutumé, après quelques temps, à un singulier renversement des opérations de l'esprit qui compose : il m'arrivait souvent de déterminer, bien ou mal, le « contenu » de la pensée (il vaudrait mieux parler du contenu des expressions) par des considérations de forme. Je prenais, si l'on veut, la pensée pour « inconnue » et, par autant d'approximations qu'il en fallait, je m'avançais de proche en proche vers « elle ». *(Mélange, Souvenir.)*
>
> Une idée charmante, touchante, « profondément humaine » (comme disent les ânes) vient quelquefois du besoin de lier deux strophes, deux développements. *(Tel Quel II, Rhumbs.)*
>
> Peut-être ce nom même de La Fontaine a-t-il, dès notre enfance, attaché pour toujours à la figure imaginaire d'un poète je ne sais quel sens ambigu de fraîcheur et de profondeur, et quel charme emprunté des eaux. Une consonance, parfois, fait un mythe. De grands dieux naquirent d'un calembour qui est une espèce d'adultère. *(Variété, Au sujet d'Adonis.)*

Mais il faut pousser plus loin. Si les thèmes d'un texte sont non plus l'expression d'idées antécédentes dont quelque homme inspiré ou doué aurait la propriété, mais l'effet d'un travail textuel, le mythe traditionnel de l'auteur subit de cruels dommages.

G. *Abolition de l' « Auteur » : Anonymat.*

Et d'abord, cette notion d'auteur, n'est-elle pas une fois encore, le fruit d'une illusion rétrospective? Celui qu'on appelle ainsi n'est-il pas ce personnage mythique dont les aptitudes sont déduites des particularités du texte et qu'un étrange voyage temporel propulse ensuite à l'origine?

> L'œuvre modifie l'auteur.
> A chacun des mouvements qui la tirent de lui, il subit une altération. Achevée, elle réagit encore une fois sur lui. Il se fait, par exemple, celui qui a été capable de l'engendrer. Il se reconstruit en quelque sorte un formateur de l'ensemble réalisé, qui est mythe. *(Tel Quel II, Autres Rhumbs.)*

Avec les détails oiseux de sa psychologie et le culte persistant de son nom, l'auteur est donc cette fiction propre à se déployer, comme un écran, devant les problèmes du travail : il est le phantasme nécessaire à tout dogme de l'expression.

> Rien ne fausse plus l'idée la plus utile et la plus profonde que nous puissions nous faire de la production humaine que le mélange d'un état civil, d'histoires de femmes ou autres avec la considération intrinsèque d'un ouvrage. Ce qui fait un ouvrage n'est pas celui qui y met son nom. *(Mauvaises Pensées.)*
> Toute œuvre est l'œuvre de bien d'autres choses qu'un « auteur ». *(Tel Quel II, Rhumbs.)*
> L'auteur n'est qu'un détail à peu près inutile. *(Dialogue de l'arbre.)*
> Qu'est-ce qui nous fera concevoir le véritable ouvrier d'un bel ouvrage? Mais il n'est positivement PERSONNE. *(Variété, Au sujet d'Adonis.)*

Davantage : par une métaphore qui révèle une intuition singulièrement aiguë, Valéry laisse entendre quel lien étroit unit l'idéologie expressive de l'auteur et tel aspect précis du capitalisme :

> La littérature est en proie perpétuelle à une activité toute semblable à celle de la Bourse. Il n'y est question que de valeurs, que l'on introduit, que l'on exalte, que l'on rabaisse, comme si elles fussent comparables entre elles, ainsi que le sont en Bourse les industries et les affaires les plus différentes du monde, une fois substituées par des signes. Il en résulte que ce sont les personnes ou les noms, les spéculations que l'on fonde sur eux,

les rangs qu'on leur attribue, qui fondent toute l'émotion de ce marché; non les œuvres mêmes, que j'estime qu'il faudrait considérer parfaitement isolées les unes des autres, et sans regard vers les auteurs. L'anonymat serait la condition paradoxale qu'un tyran de l'esprit imposerait aux Lettres. *(Variété, Fragments des mémoires d'un poème.)*

Ainsi n'est-il pas interdit de supposer que si Valéry trouvait (en 1918, ainsi que le précise Agathe Rouart-Valéry) « des choses très remarquables » dans *le Capital* de Marx, c'est peut-être bien des analyses telles que celles dont Jean-Joseph Goux, récemment *(Théorie d'ensemble, Marx et l'inscription du travail)* faisait mention :

> Dans sa forme valeur, la marchandise ne conserve pas la moindre trace de sa valeur d'usage première ni du travail utile particulier qui lui a donné naissance. *(Le Capital I, chapitre III.)*

H. *Biographie, orthodoxie.*

Il s'en suit d'une part que les recherches biographiques, dans la mesure où leur développement exalte cette notion d'Auteur sur laquelle elles s'appuient, proposent, à la célèbre façon de Sainte-Beuve, une manière d'éluder le texte :

> Et si je dis que la curiosité biographique peut être nuisible, c'est qu'elle procure trop souvent l'occasion, le prétexte, le moyen de ne pas affronter l'étude précise et organique d'une poésie. On se croit quitte à son égard quand on n'a fait, au contraire, que la fuir, que refuser le contact, et, par le détour de la recherche des ancêtres, des amis, des ennuis ou de la profession d'un auteur, que donner le change, esquiver le principal pour suivre l'accessoire. *(Variété, Villon et Verlaine.)*
> Les prétendus renseignements de l'histoire littéraire ne touchent presque pas à l'arcane de la génération. *(Variété, Au sujet d'Adonis.)*

Il s'en suit d'autre part que celui qui signe n'est nullement propriétaire de quelque sens vrai qu'il pourrait délivrer à l'occasion de confidences parallèles :

> Quand l'ouvrage a paru, son interprétation par l'auteur n'a pas plus d'importance que toute autre par qui que ce soit. (...) Mon intention n'est que mon intention et l'œuvre est l'œuvre. *(Tel Quel I, Littérature.)*

I. *Abolition de l'* « *Œuvre* ».

On devine donc quel ultime piège est tendu à l'extrémité de telle trajectoire. Toute substance soustraite à l'auteur pour faire surgir le texte en ses particularités, celui-ci, par le fétichisme d'une vénération excessive, ne risque-t-il point de subir la fâcheuse métamorphose qui le transformerait en un célèbre objet de culte : l'œuvre d'art ? C'est une nouvelle définition de la lecture et du texte que Valéry doit donc préciser. Lire n'est plus se laisser fasciner par quelque beauté impérieuse. C'est plutôt une activité capable de saisir, parallèlement à certaine éventuelle volupté esthétique, le précis travail dépensé dans le texte :

> Celui-là donc qui ne repoussait pas les textes complexes de Mallarmé se trouvait insensiblement engagé à réapprendre à lire. Vouloir leur donner un sens qui ne fut pas indigne de leur forme admirable et du mal que ces figures verbales si précieuses avaient assurément coûté, conduisait infailliblement à associer le travail suivi de l'esprit et de ses forces combinatoires au délice esthétique. Par conséquent, la syntaxe, qui est calcul, reprenait rang de Muse. (*Variété, Je disais quelquefois à Stéphane Mallarmé.*)
>
> Ce qui m'intéresse — quand il y a lieu — ce n'est pas l'œuvre — ce n'est pas l'auteur — c'est ce qui fait l'œuvre. (*Tel Quel II, Littérature.*)
>
> Par là, je donnais à la volonté et au calcul de l'AGENT une importance que je retirais à l'OUVRAGE. Ce qui ne veut pas dire que je consentais qu'on négligeât celui-ci, bien au contraire. (*Variété, Lettre sur Mallarmé.*)

Bien différent certes d'un quelconque « Auteur », nul doute que cet agent valéryen ne trahisse à sa manière l'exigence encore incertaine de ce qu'on tend à nommer aujourd'hui scripteur. Ainsi est-ce toute une suite de renversements et de déductions qu'il a fallu ordonner pour permettre le surgissement du travail producteur, si résolument exclu par des systèmes comme le romantisme. Mais ce dispositif, en la nécessaire abondance de ces citations, doit être à son tour interrogé. Ce qui caractérise les fragments choisis c'est, à la fois, leur dispersion et leur concordance. Tout se passe comme si l'ensemble des textes valéryens, répondant à son insistance par l'éparpillement, avait évité que ce système se développe d'un bloc avec ses diverses violentes conséquences.

II. *VALÉRY CONTRE VALÉRY*

Il semble qu'il ne puisse être admis, en sa virulente activité, que fragmenté et contredit par un principe inverse, jusqu'à ne plus former qu'un des pôles d'une foncière ambiguïté. Loin, ainsi qu'on l'a noté plus haut, de dissimuler les contradictions, Valéry en fait un de ses thèmes favoris et n'hésite pas à l'offrir, même, selon une ostentation dont il nous faudra bien définir le rôle.

A. *L'Ambiguïté.*

Curieusement en effet, à toute interrogation qui en ferait peut-être surgir la fonction précise, il préfère développer l'ambiguïté, la multiplier par un actif *etc.*, l'instituer, selon d'étranges confidences, dans l'irresponsable d'une nature ou d'un destin :

> Homme des villes, mais un sauvage intérieur; tendance abstraite apparue en contradiction avec mes dispositions antérieures; stratégie, mon fort, tactique, mon faible; patience, impatience. Etc. Même Amour participe chez moi de ces ambiguïtés. (*Cahiers*, t. XV.)
> Je n'aime que d'improviser et le destin fit que je fisse plutôt le contraire. (*Cahiers*, t. XV.)
> Je pense en rationaliste archipur. Je sens en mystique. (*Cahiers*, t. XV.)
> Le bourreau de soi-même. Tout le raffinement de torture que l'âme peut s'infliger à soi-même et qu'elle tire des ressources de la connaissance. J'ai été fait pour me déchirer. (*Cahiers*, t. VIII.)

Poussant plus loin, il établit à la base de tout le système la contradictoire diversité de lui-même :

> On m'a reproché de ne pas avoir fait de système. Mais si je suis moi-même in integro mon système. (*Cahiers*, t. XX.)
> Je ne trouve pas d'unité dans ma nature... *(Propos me concernant.)*

Si elle forme un principe actif, la contradiction est certes du plus vif intérêt. D'un texte à l'autre ne sait-elle pas définir l'histoire d'une évolution avec ses remaniements et volte-face? Ou encore, troublant tel ordre obtenu à trop bas prix, n'est-elle point apte à subtilement maintenir le problème dans la tension d'une incertitude? La fonder en revanche sur l'aveu d'une certaine complexion psychologique, c'est un peu trop la réduire d'emblée et, comme certain humour qui trop se montre, l'affadir en l'affichant. En outre, supposer la diversité d'un moi, c'est aussi permettre, par un insidieux retour, que le heurt des différences s'établisse en fait sur le fond d'un ego unique, c'est enclore la variété dans l'avantageuse unité d'un seul lieu.

B. *Rôles de l'Ego.*

Le Moi joue donc un double rôle dans la stratégie intérieure des textes de Valéry. S'offrant comme lieu des oppositions, il réduit à une simple hypostase psychologique le conflit qui oppose une théorie détersive et les résistances qu'elle rencontre. Plus encore : il forme lui-même l'un des refus majeurs. Si, en tête du livre de Berne-Joffroy *Présence de Valéry*, Valéry présente ses *Propos me concernant* de la façon suivante :

> Le texte de ces « Propos » assemble quelques notes et fragments prélevés sans ordre ni système dans une quantité de cahiers où il est question de bien d'autres choses que de l'Auteur en personne. Peut-être est-ce dans ce texte que son MOI le plus nettement se dessine ?

n'amplifie-t-il pas curieusement cette entité, l'Auteur et son moi, que ses remarques sur la production s'étaient chargées d'abolir ? Or, les proses consacrées à l'Ego ne sont pas si accidentelles qu'elles ne forment, ainsi que nous l'apprend Judith Robinson, un dossier de « six cent soixante pages » dans l'un des classements thématiques que Valéry avait imaginé à partir de ses *Cahiers*. Que telle volumineuse assemblée ait pour rôle de contredire très précisément la théorie littéraire par ailleurs mise en place, nous en tiendrons pour brève preuve indirecte le commentaire qu'elle inspire à cette spécialiste chargée de l'édition des *Cahiers* dans la *Bibliothèque de la Pléiade* :

Sous la rubrique « Ego », Valéry a classé de nombreux passages des CAHIERS où il analyse sa propre nature et les traits les plus caractéristiques de son esprit. (...) Ce sont ces contrastes mêmes qui donnent à son autoportrait un tel air de vérité et qui le rendent si profondément humain. (*L'ordre interne des Cahiers*, in *Entretiens sur Paul Valéry* à Cerisy-la-Salle.)

C. *Spontanéité, chaos.*

Ainsi les innombrables pages des *Cahiers* sont divisées par certain hiatus, par lequel la production de la théorie est assez loin d'y toujours subir l'influence de la théorie de la production. Produire, pour Valéry, nous l'avons montré, c'est se soumettre notamment au calcul, à l'ordre, à l'écriture. Mais les *Cahiers*, en leur ensemble, et maintes autres pièces, s'abandonnent curieusement au spontané, au chaos.

Ayant su, non sans raison, comprendre telle pensée de Pascal (*Variété, Variation sur une pensée*) comme un poème et la spontanéité de Stendhal comme l'effet d'un précis travail, ne suppose-t-il point cependant pour son propre compte, par la brièveté, le plus souvent, de ses notules et la rapidité de leur sténographie, le phantasme d'une expression pure et simple, le charme d' « idées à l'état brut ». Préfaçant la publication d'un de ses cahiers, Valéry précise en effet :

> Ces notes furent écrites au jour le jour en 1910. On était fort loin de penser qu'on les donnerait enfin au public.
> On les a laissées dans leur ordre qui est un désordre. On en a respecté — si c'est là du respect — les incorrections, les défauts, les raccourcis. Le texte est identique à l'original, dont la reproduction photographique a été publiée par Édouard Champion. Il faut se prêter quelquefois aux monstrueux désirs des amateurs du spontané et des idées à l'état brut. (*Tel Quel I, Cahier B 1910.*)

Mais il rature, corrige, on s'en doute, et guère moins que Pascal. Ses notes se prêtent alors à une double critique : du point de vue de la production les ouvrières corrections, en leur rapidité, seront insuffisantes; excessives encore seront-elles du point de vue de l'expression.

En outre, Valéry le souligne, il y a le désordre. Avec ces milliers de pages, tout se passe comme si l'idée de composition, combinaison ordonnée d'un nombre maîtrisable d'éléments, devait être recouverte par la masse toujours croissante d'un entassement chaotique :

> J'ai profité de ce départ de ma famille pour extraire de leurs sommeils tous mes papiers, notes, accumulés depuis trente ans. Que tirer de là ? — D'abord le mal de mer devant ce chaos de mes « idées », que je sens inutilisables et devant être utilisées. *(Lettres à quelques-uns, Lettre à Pierre Féline.)*
> Mais une paresse immense m'accable quand je songe à rouvrir ces cahiers (qui se continuent toujours), et où j'écris à la suite sur les sujets les plus divers. Cette paresse est proportionnelle au nombre de mes notes multiplié par leur désordre (qui est d'ordre chronologique). *(Lettres à quelques-uns, Lettre à Paul Souday.)*

D. *Mentalisme, chimères.*

En somme s'il advient à Valéry d'admettre les idées comme résultats de l'élaboration d'un texte, il lui arrive non moins de refuser l'opinion de Mallarmé selon laquelle « Penser, c'est écrire sans accessoire ». Pour lui souvent, la pensée n'est pas un aspect de l'écriture; elle doit au contraire échapper à ses manœuvres nuisibles. A propos de Monsieur Teste, le bien nommé, Valéry précise nettement ce qu'il faudrait appeler un mentalisme :

> J'aurais enfin un compagnon qui, au moins, pense plus qu'il n'écrit, et qui sent, comme moi, combien ces deux choses se nuisent en somme. Et puis c'est un paresseux... *(Lettre à Gide, 14 novembre 95, Correspondance.)*
> Au haut de la maison, nous entrâmes dans un très petit appartement « garni ». Je ne vis pas un livre. Rien n'indiquait le travail traditionnel devant une table, sous une lampe, au milieu de papiers et de plumes. *(Monsieur Teste.)*

Quelquefois même, cessant cette réciproque ignorance permise par un moi heureusement contradictoire, les éléments exclusifs sont mis en contact. Mais leur rencontre, loin de se produire dans le jeu d'une difficile synthèse, s'accomplit dans l'abrupt d'assemblages chimériques. Après avoir lu que « l'auteur d'un bel ouvrage (...) n'est positivement personne », ou assisté à l'opposition de l'écriture et de la *Teste*, ce n'est pas sans surprise que nous rencontrons, dans *Propos me concernant* la formule *Ego scriptor*, ou apprenons que, pour l'un de ses plus forts textes, *Agathe*, Valéry avait songé au titre de *Manuscrit trouvé dans une cervelle*. Par ces curieuses chimères, l'épars désordre se rassemble en l'exigu d'une promiscuité. La théorie de la production est donc doublement agressée. Les afflux adverses s'efforcent de la recouvrir et de la disperser; les fantastiques mariages forment une magique tentative d'assimilation.

E. *La déviation classiciste.*

Mais ce mouvement régressif se manifeste aussi d'autre manière. Loin de tirer les décisives conséquences de son annulation du système romantique, Valéry, comme pris de vertige, marque un curieux recul. Sous peine de rendre cependant trop clair son abandon d'une théorie qu'il proclame au profit d'une doctrine qu'il combat, il lui faut une voie intermédiaire. Le classicisme remplit cette utile fonction. Entre l'idée comme effet d'un travail du texte et le texte comme libre expression de l'idée, n'y a-t-il point place, opportunément, pour le texte comme expression sans cesse entravée de l'idée? La notion de travail textuel, qu'on ne veut abandonner, se trouve alors introduite dans le réconfortant cadre de l'expression :

> Grâce aux règles bizarres, dans la poésie française classique, la distance entre la « PENSÉE » initiale et « L'EXPRESSION » finale est la plus grande possible. Ceci est de conséquence. Un travail se place entre l'ÉMOTION reçue ou l'INTENTION conçue, et l'achèvement de la MACHINE qui le restituera, ou restituera une AFFECTION analogue. *(Tel Quel I, Littérature.)*
> Le grand intérêt de l'art classique est peut-être dans les suites de transformations qu'il demande pour exprimer les choses en respectant les conditions SINE QUA NON imposées.
> Problèmes de la mise en vers. Ceci oblige de considérer de très haut ce que l'on doit dire. *(Tel Quel II, Rhumbs.)*

Avec *la Jeune Parque*, par exemple, cette équivoque est savamment entretenue. Elle règne au moins sur deux domaines : le choix de la forme, les propres commentaires de Valéry. Si, comme l'écrit l'auteur à Gide, « la versification de *la Jeune Parque* est le véritable sujet, le véritable sens », si les idées du poème sont « *les idées qui naissent des mots* » (*Variété, Mallarmé*) et de leur agencement, quelle ambiguïté que choisir un ordre comme l'alexandrin à rimes plates, formé dans une toute autre perspective et objet (nous sommes en 1917) de plus d'un moderne assaut. Nul doute que tel choix, qui put s'entendre néoclassicisme, ne fut pas étranger à l'immédiat triomphe du versificateur. Il n'y a guère lieu d'être aussi dubitatif que celui-ci lorsque, dans une lettre à Albert Mockel à propos du poème, il remarque :

> Je ne sais même pas si j'ai fait véritablement œuvre « réaction- naire ».

Quant au commentaire, on le sait, il subit d'étranges oscillations. *La Jeune Parque* s'y dispose tantôt dans un système producteur, tantôt dans le système expressif du classicisme, avec ses entraves et ses difficultés. C'est bien du même poème, en effet, que Valéry affirme :

> Certains poèmes que j'ai faits n'ont eu pour germe qu'une de ces sollicitations de sensibilité « formelle » antérieure à tout « sujet », à toute idée exprimable et finie. LA JEUNE PARQUE fut une recherche littéralement indéfinie, de ce qu'on pourrait tenter en poésie qui fût analogue à ce qu'on nomme « modula- tion » en musique. (*Variété, Fragments des mémoires d'un poème*.) Songez que le sujet véritable du poème est la peinture d'une suite de substitutions psychologiques, et en somme le change- ment d'une conscience pendant la durée d'une nuit.
> J'ai essayé de mon mieux, et au prix d'un travail incroyable, d'exprimer cette modulation d'une vie. (*Frédéric Lefebvre, Entretiens avec Paul Valéry.*)

Or, c'est dans un autre domaine, celui du roman, que les ambiguïtés de Valéry atteignent leur état le plus fourni.

III. *VALÉRY CONTRE LE ROMAN*

Le thème du roman obsède maintes pages de Valéry. L'ensemble de ses résurgences forme une collection irrécusablement péjora- tive. Un non moins célèbre adversaire du genre, André Breton, n'hésita pas, même, on le sait, dans son *Premier Manifeste du Surréa- lisme* à prêter à Valéry l'une de ses plus célèbres phrases :

Par besoin d'épuration, M. Paul Valéry proposait dernièrement de réunir en anthologie un aussi grand nombre que possible de débuts de romans, de l'insanité desquels il attendait beaucoup. Les auteurs les plus fameux seraient mis à contribution. Une telle idée fait encore honneur à Paul Valéry qui, naguère, à propos des romans, m'assurait qu'en ce qui le concerne, il se refuserait toujours à écrire : LA MARQUISE SORTIT A CINQ HEURES.

Et pourtant la confection d'un roman a, de toute évidence, pour-suivi le signataire de « ce petit roman » écrit « pendant l'été 1895, à Montpellier » (Frédéric Lefebvre, *Entretiens avec Paul Valéry*) : *Monsieur Teste*. Une remarque de l'édition de *La Pléiade* nous apprend en effet que « Paul Valéry avait, avant sa mort, réuni un ensemble de notes et d'esquisses avec l'intention de les utiliser pour une nouvelle édition de *Monsieur Teste* » et que ces fragments apparte-naient « à des époques très différentes ». Pour curieuse qu'elle soit, cette pratique ne doit pas être omise s'il s'agit d'éclaircir l'attitude de Valéry face au roman.

A. *L'Illusion réaliste.*

Celle-ci, en de nombreuses pages, se signale par une sévère condamnation de l'illusion réaliste, entendue comme « supers-tition littéraire » :

> J'appelle ainsi toutes croyances qui ont en commun l'oubli de la condition verbale de la littérature. Ainsi existence et PSYCHO-LOGIE des PERSONNAGES, ces vivants sans entrailles. (*Tel Quel I, Littérature.*)

Omettre la condition verbale de la littérature, c'est retirer toute spécificité à la fiction, en lui donnant, par une confusion remar-quable, les prétendus fonctionnements de la vie. Cette naïveté marque certes tout lecteur banal affirmant qu'en la situation de tel personnage sa conduite eût été différente ou semblable, mais aussi certaine critique médiocre trahie par son vocabulaire :

> Quelle confusion d'idées cachent des locutions comme « roman psychologique », « vérité de caractère », « analyse », etc.! Pour-

quoi ne pas parler du système nerveux de la Joconde et du foie de la Vénus de Milo ? *(Tel Quel II, Rhumbs.)*
... les blagues sur l'inspiration, la VIE des personnages. *(Pour un portrait de Monsieur Teste.)*

Pis : puisque les romanciers s'y abandonnent avec complaisance, cette illusion serait inhérente au genre lui-même.

> Un romancier me disait qu'à peine ses personnages nés et nommés dans son esprit, ils vivaient en lui à leur guise ; ils le réduisaient à subir leurs desseins et à considérer leurs actes. Ils lui empruntaient ses forces, et sans doute ses gesticulations et les machines de sa voix (qu'ils devaient se passer de l'un à l'autre, cependant qu'il marchait à grand pas, en proie aux sentiments de quelqu'un de ces êtres de lettres).
> J'ai trouvé admirable et commode que l'on puisse faire faire de la sorte la substance de ses livres par des créatures qu'il suffit d'un instant pour appeler, toutes vivantes et libres, à jouer devant nous le rôle qu'elles veulent. *(Tel Quel II, Autres Rhumbs.)*

Or la critique valéryenne accomplit une habile volte-face : à réaliste, dit-elle, réaliste et demi. Reprochant au roman d'être trop réaliste, elle le convainc aussi de l'être trop peu. En somme, le roman pèche par excès comme par défaut, par illusion comme par inconséquence. Pour ce qu'ils vivent, les personnages ne sont-ils pas exempts, quelquefois à l'extrême, des vicissitudes de la vie ?

> Les héros littéraires ne fonctionnent pas. On ne sait de quoi ils vivent. Sans profession, sans moyen d'existence, sans intestin. *(Tel Quel II, Rhumbs.)*
> Comme ces hommes des romans qu'on ne voit jamais sans ressources, non occupés de subsister, et qui n'existent que dans l'anecdote. *(Propos me concernant.)*

Et puisqu'ils s'en passent si bien, ne doit-on pas proscrire cette impropriété de langage par laquelle on les assure vivants ? Ne doit-on pas admettre une bonne fois, que loin des êtres de chair, les personnages de roman sont des « êtres de lettres » ?

Mais, à ne porter jusqu'au bout leur doctrine, les réalistes commettent une autre inconséquence : ils versent dans les esthétiques recherches du style artiste. Non sans péril car, entre les personnages et leur environnement se produit alors une cruelle discordance imprévue.

Ils employèrent à décrirent les objets les plus ordinaires, parfois les plus vils, des raffinements, des égards, un travail, une vertu assez admirables; mais sans s'apercevoir qu'ils entreprenaient par là hors de leur principe, et qu'ils inventaient un autre « vrai », une vérité de leur fabrication, toute fantastique. Ils plaçaient, en effet, des personnages des plus vulgaires, incapables de s'intéresser aux couleurs, de jouir des formes des choses, dans des milieux dont la description avait exigé un œil de peintre, une émotivité d'individu sensible à tout ce qui échappe à un homme quelconque. Ces paysans, ces petits bourgeois vivaient donc et s'agitaient dans un monde qu'ils étaient aussi incapables de voir que l'est l'illettré de déchiffrer une écriture. S'ils parlaient, leurs niaiseries et leurs propos clichés s'inséraient dans le système étudié d'une langage rare, rythmé, posé mot par mot, et qui sentait ce respect de lui-même et ce souci d'être remarqué. Le Réalisme aboutissait curieusement à donner l'impression de l'artifice le plus voulu. (*Variété, La tentation de (Saint) Flaubert.*) Mais si le lecteur devient difficile, le langage ordinaire ne suffit plus à l'émouvoir. Le réalisme cherche alors à obtenir le trompe-l'œil par l'excessif du « style ». Goncourt, Huysmans paraissent... Un langage extraordinaire est appelé à suggérer des objets ordinaires. Il les métamorphose. Un chapeau devient un monstre, que le héros réaliste armé d'épithètes invincibles chevauche, et fait bondir du réel dans l'épopée de l'aventure stylistique. (*Mauvaises Pensées.*)

B. *Teste personnage réaliste.*

Qui, cependant, peut prétendre exercer sur ses travaux une si permanente surveillance qu'il soit certain d'échapper à la tentation réaliste? Personne sans doute, et certes pas Valéry, dont les écrits révèlent, sur ce chapitre non moins qu'en tout autre, une étonnante prodigalité de contraires. Ce qui frappe, par exemple, dans les commentaires qu'il accorde au personnage de M. Teste, c'est l'obsédante insistance avec laquelle, curieusement, il s'occupe de la *vie* de cet « être de lettres » :

> Avec un rien de fable qui rassemble quelques observations, on obtient un personnage assez viable. C'est ainsi que j'ai écrit Teste en 94 ou 95. (*Propos me concernant.*)
> Avec des notes vite assemblées, j'ai fait ce faux portrait de personne; caricature, si vous voulez, d'un être qu'aurait dû faire vivre — encore Poe. (Lettre à Thibaudet dans *Lettres à quelques-uns.*)

... Mais ce qui a fait peut-être que M. Teste ait survécu à cette époque et à ma jeunesse... (Lettre à M. Gould dans *Lettres à quelques-uns.*)

M. Teste est né quelque jour d'un souvenir récent de ces états. Il arrive, peut-être, que l'on abandonne de temps à autre à la vie la créature exceptionnelle d'un moment exceptionnel (...) Revenant à M. Teste, et observant que l'existence d'un type de cette espèce ne pouvait se prolonger dans le réel pendant plus de quelques quarts d'heure, je dis que le problème de cette existence et de sa durée suffit à lui donner une sorte de vie. (Préface à *Monsieur Teste*.)

D'ailleurs, à observer soigneusement M. Teste, se distingue mieux la raison pour laquelle Valéry s'est montré si attentif aux romanciers qui privent leurs personnages de moyens d'existence : ce problème, son « petit roman » l'a très précisément résolu. Nul détail réaliste ne fait défaut à M. Teste pour « vivre » : il a métier et logis; il se nourrit, il se distrait. Rien ne manque à ses habitudes physiques et psychologiques pour faire de lui la solide construction d'un personnage balzacien : il a sa façon de ne pas faire de gestes et sa voix est sourde; il a du goût pour la conversation et, assez régulièrement, il lui advient de souffrir :

Je ne l'ai jamais vu que la nuit. Une fois dans une sorte de b...; souvent au théâtre. On m'a dit qu'il vivait de médiocres opérations hebdomadaires à la Bourse. Il prenait ses repas dans un petit restaurant de la rue Vivienne. Là, il mangeait comme on se purge, avec le même entrain. Parfois, il s'accordait ailleurs un repas lent et fin.

M. Teste avait peut-être quarante ans. Sa parole était extraordinairement rapide, et sa voix sourde. Tout s'effaçait en lui, les yeux, les mains. Il avait pourtant les épaules militaires, et le pas d'une régularité qui étonnait... *(La soirée avec M. Teste.)*

Ainsi le personnage de M. Teste est-il à plus d'un chef une pièce réaliste dans le contradictoire jeu de Valéry. Fortement porté à la « vie » selon une technique experte, Teste est par ailleurs, on l'a vu, celui qui refuse l'écriture. C'est donc une parfaite cohérence qui le fait *vivre d'opérations en Bourse* : Valéry n'a-t-il pas découvert (cf. I. G) la Littérature en proie à une activité semblable à celle de la Bourse qui spécule en cachant le texte sous les personnes et les noms ?

C. *Réalisme et description.*

Mais Valéry connaît d'autres manières, non moins décisives, de succomber à l'illusion réaliste qu'il définit si bien. Dans un texte de *Pièces sur l'art*, il n'hésite guère à prendre les risques suivants :

> Toute description se réduit à l'énumération des parties ou des aspects d'une chose vue, et cet inventaire peut être dressé dans un ordre quelconque, ce qui introduit dans l'exécution une sorte de hasard. On peut intervertir, en général, les propositions successives, et rien n'incite l'auteur à donner des formes nécessairement variées à ces éléments qui sont, en quelque sorte, parallèles. Le discours n'est plus qu'une suite de substitutions. D'ailleurs une telle énumération peut être aussi brève ou aussi développée qu'on le voudra. On peut décrire un chapeau en vingt pages, une bataille en dix lignes.

Un violent escamotage, on le voit, permet ici « l'oubli de la condition verbale de la littérature ». A l' « objet » produit par l'exercice descriptif, l'adroite formule « chose vue » substitue un pur et simple objet quotidien. Dès lors, en effet, l'ampleur et l'ordre de l'énumération ne sauraient manquer d'être indifférents. Ailleurs, mais cette fois naïvement, comme Breton avec les photographies de *Nadja*, Valéry avait déjà envisagé cet illusoire remplacement :

> Toute la partie descriptive des œuvres pourra être remplacée par une représentation visuelle : paysages, portraits ne seraient plus du ressort des lettres, ils échapperaient aux moyens du langage. *(Regards sur le monde actuel, Notre destin et les lettres.)*

Or, justement, même s'il lui arrive quelquefois d'être couverte par un « regard », la description diffère radicalement de la vue. Tout objet vu se signale par un ensemble inépuisable d'attributs contemporains; tout « objet » décrit, en revanche, est une suite close de qualités. Le passage de l'indéfini au limité suppose un choix d'éléments; le saut du contemporain au successif exige la promotion d'un certain ordre. Il est clair qu'à divers choix correspondent divers « objets » décrits. Valéry n'avait-il pas lui-même postulé la différence qui peut séparer un chapeau décrit en vingt pages d'un chapeau décrit en vingt mots quand il accusait (cf. III. A) un langage extraordinaire de *métamorphoser* en monstre un chapeau ordinaire? Quant à l'ordre descriptif, Valéry se fût sans doute aperçu de son importance s'il se fût astreint à relire un auteur auquel il prodigua bien des sévérités :

> Des gens arrivaient hors d'haleine; des barriques, des câbles, des corbeilles de linges gênaient la circulation; les matelots ne répondaient à personne; on se heurtait; les colis montaient entre les deux tambours, et le tapage s'absorbait dans le bruissement de la vapeur, qui, s'échappant par des plaques de tôle, enveloppait tout d'une buée blanchâtre, tandis que la cloche, à l'avant, tintait sans discontinuer.

Dans la première description de l'*Education sentimentale*, Flaubert étale de toute évidence la simultanéité d'une scène quotidienne en un quadruple crescendo. *Encombrement :* des gens arrivaient/ des barriques, des câbles, des corbeilles de linges gênaient; *souffle :* hors d'haleine/la vapeur (...) enveloppait tout d'une buée blanchâtre; *agacement :* les matelots ne répondaient à personne/ on se heurtait; *bruit :* le tapage s'absorbait dans le bruissement (...) tandis que la cloche (...) tintait sans discontinuer. Et cette diverse croissance d'ampleur joue un rôle précis : scandant sa montée, elle annonce, elle préfigure, elle rythme le soudain trouble à venir de Frédéric face à Mᵐᵉ Arnoux. « Bonnet blanc et blanc bonnet », c'est peut-être une même chose dans le quotidien, non en littérature.

D. *Poème et roman.*

Ce que Valéry reproche en somme au roman, c'est d'être le contraire d'un poème. De celui-ci à celui-là s'établissent, paraît-il, toutes sortes d'oppositions : forme/désordre, langage/événements, nécessaire/arbitraire. Alors que le poème, nous l'avons vu (cf. I. E) s'élabore pour Valéry à partir de pures exigences de forme selon la plus astreignante des cohérences, le roman se contente entièrement du fortuit. Au mieux laisse-t-il se succéder dans ses descriptions l'insignifiante joaillerie des réussites locales, une suite de phrases exempte de tout travail architectural :

> Le roman n'est pas défini par une forme mais par la soif d'une suite d'accidents. *(Cahiers,* t. XVII.)
> La description dispense de tout enchaînement, admet tout ce qu'admettent les yeux, permet d'introduire de nouveaux termes à chaque instant. Il en résulta que l'effort de l'écrivain, réduit et concentré sur cet instant, s'est appliqué aux épithètes, aux

> contrastes de détail, aux « effets » facilement séparables. Ce fut le temps des joyaux. (*Variété, Je disais quelquefois à Stéphane Mallarmé.*)
> La proportion des phrases qui ne travaillent pas est énorme dans un roman. (*Cahiers*, t. XVII.)

Matérialiste serait le poème, idéaliste le roman. Le poème prend formellement en compte cette matière dont il est fait : le langage. Ses impératifs sont tels, quelquefois, que sur les six conditions exigées d'un mot une seule est d'ordre sémantique :

> POÉSIE :
> Je cherche un mot (dit le poète),
> un mot qui soit :
>> féminin
>> de deux syllabes,
>> contenant P ou F,
>> terminé par une muette,
>> et synonyme de brisure, désagrégation,
>> et pas savant, pas rare.
> Six conditions — au moins. (*Tel Quel, Autres Rhumbs.*)

Mais le roman, lui, est tout occupé de sens et de fictives aventures. Il en arrive à négliger complètement cette matière qui non moins l'informe :

> Romans : — Il n'arrivera jamais qu'un romancier prévoie à tel point de son ouvrage telle forme verbale — AU MÊME TITRE que tel incident.
> Mais dans le poème l'événement est de FORME aussi bien que de FOND (...)
> Ainsi le seul fait de composer en VERS DE TEL TYPE est une prévision essentielle. (*Cahiers*, t. XVII.)
> Le sort d'un roman ne dépend pas d'un mot — trouvé ou non. C'est là ce qui est grave, s'agissant d'une œuvre littéraire. La MATIÈRE niée etc. (*Cahiers*, t. XVII.)

Si le poème part de l'irrécusable arbitraire d'un ensemble de conventions (genre du poème ou du vers, option de tel rythme) c'est, à la suite de soins continus, pour parvenir à son inverse : la plus rigoureuse des nécessités. En revanche l'arbitraire initial du roman, qu'atteste la célèbre sortie de la Marquise, se perpétue sans fin en l'accidentelle suite des épisodes. La preuve que Valéry propose est une simple opération substitutive. Le roman cède. Le poème s'y

montre rebelle et c'est même là le critère qui définit la réussite de
son exécution :

> C'est pourquoi je ne sus rien faire qui ne dépendît que de mon
> arbitraire pur et simple (comme les romans). *(Propos me concer-
> nant.)*
> Tout roman peut recevoir un ou plusieurs dénouements tout
> autres que celui qu'il offre; mais il est plus malaisé de modifier
> comme l'on veut un poème bien exécuté. *(Histoires brisées,
> Avertissement.)*
> Une œuvre est solide quand elle résiste aux substitutions que
> l'esprit d'un lecteur actif et rebelle tente toujours de faire subir
> à ses parties. *(Tel Quel II, Rhumbs.)*

E. *Roman et roman.*

Or, il y a roman et roman. Le parangon que Valéry s'octroie
pour le mieux pourfendre offre tous les excès d'une charge. Loin
d'être issu d'attentives lectures, on le dirait déduit, en tirage
négatif, de la notion valéryenne de poème ou, en version positive,
de la caricature romanesque intitulée *Monsieur Teste*. Reprenons
donc les trois griefs de Valéry : désordre, mépris du langage,
arbitraire.

Qu'un contemporain de Proust se plaise à voir dans le roman
une suite d'accident ne laisse pas de surprendre, sauf à reconnaître
quelque part qu'il n'a guère lu *A la recherche du temps perdu*. Nous
le savons, c'est le cas de Valéry :

> Quoique je connaisse à peine un seul tome de la grande œuvre
> de Marcel Proust, et que l'art même du romancier me soit pres-
> que inconcevable... *(Variété, Hommage à Marcel Proust.)*

Le problème offre tous les aspects d'un cercle. Lecteur partiel et
donc inapte à concevoir l'ensemble, Valéry ne peut à la fois rendre
hommage à Proust et justifier sa propre incomplète lecture qu'en
faisant l'éloge du fragmentaire :

> On peut ouvrir le livre où l'on veut; sa vitalité ne dépend point
> de ce qui précède, (...); elle tient à ce qu'on pourrait nommer
> L'ACTIVITÉ PROPRE du tissu même de son texte. *(Variété, Hommage
> à Marcel Proust.)*

Ailleurs, nous l'avons vu (cf. III, introduction), c'est à la même fragmentation qu'il a recours dans une visée cette fois dépréciative. Supposer une anthologie de débuts de roman, c'est priver d'avance chaque roman de toute possibilité d'être un ensemble soumis à un ordre. L'opinion que se fait Valéry du roman l'incite aux lectures partielles; ces partielles lectures le confirment dans sa partialité.

Mais tel cycle s'éclaire à lire selon quelle pratique Valéry a obtenu son célèbre « petit roman ». En effet, si elle correspond fort peu au roman en général (et par exemple à la construction proustienne en cathédrale), l'idée valéryenne du roman convient en revanche tout à fait à *Monsieur Teste*. Cet ouvrage n'est-il pas le périlleux amalgame d'une foule de morceaux divers ? Deux lettres de 1896 à Gide attestent la lucidité avec laquelle Valéry constatait le désordre de son opuscule :

> Toutefois, en dehors de style, composition et bâtisse qui font défaut...
> Celle d'une chose faite avec des éléments que je trouve en somme bons, et assez criblés, et dont l'ensemble est déplorable. Je sais bien que j'ai écrit à la suite et sans autre vue d'ensemble que le souci de remplir vingt pages de mon écriture à l'aide de notes raccordées. *(Correspondance.)*

Du roman, Valéry ne comprend que ce qui lui permet sa propre activité romanesque. Ainsi, par un retour curieux, le roman du critique des romans s'offre-t-il à la critique de tel romancier critiqué. N'est-ce pas de *Monsieur Teste* que Flaubert semble parler lorsqu'il écrit à Louise Colet, cinquante ans plus tôt, ces propos valéryens :

> L'unité, l'unité, tout est là. L'ensemble, voilà ce qui manque à tous ceux d'aujourd'hui, aux grands comme aux petits. Mille beaux endroits, pas une œuvre.

Qu'il soit donc non moins permis de douter que le roman se laisse nécessairement distraire par des événements au point de nier la matière du langage. Tel mot, passé peut-être inaperçu, a plus d'importance que maints incidents du récit. Il arrive même que le choix d'un simple prénom, non moins que certain mot en certain poème selon Valéry, satisfasse à plus de six conditions.

Le Voyeur exigeait par exemple en tel point de son cours un prénom
    a) féminin,
    b) capable par un diminutif d'indiquer une gracile fragilité,
    c) apte, par sa terminaison, à rimer avec divers mots essentiels
du récit : fillette, mouette, cigarette, bicyclette, cordelette,
    d) contenant, pour rappeler certaine bergère, une idée cham-
pêtre,
    e) évoquant en outre l'idée de viol,
    f) et marquant, par quelque aspect, le désir de dissimulation.
L'on sait que c'est avec *Violette*, la dissimulation se trouvant
précisément désignée dans l'anagramme *voilette*, que Robbe-
Grillet trouva la solution de ces problèmes.

Enfin, comme pour répondre avec exactitude à l'allégation
valéryenne selon laquelle jamais un romancier ne prévoira « à
tel point de son ouvrage telle forme verbale AU MÊME TITRE que tel
incident », Philippe Sollers termine la première moitié du *Parc*,
non seulement sur l'annonce entre parenthèses d'une précise
exigence syntaxique, mais encore en réglant l'explosion prévisible
d'une grenade sur l'irrémédiable venue de la fin du papier :

> il s'arrête et tire à son tour sur deux formes qui viennent de se
> dresser à gauche, dont l'une tombe et l'autre fait un geste large
> dans sa direction (la fin de la page approche, elle doit s'achever
> bientôt par une phrase courte, évidente), et c'est enfin l'explo-
> sion, la déchirure du côté, du bras; le souffle bloqué dans un cri
> inaudible (personne ne s'en sera rendu compte; il reste encore
> deux secondes) et, voilant les yeux,
> Il est cinq heures du matin.

Seul son refus des complexités sous-jacentes au profit d'arbitraires
apparences de « vie » autorise Valéry à croire qu'un roman peut
subir sans dommage toutes manières de substitutions. Prendre en
compte les multiples niveaux de cet ordre, au contraire, c'est
admettre de maintes métamorphoses qu'elles exigeraient de
proche en proche la confection d'un très différent ouvrage. D'ailleurs, Valéry est le dernier dont on attende qu'il postule la vive
résistance du poème à certaines modifications. Plus que tout
autre ne s'est-il pas plu, diverses fois, à démontrer le contraire ?
Songeons aux quatre sonnets : *Blanc*, *Fée*, *Féerie*, *Même féerie*.
Sans doute le dernier titre proclame curieusement le maintien

d'une identité. Mais il suffit de relire chacun des premiers quatrains et des derniers tercets de deux d'entre eux pour admettre qu'il est toujours possible, à partir d'un poème, d'en composer bien d'autres, ni tout à fait les mêmes, ni tout entier différents, et qui forment plutôt avec leur irréductibilité et leur similitude, le groupe d'une parenté :

FÉERIE

La lune mince verse une lueur sacrée,
Toute une jupe d'un tissu d'argent léger,
Sur les bases de marbre où vient l'ombre songer
Que suit d'un char de perle une gaze nacrée.
(...)
La chair confuse des molles roses commence
A frémir, si d'un cri le diamant fatal
Fêle d'un fil de jour toute la fable immense.

MÊME FÉERIE

La lune mince verse une lueur sacrée,
Comme une jupe d'un tissu d'argent léger,
Sur les masses de marbre où marche et croit songer
Quelque vierge de perle et de gaze nacrée.
(...)
Quel cœur pourrait souffrir l'inexorable charme
De la nuit éclatante au firmamant fatal,
Sans tirer de soi-même un cri pur comme une arme ?

F. *Vers un roman nouveau.*

Mais il arrive, çà et là, que Valéry remette en cause sa propre opinion sur le roman. Au lieu de définir le genre romanesque comme un négatif du poème, Valéry songe en effet, quelquefois, par une révolution heureuse, à l'en déduire positivement. C'est à une procédure de ce genre, à n'en pas douter, que renvoie cette hypothèse :

Du Roman
J'ai songé à un roman qui irait délibérément « contre la vérité »
— au sens des romanciers.
Mais fait de personnages et de situations CONSTRUITS. *(Cahiers,*
t. XVII).

87

Ainsi déplacées du poème au roman, certaines remarques valéryennes révèlent alors des perspectives que la littérature nouvelle
n'a pas laissé de largement parcourir. N'est-ce pas de cette trans-
lation féconde que Michel Butor rend compte quand, dans l'*Intervention à Royaumont*, de *Répertoire I*, il déclare :

> En élargissant le sens du mot style, ce qui s'impose à partir
> de l'expérience du roman moderne, en la généralisant à tous les
> niveaux, il est facile de montrer qu'en se servant de structures
> suffisamment fortes, comparables à celles du vers, comparables
> à des structures géométriques ou musicales, en faisant jouer
> systématiquement les éléments les uns par rapport aux autres
> jusqu'à ce qu'ils aboutissent à cette révélation que le poète
> attend de sa prosodie, on peut intégrer en totalité, à l'intérieur
> de cette description partant de la banalité la plus plate, les pou-
> voirs de la poésie.

« Les belles œuvres sont filles de leur forme, *qui naît avant elles.* »
Ce célèbre postulat *(Tel Quel I, Choses tues)* ne peut-il servir
d'exergue, d'une certaine façon, aux rigoureuses directives qui
président à l'élaboration du roman moderne ? Songeons à la
« tenaille » de *l'Emploi du temps*, à la « grille horaire » du *Parc*.
Si par ailleurs Valéry projette dans un même livre, une sorte
de roman, l'idée d'une constellation de variantes, celle que forment,
on l'a vu, certains de ses poèmes :

> Enfin, les situations, les combinaisons de personnages, les
> sujets de récits et de drames ne trouvent pas en moi de quoi
> prendre racine et produire des développements dans une seule
> direction. Peut-être serait-il intéressant de faire UNE FOIS une
> œuvre qui montrerait à chacun de ses NŒUDS, la diversité qui
> peut s'y présenter à l'esprit et parmi laquelle il CHOISIT la suite
> unique qui sera donnée dans le texte. Ce serait là substituer à
> l'illusion d'une détermination unique et imitatrice du réel,
> celle du POSSIBLE A CHAQUE INSTANT, qui me semble plus véritable.
> Il m'est arrivé de publier des textes différents de mêmes poèmes :
> il en fût même de contradictoires, et l'on n'a pas manqué de
> me critiquer à ce sujet. Mais personne ne m'a dit pourquoi
> j'aurais dû m'abstenir de ces variations. *(Variété, Fragments des
> mémoires d'un poème.)*

ce n'est pas sans annoncer la venue de romans dont *la Jalousie*
est le type.

IV. *L'IMPOSSIBLE MONSIEUR TEXTE*

Ainsi ne peut se clore, on s'en doute, l'inventaire des contradictions valéryennes. Étendue à l'infini des *Cahiers*, nul doute qu'une patiente lecture ne sache en faire surgir mille échos inédits. La meilleure manière d'éluder de si vives discordances, nous le savons, c'est de les rapporter simplement à une nature, celle de l'auteur, qu'on assure éminemment divisée. Évitons-le.

A la fin du *Solitaire*, la prime Fée affirme que le premier mot de Faust fut *non;* la seconde annonce qu'il en sera l'ultime. L'opposition, ici ou ailleurs, entre les divers énoncés de, Valéry marque sans doute le permanent refus qu'une lucidité exigeante oppose à tout enlisement dans une idolâtrie. Non sans une ironie perverse, quelquefois portée jusqu'aux visibles excès diaboliques, toujours de *Mauvaises Pensées* viennent défaire les illusions du stable. Avec les incessantes oppositions internes, la menace continue des variantes, c'est toute identité même qui s'effrite. L'unité se détériore et laisse paraître ce qu'elle dissimulait : la complexité d'un groupe de différences, un ensemble de relations. Toute chose s'abolit au profit des rapports :

> Je voyais ou voulais voir les figures de relations entre les choses, et non les choses.
> Les CHOSES me faisaient sourire de pitié. Ceux qui s'y arrêtaient ne m'étaient que des idolâtres. Je SAVAIS que l'essentiel était FIGURE. *(Propos me concernant.)*

Mais cette activité subversive peut se retourner, aussi, en l'habile stratégie du double-jeu. Le contradictoire sait se nuancer : il suffit de minimiser l'un des deux termes à l'avantage du plus opportun. Plus que bien d'autres, les pages de Valéry semblent s'offrir à cette avantageuse permutation. Il est facile d'accorder tour à tour privilège à un Valéry moderne en dépit de résidus traditionnels, ou à un Valéry traditionnel malgré ses lubies modernistes. L'un pardonnera le classicisme des poèmes en raison de la théorie de la production, l'autre excusera cette théorie en songeant aux poèmes.

Loin d'aménager ainsi les contradictions, gardons-les ouvertes. Admettons-les comme signes du conflit général qui, opposant expression et production, ego et scripteur, déchire de part en part, au seuil encore d'une modernité qu'inaugurent Mallarmé et Lautréamont, une œuvre de transition ambiguë. Laissons alors la chimère de l'*Ego Scriptor* fonctionner comme l'emblème d'une tentative étrange, celle, pour Valéry, d'obtenir *l'impossible Monsieur Texte*.

V

L'ACTIVITÉ ROUSSELLIENNE

I

Derrière lui, la grande roue de bois sculpté
qui tourne dans un sens, dans l'autre; et
tantôt si vite que les rais ne s'en voient
plus; tantôt très lentement.
C'est la roue aux mots.
On voit sur la feuille blanche devant lui
son regard qui s'éclaire, illumine les environs
de sa main, à mesure qu'elle se déplace et que
le style qu'elle tient trace des caractères.

Valéry

II

Toutes les recherches de Mallarmé tendent
à trouver une limite où s'esquisserait, par le
moyen de termes pourtant fixes et orientés
vers des faits et des choses, une perspective
de parenthèses s'ouvrant les unes dans les
autres à l'infini et se soustrayant sans cesse
à elles-mêmes (...)
De ces remarques sur le langage, il serait
à retenir plusieurs points frappants. Mais
de tous le plus remarquable est le caractère
impersonnel, l'espèce d'existence indépen-
dante et absolue que Mallarmé lui prête.
Nous l'avons vu, ce langage ne suppose
personne qui l'exprime, personne qui
l'entende : il se parle et il s'écrit.

Blanchot

Richement parue à compte d'auteur, soutenue par l'abondante
publicité que lui pouvait offrir une immense fortune, objet en
son temps de plusieurs scandales, ayant en outre retenu l'intérêt de
diverses contemporaines célébrités, l'œuvre de Roussel (1877-1932)
connaît aujourd'hui encore un succès des plus confidentiels. Tel persistant refus, on le suppose, ne saurait manquer de sérieux
motifs.

I. *LE PROCÉDÉ DU TEXTE*

Par la révélation posthume de *Comment j'ai écrit certains de mes livres*, Roussel nous en a informé : à la base de ses contes, de ses romans *Impressions d'Afrique* et *Locus Solus* comme de ses pièces *l'Étoile au front* et *la Poussière de Soleils*, il y a « un procédé très spécial ». Étonnamment variées, toutes ces aventures obéissent en effet, systématiquement, à l'assemblage de groupes d'éléments obtenus de façon quelque peu singulière.

A. *Éléments : expression/production.*

La fabrique des éléments forme en quelque sorte le négatif d'une traduction. Pour la traduction il s'agit, étant donné un signe, de trouver un autre signe ayant si possible avec le premier une équivalence de *signifiés :* c'est le signifiant de ce second signe qui est le résultat tangible de l'opération. A l'intérieur d'une langue, la synonymique substitution s'appelle définition; si elle met en jeu une seconde langue, elle s'intitule, selon le cas, version ou thème (figure 1). Pour la fabrique roussellienne, en revanche, il s'agit,

TRADUCTION			
OPÉRATION	SIGNIFIANTS D'ENTRÉE	VOISINS SIGNIFIÉS	SIGNIFIANTS DE SORTIE
DÉFINITION	Lettre	*Texte épistolaire*	Missive
VERSION	Letter	*Texte épistolaire*	Lettre
THÈME	Lettre	*Texte épistolaire*	Letter

Figure 1

étant donné un signe, de trouver un autre signe ayant si possible avec le premier une équivalence de *signifiants* : c'est le signifié de ce second signe qui est le résultat tangible de l'opération. Comme l'a noté Roussel, « ce procédé, en somme, est parent de la rime ». Selon qu'elle est plus ou moins accomplie, l'équivalence des signifiants s'appuiera sur l'extension, l'homonymie, le métagramme ou l'à-peu-près (figure 2).

FABRIQUE			
PROCÉDÉ PRIMITIF	SIGNIFIÉS D'ENTRÉE	VOISINS SIGNIFIANTS	SIGNIFIÉS DE SORTIE
EXTENSION	caractère typographique	*Lettre*	Missive
HOMONYMIE	Bordure	*Bande*	Horde
MÉTAGRAMME	Jeu	*Billard/Pillard*	Ravageur
PROCÉDÉ ÉVOLUÉ : A-PEU-PRÈS	J'ai du bon tabac dans ma tabatière	*J'ai du bon tabac dans ma tabatière / Jade, tube, onde, aubade, en mat, à basse tierce*	Jade, tube, jet d'eau, aubade, objet terne, tierce inférieure

Figure 2

Nul doute que Roussel ne se risque déjà, ici, à des expériences périlleuses : traduction et fabrique, en leur principe, s'opposent comme le bien et le mal, la métaphore et le calembour. Par l'effet rassurant de la synonymie, la première autorise définitions et traductions, explications et échanges. Fondée sur l'idée, un quelque chose à *dire*, elle offre les moyens de la transmission : elle est d'ordre pédagogique et expressif. Pour elle, la fabrique ne saurait jamais être qu'une pernicieuse calembredaine qui accentue et systématise les quiproquos de l'homonymie. Nous sommes loin cette fois, en effet, d'un quelconque *commerce des idées.* Centré d'une certaine façon sur la matière du signe et un quelque chose à *faire*, le dispositif de la fabrique roussellienne définit une *pratique de production*.

B. *Groupes :* « *l'initiative aux mots* ».

En fait, nous le savons, le procédé roussellien ne consiste guère à obtenir un par un les éléments fondateurs de la fiction. Toujours sa matière première est un groupe lié par une connexion nécessaire et qui explose avec la plus violente énergie. Soit une phrase : (a) *Les lettres du blanc sur les bandes du vieux (b|p) illard* (caractères typographiques, morceau de craie blanche, bordure, billard) : missive, homme blanc, hordes, vieux ravageur; (b) *J'ai du bon tabac dans ma tabatière :* Jade, tube, onde, aubade, en mat, à basse tierce. Soit, Roussel en donne mille exemples dans *Comment j'ai écrit...*, un nom et, par l'entremise de la préposition *à*, le complément de ce nom : (c) *Revers à Marguerite* (revers d'habit dont la boutonnière est ornée d'une fleur) : défaite militaire et Marguerite de Faust.

Si, comme il semble, il importait d'obtenir une arbitraire liste d'éléments, diverses méthodes plus commodes se proposeraient aussitôt : par l'énumération directe, immédiate, sans surveillance, on pratiquerait un choix *spontané* ou bien, par une localisation de mots, à l'aveuglette, en divers livres, on accomplirait un choix aléatoire. Préférant son subtil labeur à d'aussi claires économies, toute chance que la fabrique roussellienne obéisse à des principes rigoureux. Le choix spontané rejoint évidemment l'écriture automatique dont André Breton disait qu'elle est une « dictée de la pensée en l'absence de tout contrôle exercé par la raison, en dehors de toute préoccupation esthétique ou morale ». Ce que Roussel eût accepté, avec cette méthode, c'est la présence d'une plénitude subjective dont une expressive spontanéité permettrait la manifestation. De son côté, par les incessants changements de livres, le choix aléatoire tendrait à utiliser un réservoir lexical d'une entière neutralité. Ce que Roussel eût alors admis, c'est la notion d'un langage passif en lequel certain hasard extérieur fût venu établir l'ordre de ses prélèvements. Le procédé roussellien n'adhère en somme ni à l'expression d'une subjectivité, ni à l'innocence facile de l'aléatoire : il s'inscrit au contraire dans une autre perspective.

Avec chaque rigoureuse mise en accord d'un groupe de signifiants, tout auteur subit en effet une paradoxale métamorphose : à l'instant où sa parfaite habileté éclate, il est lui-même l'objet d'une prompte évacuation. Qu'il s'agisse d'anacyclique (« L'âme des uns jamais n'use de mal ») ou de distique holorime (« Dans ces meubles laqués, rideaux et dais moroses, Danse, aime, bleu laquais, ris d'oser des mots roses », vers que justement Roussel cite dans une lettre à Pierre Frondaie), l'auteur révèle une vertigineuse virtuosité et s'abstrait. Si visiblement actif, c'est au seul langage, semble-t-il, à chaque fois, que revient le crédit de la formule. Selon la phrase de Mallarmé : « L'œuvre pure implique la disparition élocutoire du poète, qui cède l'initiative aux mots. » Là est sans doute le dessein de la fabrique roussellienne : le fonctionnement d'un langage solitaire. Un soliloque absolu, un *loqui solus* : un *Locus Solus*.

Tout désir d'introduire ici une subjectivité créatrice impliquerait donc une mise en cause de l'inhumaine rigueur de la fabrique. Si Michel Butor s'applique à montrer que de « sourdes intentions dirigent » Roussel, il ne manque pas d'insister sur le procédé évolué, moins formel, dont le jeu ménage la possibilité d'une relative interprétation phonétique. Supposant des occurrences dont Michel Foucault, dans son ultérieur *Raymond Roussel*, a donné exemple (pour « J'ai du bon tabac » : « geai, tue, pean, ta bacchante », « jette, Ubu, honte à bas », « j'aide une bonne abaque »), il assure que « d'autres équivalents tout aussi plausibles (...) pourraient servir à bâtir des histoires tout autres » et donc que Roussel choisissait la trouvaille qui « lui semblait ouvrir sur quelque chose ». Cette hypothèse humaniste n'est pas incontestable : elle prête un excessif illogisme à un écrivain qui n'hésitait pas à surnommer *Logicus Solus* certain de ses livres. Pour elle, un étrange repli aurait induit Roussel à domestiquer dès l'abord un procédé précisément conçu pour sa sauvagerie; à laisser l'esquisse d'une fiction agir sur ce qui au contraire, dans sa violence extrême, doit déterminer toute fiction; et ainsi, avilissant la première phase du procédé, à réduire l'ingéniosité exacerbée de la seconde.

C. *Assemblage : vérisimilisation.*

En effet, à la manière de ces amas d'étoiles assemblés par une fiction (Sagittaire, Lyre) en l'unité d'une constellation précise, les éléments disparates doivent être réunis par les vertus d'une histoire. Adoucir d'emblée la sauvage incohérence des données de base reviendrait donc bien, par un contresens majeur, à priver la fiction interstitielle des mille inventions nécessaires à la solution de l'étrange problème. A l'opposé de cette corruption, les groupes précédents suscitent ainsi :

(*a*) Au bout de quelques jours *Compas* est rétabli. Il va trouver le chef nègre, un *vieillard* terrible qu'on appelle Tombola. (...) Tombola commande en maître absolu à de véritables *hordes* de nègres avec lesquels il *saccage* tout ce qu'il trouve sur son chemin. (...) Que fait Compas ? (...) *Il écrit* à l'épouse qu'il ne reverra peut-être jamais. (...) Les pages sont vites remplies par les détails que donne Compas sur les faits et gestes de Tombola et ses armées sauvages. *(Parmi les Noirs.)*

(*b*) Tenant à voir la vie en rose dès l'instant de son réveil, Shah-nidjar exigeait de Ghîriz une *aubade* quotidienne destinée à chasser doucement de son cerveau la pâle théorie des beaux songes.
Exact et obéissant, le poète descendait chaque matin dans le magnifique jardin entourant de toutes parts le palais de son maî-tre. Parvenu sous les fenêtres du riche dormeur, il s'arrêtait non loin d'un bassin de marbre d'où s'échappait un svelte *jet d'eau* lancé par un *tube* en jade.
Élevant alors jusqu'à sa bouche une sorte de porte-voix *en métal terne* et délicat, Ghîriz se mettait à chanter quelque élégie nouvelle éclose en sa féconde imagination. Par suite d'une réson-nance étrange, la légère trompe utilisée doublait chaque son *à la tierce inférieure. (Impressions d'Afrique.)*

(*c*) Habituée à jouer le *Faust* de Goethe au cours de toutes ses tournées, Adinolfa s'échappa en courant et revint au bout d'un moment portant sur le bras sa robe et sa perruque *de Marguerite.* A la vue du cadeau qu'on lui offrait, Yaour fit entendre de radieuses exclamations. Jetant ses armes sur le sol, il put, grâce à son extrême maigreur, entrer sans peine dans la robe, qui s'agrafa par dessus son pagne; puis, se coiffant de la perruque blonde aux deux nattes épaisses, il fit quelques pas majestueux, semblant réellement joyeux de l'effet produit par son bizarre déguisement.

Mais une immense clameur retentit soudain au-dehors, et Yaour, flairant quelque trahison, se hâta de bondir sur ses armes et de s'enfuir avec son escorte (...) Yaour toujours affublé de sa robe et de sa perruque s'était bravement jeté dans la mêlée et combattait parmi les siens. (...) Le roi parvint d'abord à parer plusieurs coups, mais bientôt l'empereur à la suite d'une feinte habile, perça profondément le cœur de son antagoniste.

Promptement découragé par la mort de leur chef, les Drelchkaffiens, de plus en plus décimés, ne tardèrent pas à se rendre.

(*Impressions d'Afrique.*)

Ainsi la procédure roussellienne s'oppose une seconde fois à l'écriture automatique. L'image, disait Reverdy, « ne peut naître d'une comparaison mais du rapprochement de deux réalités plus ou moins éloignées » et Breton précisait : « Pour moi la plus forte est celle qui présente le degré d'arbitraire le plus élevé. » A cette immédiateté du choc surréaliste entre deux « réalités » lointaines, s'opposent les minutieuses médiations de l'assemblage roussellien. Loin de se télescoper, d'exalter l'arbitraire de leur rencontre, les éléments disparates que la fabrique a obtenus sont en quelque manière *protégés* les uns des autres par l'épais tampon des paragraphes, et sémantiquement *motivés* par leur insertion dans la mécanique d'un appareil ou le récit d'une aventure. Inverse de l'inquiétante éclatante fabrique, l'assemblage s'applique à unifier, à rassurer en établissant l'ordre vraisemblable, en leur familier principe, d'une machine ou d'une histoire. De même que Flaubert, pour écrire, contredit son bouillonnement romantique par les extrêmes rigueurs d'un minutieux travail stylistique, Roussel oppose l'extraordinaire diversité des données de base à l'irrémissible penchant qui le porte au banal.

En somme, avec une lucidité parfaite, le procédé roussellien sépare et porte à la limite les deux aptitudes cardinales du langage, puis les met en jeu successivement. D'abord, refusant toute expression, le langage de la fabrique est une pure activité productrice; ensuite, réduit, semble-t-il, à une simple précision scrupuleuse, le langage de l'assemblage paraît chargé de transmettre les innombrables trouvailles de la vérisimilisation. Mais lisons mieux.

II. *LE TEXTE DU PROCÉDÉ*

Il y a, nous le savons, deux sortes de textes issus du procédé : ceux qui le cachent, ceux qui le montrent. Dans les uns (roman, théâtre, et les brèves histoires intitulées *Documents pour servir de canevas*), Roussel a systématiquement éliminé, quelquefois avec un soin extraordinaire, toute trace des signifiés d'entrée. Ainsi précise-t-il, à propos de *Locus Solus* : « Le dé orné des inscriptions « L'ai-je eu, l'ai-je, l'aurai-je » vient du mot *déluge* (dé l'eus-je). Ici je mis « l'ai-je eu » au lieu de « l'eus-je », craignant que *dé l'eus-je* ne laissât transparaître le procédé. » C'est naturellement dans ces seuls textes que l'auteur utilise le procédé évolué : sitôt abolie la présence des signifiés d'entrée, l'entière concordance des signifiants n'est certes plus guère utile.

Avec les contes, à l'inverse, le procédé s'offre dans une si vive lumière que Roussel (sauf *Chiquenaude*, *Nanon* et *Une page du folklore breton*) les a tenus inédits jusqu'à la posthume révélation, précisément, de *Comment j'ai écrit...* Si, dans ce livre, Roussel en recueille la plupart sous le titre *Textes-Genèse*, c'est non seulement parce qu'un calembour lui permet de les dire à la fois écrits de jeunesse et germes de son œuvre ultérieure, mais encore parce que le récit y livre clairement sa propre génération. C'est à *Parmi les Noirs* que nous nous attacherons : outre sa complète mise en œuvre des problèmes rousselliens, ce conte est le seul, à être littéralement, ainsi que le note Roussel, « l'embryon de mon roman *Impressions d'Afrique* ».

A. *Le procédé visible.*

 Les lettres du blanc sur les bandes du vieux billard formaient un incompréhensible assemblage. J'en étais déjà à mon sixième tour et je voyais avec plaisir les mots baroques que j'obtenais avec mon système pourtant si simple. — Quel charabia ! pensais-je. Personne ne trouvera la clé et Balancier lui-même n'y comprendra rien. C'est une nature intéressante que Balancier.

Balancier, nous apprend le narrateur, est en effet cet écrivain dont le second roman, *Parmi les Noirs*, offre tant d'intérêt : victime d'un naufrage, le capitaine Compas tombe dans les griffes du terrible chef nègre Tombola. Au cours de sa détention, il envoie à sa femme, par oiseau voyageur, maintes lettres qui retracent ses aventures. Le narrateur est donc heureux de retrouver Balancier chez son confrère Flambeau.

Hélas, il pleut. Pour passer le temps, Flambeau propose un jeu de société :

> On posait par écrit une question quelconque à une personne; puis on l'enfermait dans une pièce voisine. Au bout de dix minutes, montre en main, on rouvrait la porte, et la personne devait donner la réponse sous forme de rébus. Le premier qui devinait le rébus était mis sur la sellette à son tour.

C'est au peintre Débarras que le hasard enjoint de dire par un rébus, en réponse à la question secrète, ce qu'il préfère « de l'aquarelle ou du pastel, avec les motifs de sa préférence ». Mme Bosse, la caricaturiste, déchiffre bien vite la réponse : « L'aquarelle a ma préférence à cause de sa finesse et de son éclat. » A son tour il lui faut donc indiquer : « un sujet de tableau qui vous plairait à exécuter ». C'est le narrateur, cette fois, qui découvre la solution : « J'aimerais faire la caricature de M. Débarras. » Flambeau pose donc au narrateur la question suivante : « Quels sont, d'après vous, les écrits les plus émouvants qui aient été publiés cette année. » Aussitôt, il pense au roman *Parmi les Noirs*. Ne sachant dessiner, il songe à un cryptogramme qui utiliserait le billard près duquel il se trouve :

> Je pris un des petits cubes de craie qui traînaient là. (...) Puis je me mis à tracer de belles majuscules sur le drap vert tout usé ou décoloré par endroits. Mais au lieu d'étaler ma phrase dans l'ordre normal, j'écrivais une majuscule sur le premier côté, ensuite une autre sur le second, une sur le troisième et une sur le quatrième; après quoi je revenais au premier et ainsi de suite, ce qui donnait un résultat complètement inintelligible.

Tout le monde s'étant rassemblé dans la salle du billard, Balancier, après avoir écrit sur son carnet les quatre mots l'un en dessous de l'autre, explique qu'il suffit de les « lire de haut en bas pour avoir l'ordre véritable de la phrase ».

Puis, s'adressant à Flambeau :

— Voulez-vous nous rappeler, dit-il, les termes exacts de la question ?

Flambeau répéta de mémoire :

— Quels sont, d'après vous, les écrits les plus émouvants qui aient été publiés cette année ?

Tout le monde avait lu *Parmi les Noirs*. On comprit donc facilement ma réponse quand Balancier, le crayon à la main, épela lentement sur son carnet :

— LES... LETTRES... DU... BLANC... SUR... LES... BANDES ... DU... VIEUX... PILLARD.

Ainsi le procédé est-il visible, et doublement. D'une part le texte en donne deux occurences : *Les lettres du blanc sur les bandes du vieux (b/p)illard* forment l'armature du roman de Balancier (cf. C.a); et inversement *Les lettres du blanc sur les bandes du vieux (p/b)illard* provoquent la scène où le narrateur écrit son cryptogramme sur les côtés du billard. D'autre part, la disposition polaire des rimes et leur rôle, en conséquence, dans la chute du récit, soulignent intensément la productrice concordance des signifiants. Le procédé se révèle l'alpha et l'oméga du texte.

B. *Miroitement interne*.

Mais, entre rimes extrêmes et récit intermédiaire, le rapport n'est pas seulement d'ordre thématique. L'une par rapport à l'autre, les rimes polaires sont mime et symétrie : mise en place d'un miroir virtuel. Or, à son tour, le texte se fait mimétique et symétrique. Mimant la symétrie des rimes, sa disposition le rend apte, en effet, à rimer avec lui-même :

(a) « Les lettres du blanc sur les bandes du vieux billard. »
(b) Évocation de Balancier.
(c) Voici le sujet de *Parmi les Noirs* (soit le texte de l'écrivain).
(d) Rébus de Débarras (peintre).
(d') Rébus de Mme Bosse (caricaturiste).
(c') Cryptogramme du narrateur (soit le texte d'un écrivain).
(b') Solution par Balancier.
(a') « Les lettres du blanc sur les bandes du vieux pillard. »

Ainsi le récit se désigne-t-il à la fois comme miroir d'un miroir et miroir de lui-même.

C. *Qui assemble ressemble.*

La mise en œuvre de procédé exige certes que les mots fondateurs se retrouvent dans le texte selon leurs deux acceptions : *lettres* comme missive ou majuscules sur le billard, *blanc* comme voyageur ou morceau de craie, *bandes* comme hordes du pillard ou bord du billard, *vieux* comme pillard âgé ou billard usagé. Mais, hors ces nécessaires occurrences, les idées de lettre, de blancheur, de bande et de vieillesse, connaissent une fréquence des plus curieuses :

(a) *Lettres* : Jeune, Balancier fait déjà des pièces de *vers*. Il n'oublie pas d'accompagner son premier *roman* de quelques *mots* de dédicace. Les questions du jeu sont posées par *écrit*. La description du premier rébus précise que le la est formé de trois *lettres*, et qu'on pouvait lire les *lettres OSE SA SA*, puis *une S* dessinée en pattes de mouche. Il y a aussi un vieillard avec « *SONEC écrit* sur le corps » et qui dit une *phrase*. Dans le rébus de Mme Bosse un personnage ayant *un G* pour tête prononce une *phrase*. Deux autres ont une figure en forme *de K*. L'un d'eux poignarde « un malheureux dont le torse portait *ces lettres : REDEM*. Entre *le G* moribond et *le K* joyeux, il y avait ce *mot* auquel semblait manquer *la première lettre : eferla* ». Une autre silhouette forme *la diphtongue ON*, tandis qu'une brève indication autour d'une miniature peut se lire *en fines majuscules*. La solution du rébus se présente comme *une phrase au complet*. Enfin, Balancier *copie les mots* énigmatiques.

(b) *Blancheur* : Le capitaine Compas parcourt des *régions inexplorées* (les blancs de la carte). Il est recueilli par des voyageurs *européens* qui lui permettront de rejoindre ses *semblables*. Discutant un carambolage, Balancier en tient pour la *blanche*, et l'on n'omet pas de rappeler qu'il avait parlé « en faveur de *la blanche* ».

(c) *Bandes* : L'équipage entier du bateau prend place dans les chaloupes tandis que Compas refuse de quitter son *bord*. Il regarde *ses compagnons* qui s'éloignent. Le bateau s'échoue sur *la grève* (le bord), mais Compas peut rejoindre les pays civilisés de *la côte*. Les invités de Flambeau étaient *une dizaine*. Les majuscules sont inscrites sur le *bord* de la miniature.

(d) *Vieillesse* : Tombola n'épargne pas les *vieillards*. Débarras est vêtu de son *éternel* complet. Il y a un fardeau porté par un *vieillard* et un *vieillard* qui a SONEC écrit sur le corps...

Par ce renchérissement thématique, la trame entremise tend, selon un entrecroisement complexe, à se composer avec des éléments proches de ceux qu'elle a pour mission d'unir comme ses bords. Chargée d'assembler ce qui se ressemble, elle finit par ressembler à ce qu'elle assemble. Ainsi se fait-elle en montrant ce qu'elle fait.

D. *Je suis un rébus.*

En leur rapport homophonique, les deux phrases polaires peuvent s'entendre comme énoncé et solution de ce cryptogramme particulier nommé rébus. Le récit serait donc l'histoire de son décryptage. Il s'en suit que les rébus de Débarras et de Mme Bosse disposent, au centre du texte, l'apologue de sa propre composition. Mieux, chaque rébus, en sa solution, désigne l'activité qui l'établit. Travail de peintre, le premier répond : « *L'aquarelle* a ma préférence »; œuvre de caricaturiste, le second affirme : « J'aimerais faire la *caricature*... » Il y a donc ici, non sans subtilité, un degré second du mimétisme. Chaque rébus mime la fabrication du texte mais comme cette intervention est comprise dans le texte, il lui faut insister, aussi, en lui-même, sur sa propre fabrication.

E. *Je suis un texte chiffré.*

Parmi les Noirs est donc un texte *chiffré.* L'hypothèse qu'il se constitue en désignant sa propre démarche est amplement confirmée sitôt que se perçoit la surprenante abondance des précisions *numériques :*

> Mon *sixième* tour (...) son *premier* roman (...) J'étais resté *deux* ans sans nouvelle (...) son jeune fils âgé de *cinq* ans (...) Mais le *huitième* jour (...) aux *quatre* coins du malheureux hameau (...) Dans le *premier* (...) le *second* était consacré (...) les *premières* atrocités (...) nous étions une *dizaine* (...) au bout de *dix* minutes (...) A la fin de la *dixième* minute (...) *deux* notes (...) *trois* lettres (...) une étrange bête à *quatre* pattes (...) elle mit à peine *deux* minutes (...) *deux* autres individus (...) la *première* ligne (...) le *second* enfonçait un poignard (...) ce mot auquel semblait man-

quer la *première* lettre (...) la *seconde* ligne commençait (...) 1755-1829 (...) après *deux* professionnels (...) les *trois* billes étaient encore à leur place (...) une majuscule sur le *premier* côté, ensuite une autre sur le *second*, une sur le *troisième* et une sur le *quatrième* (...) au *sixième* tour j'avais *quatre* mots (...) après avoir compté *dix tours trois quarts* (...) il y avait sur le *premier* côté (...) sur le *second* (...) sur le *troisième* (...) et sur le *quatrième* (...) les *quatre* mots énigmatiques (...) il montra les *quatre* mots.

Afin de restreindre telle conjecture, certain positivisme sera peut-être tenté de faire ici une réserve méthodologique. Seules, dira-t-il, peuvent être probantes les précisions numériques oiseuses ; fonctionnelles, exigées donc par le récit, les autres ne sauraient être prises en compte. Cette triviale lecture, en ces parages roussel-liens, il ne faut pas craindre de la retourner. Si plusieurs des précisions numériques, dont l'ensemble insistant a pour charge d'indiquer le chiffrage du texte, sont fonctionnelles dans le récit, c'est que le récit a été construit notamment, à partir de leurs occurrences, de manière à les contenir.

F. *Le temps d'un récit.*

C'est donc l'ensemble de ses aspects que le texte tend à désigner au cours de sa mise au point patiemment horlogère. Si l'on note par exemple que le passage d'une rime polaire à l'autre exige la durée d'un récit et que cette durée, la dernière ligne renvoyant soudain à la première, forme boucle, on n'est plus guère surpris des fréquentes allusions au temps :

Balancier lui-même (...) la réponse que j'avais reçue *le lendemain* (...) j'étais resté *deux ans* sans nouvelle (...) Mais *un matin* on m'avait remis (...) un capitaine au *long cours* (...) son jeune fils âgé de *cinq ans* (...) jusqu'au *moment* où l'on va lever l'ancre (...) enfin *l'heure sonne* (...) *le beau temps* favorise (...) tout *la première semaine* (...) mais le *huitième jour* (...) au bout *de quelques jours* (...) il ne manque pas d'utiliser *chaque jour* (...) que fait Compas pendant ces *quelques heures* (...) pressé par *le temps* (...) Presque *chaque jour* Compas emploie ce moyen (...) c'est une sorte de *journal* de sa vie qu'il rédige (...) l'*instant* de la séparation (...) chaque récit était *daté* (...) il disait *à bientôt* (...) je n'avais pas revu Balancier depuis plus d'*un mois* (...) invité à passer *une semaine* (...) un moyen de passer agréablement *l'après-midi* (...) nous occuper pendant *un bon bout de temps* (...) au bout de *dix minutes* (...)

> Flambeau surveilla *l'heure* (...) A la fin de la dixième *minute*
> (...) elle mit à peine *deux minutes* à avoir la solution (...) *huit*
> *minutes* après s'être enfermée (...) après un *moment* de réflexion
> (...) je regardais *ma montre* et je me mis à réfléchir (...) les écrits
> les plus émouvants qui aient été publiés *cette année* (...) *au moment*
> où nous aurions interrompu leur partie (...) j'étais en avance
> *d'une demi-minute* (...) après avoir tournaillé *un instant* (...) ce n'est
> plus qu'une affaire de *secondes* (...) Balancier me jeta *au même*
> *moment* (...) les écrits les plus émouvants qui aient été publiés
> *cette année*...

et au cercle : c'est avec une lisible complaisance que le narrateur
précise par deux fois qu'il en est à son sixième *tour*, puis que
l'ensemble des manœuvres exige dix *tours* trois quart. Le capitaine
se nomme *Compas* et ses aventures en Afrique l'obligent à décrire
un *circuit*, précisément entre deux similitudes : abandonné selon
ses vœux par les marins de son équipage (semblables à ce qu'il
était) et échouant sur la côte, il y revient finalement avec l'aide de
voyageurs européens (semblables à ce qu'il est devenu). Tout porte
ainsi à croire que Tombola, nom du pillard qui permet le voyage,
évoque, par l'intermédiaire de son origine latine *tombolare*, le
circuit nommé *culbute*. Ailleurs, s'il s'agit de faire comprendre
que des paroles sont émises par un personnage dessiné, c'est en
ces termes : « *une ligne courbe sortant* de sa bouche *pour y rentrer après*
un détour encadrait cette phrase ». Il arrive même, qu'une impeccable
réussite minuscule suppose un bref texte à chiffres qui tourne :
« *tout autour* on lisait en fines majuscules sur le bord de la miniature : Membre du Directoire, 1755-1829 ». Quant à la solution
de l'énigme, elle est appelée *clef* et, cet instrument qui tourne,
Balancier le trouve « après avoir *tournaillé* un instant ».

G. *Le nom des rôles.*

Nul élément qui ne renvoie donc ici, par un lien métaphorique,
à quelque aspect du fonctionnement textuel. Tout, en somme,
même les noms propres, doit pouvoir, en cette perspective,
s'entendre figurément. C'est pourquoi, très lisiblement, le rôle
des noms est de fournir le nom des rôles. La fonction de Balancier,
auteur du roman *Parmi les Noirs*, est de mouvoir (les aiguilles du)
Compas; celle de Compas, nous le savons aussi, de tracer un cercle

en Afrique; celle de Tombola de permettre ce circuit. Mme Bosse est caricaturiste; Débarras vêtu d'habits dont, communément, on se débarrasse, s'offre à la caricature. C'est par le jeu de Flambeau que le procédé du texte s'éclaire. Il n'est pas jusqu'à Gauffre dont on ne puisse supposer que par l'idée d'impression il insiste sur la notion d'imprimerie.

H. *Je suis un écrit.*

Loin d'être une substance par laquelle, selon une formule fâcheusement répandue, « s'exprimerait la personnalité de l'auteur », la fiction, en le tissage de ses thèmes, est tout entière occupée à se signaler comme texte. C'est écrire, très exactement, qu'elle *n'est* rien. Elle n'est, vertigineusement, que celle qui, vertigineusement, s'applique à montrer ce qu'elle est. Toujours séparée d'elle-même par l'imperceptible renaissant décalage d'une nouvelle désignation de soi, sa stabilité est toujours différée. Dès lors, l'empâter comme matière d'un signifié dont il ne resterait plus qu'à établir telle confortable organisation thématique, serait omettre à quel point, de relais en relais, elle est en tous lieux d'elle-même perpétuellement signe. Ce qu'elle assure, ouvrant une circularité désormais inlassable, si elle désigne en l'écriture son processus de production.

Revenons donc au nauffrage de Compas :

> Son bateau, échoué sur la grève, n'est plus qu'un amas d'épaves qui se tiennent à peine. Pourtant certaines parties de la cargaison sont encore bonnes et d'autres nègres, en plus grand nombre, transportent sur leur dos des objets de toutes sortes.

La dislocation du navire en épaves qu'un probable ultérieur bricolage permettra d'assembler selon l'ordonnancement d'un nouvel ensemble, c'est, d'abord, une claire allégorie du Procédé. Or, qui donc pratique cette réorganisation d'éléments fournis par les blancs? Les noirs. Non moins qu'en *les Aventures extraordinaires d'Arthur Gordon Pym* de Poe, il faut admettre, de cette juxtaposition des blancs et des noirs, formant allégorie du papier et de l'encre, qu'elle désigne l'écriture. En effet, notons-le, le blanc Compas n'a guère songé à écrire, pendant la traversée, tant qu'il était en compagnie de ses seuls semblables, ton sur ton; pour qu'il s'y décide, il faut, alentour, la présence de non-pareils.

Que le mot blanc puisse signaler notamment le papier, tenons-en d'ailleurs pour preuve sa présence en la première et dernière ligne du texte de Roussel, précisément là où le papier, en son environnante blancheur, se montre avec insistance. De plus, précisément, l'action des noirs sur l'épave des blancs fait surgir les instruments de l'écriture :

> Il puise à la provision de papier, de plumes et d'encre que les nègres ont trouvée en dépouillant son navire; et il écrit (...). Or ces récits pleins de verve et d'imagination formaient l'unique matière de *Parmi les Noirs*.

Titre du roman de Balancier sans doute, mais aussi de la nouvelle de Roussel. Ce sont en outre les écrits de Compas que le narrateur décrit par l'ultime phrase du texte : « les lettres du blanc sur les bandes du vieux pillard »; et celle-ci est à son tour décrite par la première : « les lettres du blanc sur les bandes du vieux billard ». Ainsi le récit se définit-il comme travail d'écriture sur de l'écriture.

I. *Voici qui peut me lire.*

Mieux : le récit n'hésite pas à préciser le type de lecture que telle écriture exige. D'un paragraphe à l'autre, en effet, se noue la plus précise des chaînes. Meneur de jeu, l'écrivain Flambeau pose la question par *écrit;* Débarras lit cette phrase et, son rébus comportant maintes lettres, il *écrit;* son cryptogramme est déchiffré par Mme Bosse qui, disposant aussi en son rébus diverses lettres, *écrit;* seul le narrateur est en mesure de décrypter le message et sitôt après, sa réponse, c'est sur les bandes du billard qu'il l'*écrit;* pour résoudre le problème « les quatre mots énigmatiques » sont *écrits* sur un carnet par Balancier, auteur, précisément, du roman *Parmi les Noirs*. Mais ce roman lui-même, ne l'a-t-il pas déjà envoyé à celui qui *écrit* cette étrange nouvelle? Seul dispose d'une aptitude à lire qui pratique l'écriture. Comme dans *le Scarabée d'or* de Poe, le texte montre avec insistance que le déchiffrement est l'intervention d'une écriture dans une écriture. Cette remarque n'est pas sans conséquences. Elles pourraient être tirées de deux manières. Un pessimisme aristocratique prétendrait que toute active lecture ne saurait donc jamais qu'être un privilège de caste réservé aux écrivains. Un optimiste révolutionnaire y lirait plutôt l'incitation, pour tous, à pratiquer le travail d'écriture nécessaire à toute lecture. Proche, en quelque façon, de la formule ducassienne affirmant que la « poésie doit être faite par tous. Non par un », cette généralisation n'irait pas sans détruire l'idéologie psychologiste faisant nécessairement correspondre activité d'un petit nombre de « créateurs doués » et masse de passifs consommateurs.

J. L' « hommage » et l' « annonce ».

Ainsi lire et écrire, c'est se prendre au jeu de l'intertextualité. Loin de rester clos sur lui-même, le récit, en sa cohérence, ne manque pas de s'inscrire dans une constellation de textes. Permettant un curieux voyage au fuyant « centre » du texte, le cryptogramme du billard forme la plus limpide des allusions au chiffrage par lequel, en le roman de Verne, Arne Saknussemm signale l'orifice qui autorise un *Voyage au centre de la terre*, et dont voici le principe :

> Je compris ce dont il s'agissait, et immédiatement j'écrivis de haut en bas :

$$
\begin{array}{ccccc}
J & m & n & e & G & e \\
e & e & , & t & r & n \\
t' & b & m & i & a & l \\
a & i & a & t & u \\
i & e & p & e & b
\end{array}
$$

Cette rencontre textuelle, Roussel, dans *Comment j'ai écrit certains de mes livres*, l'a signalée d'une allégorie biographique :

> Je voudrais aussi, dans ces notes, rendre hommage à l'homme d'incommensurable génie que fut Jules Verne.
> Mon admiration pour lui est infinie.
> Dans certaines pages du *Voyage au centre de la terre* (...) il s'est élevé aux plus hautes cimes que puisse atteindre le verbe humain. J'eus le bonheur (...) de pouvoir serrer la main qui avait écrit tant d'œuvres immortelles.

Permise par le commun cryptogramme, la rencontre des deux textes est rendue par la poignée des deux mains qui écrivent. Or c'est à partir de cette intersection que peut se définir la différence séparant les textes de Verne et de Roussel. Sans doute les cryptogrammes vernien et roussellien forment, l'un et l'autre, le modèle de leur fiction : le *Voyage au centre de la terre* est en quelque manière l'interprétation, à hauteur de fiction, du jeu, en le manuscrit de Saknussemm, d'un sens *souterrain ;* le cryptogramme du billard accole en somme les deux pôles du récit. Mais, tandis que le message de Saknussemm ne constitue qu'une simple étape de l'histoire (elle révèle le point de départ de l'itinéraire), le message du billard montre sa duplicité en signalant non seulement la production du texte (il évoque les pôles générateurs) où il joue, mais encore sa propre production (*les lettres du blanc sur les bandes du vieux pillard* écrivent, à revers, *les lettres du blanc sur les bandes du vieux billard* qui les écrivent). Différence radicale qui s'accroît à noter, plus généralement, que la glorieuse activité vernienne s'applique à mettre en scène l'extrapolation probable d'une courbe tracée par les acquis d'un certain savoir, tandis que la « maudite » activité roussellienne s'efforce d'unir en constellations les improbables formations obtenues par l'aptitude productrice du langage. Par cette rencontre concertée, qui autorise un hommage corrosif, *Parmi les Noirs* définit Roussel comme un noir Jules Verne.

La mise en place des rapports intertextuels ne sera toutefois complète, symboliquement, que si *Parmi les Noirs*, à l'inverse, est non moins soumis aux allusions d'un ouvrage ultérieur. Or, précisément, nous le savons, cette nouvelle est l'embryon du premier roman de Roussel, *Impressions d'Afrique*, et Tombola, par exemple, le germe de Talou. De plus, à être serré de près, ce rapport ajoute une pièce au déjà lourd dossier du titre. Par un nouvel effet de miroitement interne, *Parmi les Noirs* multiplie les similitudes liant Balancier et Roussel. C'est le même titre qui ouvre la nouvelle de Roussel et le roman de Balancier; comme Roussel, Balancier « tout jeune (...) faisait déjà des pièces de vers pleines de promesses et de qualité ». Sitôt associés le premier roman de Roussel et celui de Balancier, jaillit cette indication précise : « Son premier roman m'avait beaucoup séduit par la simplicité et la vigueur du style. Je lui avais fait part de ma bonne *impression...* »

Plus longue et détournée sans doute, infiniment, une voisine démonstration peut être faite avec romans et théâtre. Il faut donc rectifier notre première approximation. Le procédé roussellien, avons nous écrit, se divise en deux étapes : fabrique, assemblage. La première, à l'extrême, exploite l'une des aptitudes productrices du langage; la seconde, en revanche, malgré l'irrémissible étrangeté de ses trouvailles, entend obtenir l'allure foncièrement vraisemblable d'une machine ou d'un récit. Par cet effort d'intégration à un texte unifiant, elle tend à masquer la phase qui lui procure ses éléments. Cette tentative de dissimulation se marque surtout, naturellement, dans les œuvres du procédé caché. Or, à mieux lire, le texte a révélé un mouvement inverse qui contredit relativement cet effort obscurantiste. Par un processus d'*auto-représentation* agissant à tous niveaux, éliminant tout enlisement dans une quelconque substance, déboutant en son efficace circularité toute manœuvre de réduction naturaliste, le texte se signale comme tel et insiste, à d'autres niveaux, sur maints aspects de sa production.

III. *L'ÉCART ET LA RIME*

Visibles *(Parmi les Noirs)* ou cachées *(Impressions d'Afrique)*, les rimes de la fabrique roussellienne, en leur vive activité productrice, déterminent les éléments de base selon une extrême dissociation. C'est à la fiction intersticielle produit par l'assemblage qu'est dévolu le rôle de les associer. Avec les poèmes en alexandrins rimés, ces fonctions persistent mais, semble-t-il, s'inversent, selon ce qu'il faut appeler le Second Procédé.

A. *Parenthèses de la description.*

Une lecture hâtive assimile un peu trop souvent vision et description, allant jusqu'à concevoir la pratique descriptive comme une activité nécessairement naturaliste. Intitulant *la Vue* un ample poème descriptif, Roussel semble encourager cette fâcheuse confusion. Mais dès les premiers vers, toute la perspective se renverse :

> La vue est mise dans une boule de verre
> Petite et cependant visible qui s'enserre
> Dans le haut, presque au bout du porte-plume blanc
> Où l'encre rouge a fait des taches, comme en sang.

La « vue » est non pas l'indication d'un des cinq sens, mais un prétendu spectacle *contenu dans un porte-plume*, et qui s'oppose nettement à tout environnement quotidien :

> Mon œil gauche fermé complètement m'empêche
> De me préoccuper ailleurs, d'être distrait
> Par un autre spectacle ou par un autre attrait
> Survenant du dehors et vus par la fenêtre
> Entr'ouverte devant moi.

Ainsi s'offre-t-elle comme effet d'une écriture. Écriture signalée d'emblée par la posture de l'instrument :

> Je tiens le porte-plume assez horizontal
> Avec trois doigts par son armature en métal
> Qui me donne au contact une impression fraîche.

et par les *tâches*, les travaux de l'encre : le texte commençant, « comme en sang ». Il s'agit donc bien de décrire, non de voir. Ou encore, selon l'anagramme que Jean Ferry a en partie su lire dans le titre *la Poussière de Soleils : Roussel y dépasse l'œil*. Libérée de toute subordination à la vue, la description révèle alors une aptitude fort singulière :

> Au loin, perdu parmi les vagues, un pêcheur
> Est tout seul dans sa barque; à son mât une voile
> Flotte, abîmée et sans éclat, en grosse toile;
> Certains endroits ayant souffert sont rapiécés,
> Et des morceaux de tous genres sont espacés;
> Un d'eux, mieux défini fait un mince triangle,
> La pointe se tournant vers le bas; il s'étrangle
> Et se serre sur un court espace au milieu;
> Le bateau toujours en mouvement penche un peu,
> L'arrière se trouvant soulevé par la crête
> D'une vague déjà fugace, déjà prête
> A suivre sans obstacle et sans bruit son chemin.

Le pêcheur, immobile et calme, a dans la main
L'extrémité rigide, obliquante et tendue
D'une ligne de fond cachée et descendue
Dans l'eau, profondément peut-être. L'homme est vieux,
Il a de gros sourcils épais couvrant des yeux
Encore illuminés, vifs; sa barbe est inculte;
Son apparence rude et rustique résulte
De son teint foncé, brun, halé par le soleil
Et par l'air; son sourcil gauche n'est pas pareil
Au droit;

Puisque la description est astreinte à inscrire tout détail choisi selon la succession de la ligne d'écriture, la lecture se trouve contrainte de passer par chacun. Quelque précaution qu'on prenne, décrire un détail c'est donc toujours le porter au premier plan. Offert un instant à toute l'attention, le détail subit un grossissement absolu par lequel surgit la possibilité de ses propres détails. Puis, de la même manière, infiniment, s'ouvre la possibilité des détails de l'un de ces détails. Penché sur le texte, tout descripteur a sans doute connu le vertige que suscite, selon le mot de Borges à propos du paradoxe zénonien, « cette chute illimitée dans des précipices toujours plus minuscules ».

Loin de former une surface homogène qu'un trajet confortable pourrait aisément arpenter, l'espace de la description est un morcellement hanté de précipices. Sauter d'un élément à son voisin y est une odyssée périlleuse que peuvent prolonger par d'infimes détours, dans une prolifération d'invisibles parenthèses, mille précisions toujours nouvelles. Sans passer elle-même à cette impossible vertigineuse limite, la description roussellienne l'indique ici avec netteté en excitant les questions critiques que s'efforce d'occulter toute commune description. Celle-ci, par exemple : pourquoi, à la manière de Flaubert se risquant à préciser les « couches de couleurs successives » de l'iris des yeux de Mme Bovary, ne pas pousser plus loin la minutie ? Ou encore : pourquoi ne pas accéder partout au même niveau microscopique ? La description subit toujours un certain coup de force (régulateurs réalistes ou formalistes dont il faudra un jour étudier de près les stratégies) qui emprisonne son univers en expansion. Ce développement, nul texte sans doute ne l'a mieux rendu sensible que *la Vue*, tout occupé à produire un symptomatique déséquilibre entre un espace microscopique et un texte aux innombrables vers. Distant l'un de l'autre de moins d'un millimètre, deux éléments quelconques, en l'intense travail descriptif, se trouvent séparés par une énorme accumulation de pages. En son mouvement producteur, la description est *explosive;* partout elle suscite la dispersion, l'écart.

Or, si elle accepte de se fixer en l'ensemble fini des éléments d'un texte, elle s'ouvre aussitôt à un courant inverse. Ayant acquis en l'exercice descriptif ampleur et autonomie, chaque détail (couleur, geste, disposition, situation, etc.) tend à se mettre en rapport avec son semblable. De même qu'en sa minutieuse extension la description du pêcheur, ci-dessus, contredisait l'indication « au loin », de même en le fragment suivant :

> Plus loin et plus à droite un yacht lance un panache
> De fumée assez long et noirâtre qui cache
> Une autre barque dont l'aspect dans le lointain
> Est par ce fait rendu plus flou, plus incertain;
> La barque y disparaît grâce à sa petitesse;
> Le yacht lancé paraît donner de la vitesse;
> Son avant tourné vers la gauche fend les flots,
> Et l'écume jaillit jusqu'aux premiers hublots
> Qui ressortent, chacun comme une boule ronde;
> La coque est gracieuse, élégante. Du monde
> S'est groupé selon les amitiés sur le pont;
> Mais on cause surtout à l'avant qui répond
> Mieux que ne le fait l'arrière au besoin d'ample vue
> Et d'air vivifiant et sain. Une main nue
> Est dressée à l'avant, sortant d'un groupe assis;
> Elle veut ajouter, par un geste précis,
> A l'affirmation d'une parole sûre
> Mettant en avant soit blâme, soit flétrissure
> Au sujet d'un absent honni, vilipendé;
> Celui qui fait le geste est sec, dégingandé,
> Long et chétif; un des côtés de sa moustache
> Qui se tient raide et bien relevé, se détache
> Sur l'horizon de mer et par hasard se met,
> Avec exactitude, en plein sur le sommet,
> Régulier, étendu, d'une petite vague.
> Le causeur à son doigt courbé porte une bague
> Qui lance dans sa pose actuelle un éclair;

l'analogie de leur traitement, négligeant l'indication « plus loin et plus à droite », rapproche le passager causeur du pêcheur précédent. En cette étrange logique textuelle, peut s'en faut que, sans trop élever la voix du haut du bastingage le causeur puisse adresser au pêcheur la parole.

Cette parfaite mise en place du conflit opposant explosive production descriptive et aptitude à rimer des éléments finis d'un texte permet de lire la disposition traditionnelle que le poème adopte. Rapprochées deux à deux à l'extrémité des vers, les rimes sont à la fois similitude qui assemble et barrière qui empêche le texte de s'étendre, « par côté », indéfiniment.

B. *Description des parenthèses.*

Impressions d'Afrique, nous le savons, est un roman déployé à partir de *Parmi les Noirs* (en les premières lignes duquel il puisait son titre). De même, *Nouvelles Impressions d'Afrique* pratique l'extension du poème *la Vue* (en les premiers vers duquel il choisit non moins son titre : « Qui me donne au contact une *impression fraîche* »). Or, cette fois, selon une aggravation lisible, il y a changement de registre. Avec les *Nouvelles Impressions*, l'explosion n'est plus comme dans *la Vue* strictement descriptive. Tout lecteur est frappé d'emblée par la singulière fréquence des signes de ponctuation : si les parenthèses, innombrables, se remarquent aussitôt, chaque texte ne comporte en revanche qu'un seul point, le point final. Chacun des chants se compose ainsi d'une phrase unique dont la longueur excède la centaine de vers. La formation du texte, on le sait, se fait à partir d'une évocation sommaire du spectacle offert, comme le précise Roussel dans son livre posthume, par « une minuscule lorgnette pendeloque, dont chaque tube, large de deux millimètres et fait pour se coller contre l'œil, renfermait une photographie sur verre ». Pour le chant quatre, *les Jardins de la Rosette vus d'une Dahabieh*, par exemple (qu'à la suite de Foucault je choisis en raison de sa commodité) :

> Rasant le Nil, je vois fuir deux rives couvertes
> De fleurs, d'ailes, d'éclairs, de riches plantes vertes
> Dont une suffirait à vingt de nos salons,
> D'opaques frondaisons, de fruits et de rayons.

Mais cette fois, au lieu d'être prolongé, comme dans *la Vue*, par une suite descriptive, le cours de la phrase subit, à hauteur du mot « salon », l'extension imprévue d'une parenthèse qui entraîne, pour ménager les rimes, la permutation de « fruits » et de « rayons » :

> ... à vingt de nos salons
> (Doux salons où sitôt qu'on tourne les talons
> Sur celui qui s'éloigne ou fait courir maints bruits)
> D'opaques frondaisons, de rayons et de fruits.

Or, cette première parenthèse est à son tour agressée par une enclave seconde dont l'ordre est typographiquement précisé :

> ... à vingt de nos salons
> (Doux salons où sitôt qu'on tourne les talons
> ((En se divertissant soit de sa couardise [...],
> Soit de ses fins talents, quoi qu'il fasse ou qu'il dise))...

Et ainsi de suite :

> ... à vingt de nos salons
> (Doux salons où sitôt qu'on tourne les talons
> ((En se divertissant soit de sa couardise
> (((Force particuliers quoi qu'on leur fasse ou dise
> Jugeant le talion d'un emploi peu prudent
> Rendent salut pour œil et sourire pour dent)))...

jusqu'à ce que soit atteint, quelquefois par le recours à cette parenthèse particulière appelée note, l'ordre neuf. On le devine, cette extension est théoriquement infinie et Foucault s'est interrogé sur le choix de cette limite particulière. Supposons à notre tour ceci : c'est le titre même, *Nouvelles Impressions*, qui donne le coup d'arrêt à neuf ou *nouveau*, selon un calembour dont l'action, en ces lieux, ne doit une fois encore guère nous surprendre.

Tandis que dans *la Vue*, l'explosion affecte le niveau descriptif sans concerner l'habituel cheminement syntaxique sujet-prédicat, dans les *Nouvelles Impressions*, par une décisive généralisation du phénomène, c'est cette disposition syntaxique elle-même, avec l'écartement accru des termes à chaque nouvelle parenthèse, qui éclate. Julia Kristeva, dans *Une productivité dite texte* a fortement étudié cette explosion, et la résume ainsi : « Vrais éclairs, ces anaphores prises dans leurs parenthèses (...) détruisent la ligne sujet-prédicat (...) et construisent un espace, un volume, un mouvement infini. » Par ces échappées naissant incessamment (et où, selon une croissante diversité, chaque nouvelle plage écarte toujours davantage les bords des domaines à l'intérieur desquels elle surgit), le niveau descriptif est promptement abandonné. Mieux : plusieurs domaines, hors toutes éventuelles parenthèses, s'ouvrent d'eux-mêmes à l'infinie diversité. Un quelconque principe (« Que de choses se font attendre, hélas » ou « Combien change de force un mot suivant les cas ») y amorce la série ouverte de ses exemples les plus variés, selon une suite étrangement incongrue :

> Que de choses se font attendre, hélas ! depuis
> Le plongeon du caillou qu'on lâche dans un puits,
> Les hommages publics — sommité disparue
> Seule est en droit d'avoir sa statue et sa rue, —
> La fin quand dans l'eau froide un bloc de sucre fond,
> Pour l'homme sans sommeil ces blancheurs, au plafond
> Par qui sont annoncés l'aurore et son spectacle,
> Dans tout feuilleton sain la chute de l'obstacle
> Qui du parfait bonheur sépare le héros...

Mais, nécessairement, la série s'arrête. La scansion d'un etc que son rythme a ouverte est sitôt abolie par la reprise de la parenthèse précédemment adressée. Close, la série est alors parcourue par un jusant : ouverte, elle convoquait la diversité; maintenant privée de son élan producteur, elle est le lieu d'un courant d'unification. Occurrence d'un principe unique, chaque événement de la série tend à se lire comme métaphore de chacun des autres. Ou encore : un élan de similisation les assemble tous comme rimes. Comme celles de *la Vue* donc, les rimes des *Nouvelles Impressions* soutiennent ce reflux unificateur.

IV. *LE CHIASME*
ET LA TRAJECTOIRE

Dans son ensemble, l'activité roussellienne s'ordonne ainsi en chiasme par rapport à deux couples d'opposition : rimes/texte, production/unification (cf. figure 3). Avec une méthodique rigueur, elle explore le conflit opposant geste producteur comme écart et diversité (il faut sans doute dire, avec Derrida : différence)

	PRODUCTION	UNIFICATION
RIMES	Textes — Genèse Impressions d'Afrique *Locus Solus* L'étoile au front La poussière de soleils	La doublure La vue Nouvelles Impressions d'Afrique
TEXTE	La doublure La vue Nouvelles Impressions d'Afrique	Textes — Genèse Impressions d'Afrique *Locus Solus* L'étoile au front La poussière de soleils

Figure 3

et inverse mouvement de rapprochement et de similitude. En d'autres termes (ceux de l'analyse de Julia Kristeva que notre étude semble recouper en divers points), « le texte de Roussel reste toujours double, scindé : il vit son problème de la productivité textuelle, mais il se veut aussi vraisemblable ».

Retournant successivement les rôles de la rime et du texte, le chiasme roussellien rappelle opportunément l'évidence un peu trop méconnue que nul élément n'est jamais prédestiné. Quel qu'il soit, c'est toujours une stratégie textuelle qui lui assigne sa fonction. Ainsi l'effet second d'analogie s'inverse à travailler dans les textes du Procédé I ou du Procédé II. Dans le premier cas, le texte unifiant subit sous son action un dédoublement spéculaire amorçant les procès d'auto-représentation par lesquels la production, indirectement, se signale. Dans l'autre, le texte diversifiant, en les similitudes qui l'assemblent, tend au contraire vers une unification relative.

Tant de symétrie croisée accréditerait peut-être, ainsi, finalement, une rassurante illusion : l'équilibre des deux Procédés. Absent du chiasme, *Comment j'ai écrit certains de mes livres*, après les avoir annoncées, vient nous rappeler au détail de nos analyses : il joue le rôle d'un exact discriminant. Seule, la production de *certains* livres (ceux du Premier Procédé) exige un précis commentaire : le texte unificateur y dissimule en effet l'explosive fabrique. Avec le Second Procédé, au contraire, la production se livre d'emblée, en le texte, malgré l'unifiante tentative des rimes. Des *Impressions* aux *Nouvelles Impressions* s'accomplit donc le surgissement de l'éclatante écriture productrice. Par quoi l'activité roussellienne, en sa trajectoire singulière, tient un rôle décisif dans l'élaboration du texte moderne.

VI

LA BATAILLE DE LA PHRASE

La position seule décide de la victoire,
qu'il s'agisse de guerriers ou de phrases.
Jean Paul

Si tout est permis, rien n'est possible. C'est au travail du texte,
peut-être, que ce paradoxe convient le mieux. A peine abolis, en
leur complicité, les rassurants schémas de l'expression et de la
représentation, il faut faire face à un immense afflux de possibles.
Cet immédiat concours détermine donc, aussitôt, une situation
conflictuelle : chaque possible, par définition, entend gagner
la bataille de la phrase. Ainsi se fait connaître la nécessité de critères
capables chacun d'inscrire, entre les éventualités profuses, une
différence suffisante pour établir un choix.

En leur variété, ces contraintes forment un ensemble sans
limites; nous n'envisageons pas ici, même au niveau des types,
leur exhaustif recensement. De plus, dès que certaines sont élues
lois de composition du texte, elles risquent de respectivement se
contredire : si tel possible en satisfait à la fois plusieurs (son
aptitude à être ainsi surdéterminé est précisément la condition
de sa venue), c'est maintes fois en désobéissant ou s'opposant à
quelque autre. Nous ne suivrons pas dans leur détail les jeux de
ces distorsions très complexes. Notre propos est plus limité :
mettre seulement l'accent sur les fréquents dispositifs par lesquels
le texte s'engendre, et cela dans *la Bataille de Pharsale* puisqu'il
est semble-t-il de bon ton, aujourd'hui encore, de restreindre les
travaux de Claude Simon au libertaire foisonnement du lyrique et
du sensoriel.

I. SYSTÈME D'UNE SUBVERSION
DE L'EXPRESSION

Valéry note déjà que la métaphore détient, chez Mallarmé, le rôle d'une relation symétrique fondamentale. Il nous est aujourd'hui possible de faire paraître un système plus ample par lequel se produit, à travers des ouvrages particuliers, une transformation générale. C'est à partir de ce système que nous lirons le travail de Simon. Remarquons donc que l'établissement du texte moderne se reconnaît notamment à ce qu'il métamorphose les traditionnelles procédures expressives en moyens de production : agencements générateurs ou organisateurs (Tableau 1 : A, B).

A. *Métaphore productrice.*

Dans son usage expressif, la métaphore, en s'appuyant sur une analogie des signifiés, fait survenir le comparant à principale fin d'exalter, en la continuité maintenue de l'énoncé, le signifié du signe comparé omis. Sitôt l'expression accomplie, le comparant ne se prolonge guère en l'aval du texte. Ainsi dans l'habituel exemple : « C'est *un lion* » (comparant) à la place de « c'est *un homme courageux* » (comparé), on devine que l'éventuelle suite n'est aucunement soumise à la contrainte d'évoquer crinière ou savane. Mais supposons que le comparant démesurément s'accroisse et s'organise. Alors le principe métaphorique transforme sa fonction expressive en rôle générateur de fiction. La littérature classique n'ignore pas cette hypertrophie du comparant : c'est l'apologue. Le comparant du vers « La raison du plus fort est toujours la meilleure » est fait des vingt-sept derniers vers de *le Loup et l'Agneau*. Sans doute l'exaltation subsiste-t-elle : en son développement, le comparant a pour mission d'illustrer (de rendre illustre) la maxime comparée. Mais, inversement, on peut dire, du précepte, qu'il est un modèle stituationnel pour la fiction comparante. L'apologue joue un rôle crucial, on le sait, dans le roman moderne, sous le nom de mise en abyme. Le modèle situationnel y est parfois tout ou partie de l'histoire (une part de *la Chute de la Maison Usher* pour son fragment le *Mad Trist*), parfois un aspect de son fonctionnement (la mise en abyme comme révélation de la lacune, pour la chambre au-dessus du café, dans *le Voyeur*). On assiste donc, simultanément, à une génération et une explicitation du texte.

Mais le rôle expressif de la métaphore peut certes subir une toute autre épreuve. Cette fois l'analogie de certains de leurs signifiés permet de joindre dans la continuité narrative deux cellules fictives éloignées. Un sabre, par exemple, et soudain une femme, dans *la Route des Flandres* :

> Un instant l'éblouissant reflet de soleil accroché ou plutôt condensé, comme s'il avait capté attiré à lui pour une fraction de seconde toute la lumière et la gloire, sur l'acier virginal... Seulement, vierge, il y a belle lurette qu'elle ne l'était plus, mais je suppose que ce n'était pas cela qu'il lui demandait espérait d'elle le jour où il avait décidé de l'épouser (p. 13).

En cet aiguillage, la métaphore est aussi bien *structurelle* (elle ordonne les cellules du texte) que *transitaire* (comme un sas, elle autorise le passage de l'une à l'autre). L'on connaît l'importance de tels phénomènes dans le fonctionnement de *A la recherche du temps perdu* ou de *la Jalousie*.

B. *Calembour producteur.*

Dans son usage expressif, le calembour, en s'appuyant sur une analogie des signifiants, fait survenir l'adjuvant d'une rime à principale fin d'exalter, en la continuité maintenue de l'énoncé, le signifié du signe remplacé. Sitôt l'expression accomplie, l'adjuvant ne se prolonge guère en l'aval du texte. Ainsi dans *Eugénie Grandet*, lorsque Nanon, domestique à Saumur, est l'objet de cette suite de commentaires :

> — Elle est bon teint, disait le drapier.
> — Elle est capable de faire des enfants, dit le marchand de sel : elle est conservée comme dans la saumure, sauf votre respect.
> — Elle est riche, et le gars Cornoiller fait un bon coup, disait un autre voisin.

Balzac ne soumet le calembour à aucun prolongement. Mais supposons que, cessant d'être adjuvant, la rime devienne fondement de toute une histoire. Alors le principe du calembour transforme sa fonction expressive en rôle générateur de fiction. Quoique maudit, ce mécanisme est semble-t-il à l'œuvre depuis toujours. Souvenons-nous du mot de Valéry : « Une consonance, parfois, fait un mythe. De grands dieux naquirent d'un calembour, qui est une espèce d'adultère. » On sait que la naissance d'Aphrodite eût pu servir d'exemple. Roussel, en sa fabrique, fait un usage systématique des génératrices aptitudes de la similitude des signifiants :

> 1) *Mousse* (jeune marin) à *avant* (d'un navire); 2) *mousse* (végétal) à *Avent* (religion) : d'où le lit de mousse où Nina dort pendant la première nuit de l'Avent.

Et c'est sur elles, non moins, que Brisset appuie sa cosmogonie étrange :

> Les dents, la bouche.
> Les dents la bouchent,
> L'aidant la bouche.
> L'aide en la bouche.
> Laides en la bouche.
> Laid dans la bouche.
> Lait dans la bouche.
> L'est dam le à bouche.
> Les dents-là bouche.

Mais le calembour peut aussi fonctionner comme un aiguillage. Il suffit que l'analogie de certains de leurs signifiants permette la jonction de deux cellules fictives éloignées. Lorsque, dans *la Route des Flandres*, Simon inverse le calembour de Balzac, il lui assigne aussi un tout autre effet :

> ... faire semblant de ne pas me voir quand il passait l'inspection du peloton était une politesse faite à ma mère sans trop d'effort, à moins que l'astiquage ne fît aussi partie pour lui de ces choses inutiles et irremplaçables, de ces réflexes et traditions ancestralement conservés comme qui dirait dans la Saumur et fortifiés par la suite, quoique d'après ce qu'on racontait elle (c'est-à-dire la femme, c'est-à-dire l'enfant qu'il avait épousée ou plutôt qui l'avait épousé) s'était chargée seulement en quatre ans de mariage de lui faire oublier ou en tout cas mettre au rencart un certain nombre de ces traditionnelles traditions.

permettre au récit de passer d'un officier pendant la guerre, à l'évocation de la femme qui lui fit autrefois abandonner le prolongement de Saumur, la carrière. Ainsi, comme la précédente métaphore, ce calembour est-il transitaire et structurel.

L'extension du système est évidente. Abandonnant les figures, il suffit de l'appliquer à des surfaces expressives de diverses grandeurs : le fragment, par exemple, ou le mot (Tableau 1 : C, D).

EXPRESSION	GÉNÉRATION	ORGANISATION
A. Métaphore expressive	Modèle situationnel : Apologue, mise en abyme	Aiguillage : structure, transition
B. Calembour expressif	Fabriques roussellienne, brissettienne	Aiguillage : structure, transition
C. Fragment	*Sa* : Programme stylistique : pastiche, anti-pastiche *Sé* : Programme thématique	Ordre syntaxique
D. Vocable	Programme thématique : *Sa* : Anagrammes, pseudo-anagrammes *Sé* : Polysémie	Ordre littéral : acrostiche

Tableau 1

C. *Fragment producteur.*

Dans son usage expressif, l'exergue, en s'appuyant sur une approximative analogie de leurs signifiés, fait survenir, à l'ouverture du livre, un emblème capable d'en évoquer la substance et surtout de l'inscrire sous le patronage d'une autorité. Mais supposons qu'au lieu de survenir après coup selon une posture illustrative, le fragment serve de précis programme thématique. Alors le principe de l'épigraphe est transformé en rôle générateur de fiction. Si Sollers n'écrit pas la signature de Lucrèce à la suite du vers qu'il dispose en tête de *Nombres*, c'est pour dissoudre l'autorité d'un nom célèbre et signaler ainsi que *Seminaque innumero numero summaque profunda* doit se lire comme un exergue renversé, texte de départ dont chaque terme, systématiquement, se trouve repris et travaillé par la fiction subséquente. Sa libre citation (seq 4.80 : « Germes, semences en nombre innombrable et dont la somme touche la profondeur ») démontre que, loin d'être un ornement surajouté, il fait partie intégrante du roman.

Au lieu d'utiliser les seuls signifiés du texte de base, sans doute est-il possible de prendre en compte son niveau signifiant. C'est par exemple un modèle stylistique qui alors se propose avec, à la limite, ainsi que Proust l'a fait dans *le Temps retrouvé* vis-à-vis des Goncourt, la possibilité du pastiche. Inversement on peut admettre une citation si transformée par le texte qui l'accueille qu'elle finisse par intensément lui ressembler. On trouve des anti-pastiches de ce genre dans *la Prise de Constantinople*.

Mais le fragment sait non moins établir une loi ordinale. Comme ce phénomène est souvent imperceptible, j'en signalerai une très élémentaire occurrence dans ce même roman. Partie du mot *Rien*, cette fiction s'élargit et se termine à hauteur de constellation, tandis qu'insensiblement se fait jour l'idée que rien n'aura eu lieu que le livre. Le modèle ordinal est évidemment cette proposition du *Coup de dés* : « Rien n'aura eu lieu que le lieu excepté peut-être une constellation. »

D. *Vocable producteur.*

L'aptitude productrice d'un mot joue certes au plan du signifié comme du signifiant. Dans le premier cas, il suffit d'admettre les diverses occurrences de sa polysémie comme bases de la fiction. La jalousie est une persienne, mais, non moins, une passion. Le roman de Robbe-Grillet ainsi intitulé peut se lire, d'une certaine manière, comme le développement et la combinaison de ces deux grandeurs.

Il est également possible, certes, de faire subir à tout ou partie du signifiant les diverses permutations capables d'offrir, après lecture, de nouvelles directives à la fiction. Par une obéissance ironique au flaubertien désir du livre sur rien, *la Prise de Constantinople* tire maints composants de ces opérations sur le vocable initial. Rien : nier, rein, ire, renie (reni), nerf (ner), rang (ren), dans (en), rire (ri), erre(r), haine(n), etc.

Quant à l'activité ordinale du vocable, elle se lie par exemple à un travail d'acrostiche. Les huit chapitres des *Lieux-dits* obéissent à l'ordre alphabétique mais une plus attentive lecture révèle, de ce classement, qu'il est la conséquence d'un acrostiche diagonal : Bannière, bEaufort, beLarbre, belCroix, cendRier, chaumOnt, hautboIs, monteauX.

II. *GÉNÉRATION*

Donc, nous le savons, il n'est pas indifférent qu'un roman cite tout ou partie de son exergue : c'est, loin d'un culturel secours, reconnaître à l'épigraphe une précise fonction productrice.

A_1. *Produits d'un exergue.*

Or, à diverses reprises (p. 7 en titre de la première partie et p. 84), *la Bataille de Pharsale* se plaît à écrire, de son exergue, la très reconnaissable formule *Achille immobile à grands pas !* Observons en conséquence si la vingt et unième strophe du *Cimetière marin* :

> Zénon! Cruel Zénon! Zénon d'Élée!
> M'as-tu percé de cette flèche ailée
> Qui vibre, vole, et qui ne vole pas !
> Le son m'enfante et la flèche me tue!
> Ah! le soleil... Quelle ombre de tortue
> Pour l'âme, Achille immobile à grands pas!

ne joue pas un rôle producteur très exact. Rien sans doute n'indique, pour cette éventuelle influence, une région privilégiée. Souvenonsnous pourtant que, dans la mesure où il a mission d'enseigne, le début d'un livre agence souvent un raccourci de son fonctionnement. L'analyse des premiers paragraphes sera donc complétée, ensuite, si nécessaire, par l'étude de divers éléments épars :

> Jaune et puis noir temps d'un battement de paupières et puis jaune de nouveau : ailes déployées forme d'arbalète rapide entre le soleil et l'œil ténèbres un instant sur le visage comme un velours une main un instant ténèbres puis lumière ou plutôt remémoration (avertissement?) rappel des ténèbres jaillissant

de bas en haut à une foudroyante rapidité palpables c'est-à-dire successivement le menton, la bouche, le nez, le front pouvant les sentir et même olfactivement leur odeur moisie de caveau de tombeau comme une poignée de terre noire entendant en même temps le bruit de soie déchirée l'air froissé ou peut-être pas entendu perçu rien qu'imaginé oiseau flèche fustigeant fouettant déjà disparue l'empennage vibrant les traits mortels s'entrecroisant dessinant une voûte chuintante comme dans ce tableau vu où ? combat naval entre Vénitiens et Génois sur une mer bleu-noir crêtelée épineuse et d'une galère à l'autre l'arche empennée bourdonnante dans le ciel obscur l'un d'eux pénétrant dans sa bouche ouverte au moment où il s'élançait en avant l'épée levée entraînant ses soldats le transperçant clouant le cri au fond de sa gorge

Obscure colombe auréolée de safran

Sur le vitrail au contraire blanche les ailes déployées suspendue au centre d'un triangle entourée de rayons divergeants. Ame du juste s'envolant. D'autres fois un œil au milieu. Dans un triangle équilatéral les hauteurs, les bissectrices et les médianes se coupent en un même point. Trinité, et elle est fécondée par le Saint-Esprit. Vase d'ivoire, Tour de silence, Rose de Canaan, Machin de Salomon. Ou peint au fond comme dans la vitrine de ce marchand de faïences, écarquillé. Vase nocturne pour recueillir. Accroupissements. Devinette : qu'est-ce qui est fendu, ovale, humide et entouré de poils ? Alors œil pour œil comme on dit dent pour dent, ou face à face. L'un regardant l'autre. Jaillissement dru dans un chuintement liquide, comme un cheval. Ou plutôt jument.

Disparu au-dessus des toits.

De toute évidence, la plupart des éléments de la strophe se répercutent, soit directement, soit par idée voisine ou dérivée, dans ces paragraphes initiaux. Mieux : par le biais des redites, c'est plusieurs fois qu'ils sont repris. Ainsi la diffusion de l'exergue balaye-t-il une très vaste surface du texte subséquent.

a) percé : A partir du signifié, les directives thématiques sont abondantes. Par liaison directe : « transperçant »; par filiation indirecte « pénétrant dans sa bouche ouverte », et de là, les orifices : « la bouche, le nez », la vulve, les vases. Mais se remarque aussi, à partir du signifiant : « perçu ».

b) flèche : Directement : « flèche fustigeant », « les traits mortels », « l'arche empennée », « l'un d'eux pénétrant ». Indirectement : « forme d'arbalète ».

c) ailée : Directement : « ailes déployées », « oiseau flèche » (ce parfait inverse de *flèche ailée*), « l'empennage », « l'arche empennée », « les ailes déployées ». Indirectement : « battement » (d'ailes; songeons en effet à cette précision de la page 185 : « battement de paupières ou d'ailes »).

d) vibre : Directement : « l'empennage vibrant ». Indirectement : « le bruit de soie déchirée l'air froissé », « une voûte chuintante », « l'arche empennée bourdonnante », « un chuintement liquide ».

e) vole : Directement : « Ame du Juste s'envolant ». Indirectement : « Jaillissant de bas en haut ».

f) ne vole pas : Ce paradoxal immobile mobile engendre la venue du tableau. Toute flèche peinte en vol est en mesure de satisfaire l'exigence contradictoire : elle vole, mais ne bouge pas. Davantage : cette immobilité se renforce en se faisant immeuble, massif édifice, « voûte », « arche ».

g) tue : Directement : « les traits mortels », « clouant le cri au fond de la gorge ». Indirectement : « odeur moisie de caveau de tombeau », « Ame du Juste s'envolant ».

h) soleil : Directement : « entre le soleil et l'œil ». Indirectement : « Jaune », « Jaune de nouveau », « lumière », « auréolée de safran », « rayons d'or divergeants ».

i) ombre : Directement : « ténèbres un instant », « un instant ténèbres », « ténèbres jaillissant ». Indirectement : « noir », « terre noire », « mer bleu-noir », « ciel obscur », « obscure colombe ».

j) âme : « Ame du Juste ».

k) Achille immobile à grands pas : « au moment où il s'élançait en avant l'épée levée (...) clouant le cri au fond de sa gorge ».

Ce n'est pas tout. La page 182 apporte la précision suivante :

> Un second cône, plus ouvert, entourant le cône principal de vision et englobant une zone dans laquelle les objets (...) se trouvent dans cette frange imprécise d'où seules de vagues perceptions de lumière, d'ombre, d'immobilité ou de mouvement sont reçues.

Lumière, ombre, immobilité, mouvement : les allusions à la strophe de Valéry sont trop nettes pour ne pas désigner ici une manière de lire. Ce fragment disposé sous les yeux ne saurait censurer les alentours : il y a lieu de tenir compte de l'ensemble du texte.

Pour nous satisfaire d'un bref exemple, retenons l'initial et l'ultime vers du poème :

> Ce toit tranquille où marchent des colombes (...)
> Ce toit tranquille où picoraient les focs.

De la sorte s'éclairent : « obscure colombe », « au-dessus des toits », et « le combat naval ».

Innombrables se ramifient, dans la suite du livre, les prolongements de ces directives. Leur inventaire excéderait l'ampleur de cette étude : complétons seulement les effets de l'exergue. Zénon, Achille déterminent l'exigence de la Grèce, satisfaite par Pharsale : bataille et séjour de O. Dans une première manière, « le son m'enfante » déploie une scène majeure : derrière la porte de sa maîtresse, O suppose, à partir du moindre bruissement, fût-il celui du sang à ses propres tempes, les détails d'un accouplement. Ainsi, en vertu de l' « oreille qui voit » (p. 58) se trouve-t-il bien, par le son, enfanté comme narrateur.

A₂. *Pastiche, anti-pastiche.*

Si, par son recours à la rime (cf. III, B, a), le texte prend aussi en compte le signifiant de l'exergue, ce n'est pas toutefois jusqu'au pastiche. Ce travail générateur, pourtant, *la Bataille de Pharsale* le connaît. On le rencontre, par exemple, agressif : quand le texte prend pour base, avec ostentation, l'énoncé des problèmes de géométrie :

> L'angle TOF (dont la bissectrice est OO′) pivotant de haut en bas autour de son sommet (à la manière d'un faisceau de projecteur) selon que le regard de O se dirige vers tel ou tel objet (O, O′, O″) qui peut être tour à tour, la terrasse du café au rez-de-chaussée de l'immeuble, une fenêtre située au cinquième étage du même immeuble, ou tout autre point (p. 182).

En revanche, le passage d'Apulée introduit en italique page 92 dans une forte version (due à Maurice de Gandillac) subit, de la part du livre, une activité si intense qu'il finit par être exactement assimilé :

> théâtre vide de la guerre déserté silencieux pas un paysan dans les champs pas de moisonneuse dans le raidillon aux aubépines

pas de cheval blanc pas une charrette de foin (...) les filles dans leurs robes grecques troussées crottées poursuivies par le type qui brandissait son énorme godmiché à tête cramoisie COMMENT AVEC DE SI GROSSES ET DE SI LONGUES PATTES POURRAIS-JE CHEVAUCHER UN CORPS SI DÉLICAT COMMENT AVEC MES DURS SABOTS ÉTREINDRE DES MEMBRES SI BLANCS SI TENDRES FAITS DE LAIT ET DE MIEL ET LES PETITES LÈVRES EMPOURPRÉES PAR UNE ROSÉE D'AMBROISIE COMMENT LES BAISERS D'UNE BOUCHE AUSSI LARGE QUE LA MIENNE MONSTRUEUSE AVEC SES DENTS DIFFORMES ROCHEUSES ET PUIS ENFIN COMMENT UNE FEMME MÊME EN FEU JUSQU'AU BOUT DES ONGLES POURRAIT-ELLE JAMAIS ACCUEILLIR UN MEMBRE AUSSI ÉNORME ET ELLE PENDANT CE TEMPS MULTI- PLIAIT LES MOTS TENDRES SES FURIEUX BAISERS SES DOUX GÉMISSE- MENTS SES YEUX ME MORDAIENT JE TE TIENS ME DIT-ELLE DANS UN PAROXYSME JE TIENS MON PETIT PIGEON MON PASSEREAU ET ALORS COMBIEN MES IMAGINATIONS AVAIENT ÉTÉ FAUSSES ET MES CRAINTES STUPIDES ELLE ME LE PROUVA CAR M'EMBRAS- SANT PLUS ÉTROITEMENT ENCORE C'EST TOUT ENTIER OUI TOUT ENTIER QU'ELLE ME REÇUT ET MÊME CHAQUE FOIS QUE POUR LA MÉNAGER JE ME RETIRAIS ELLE SE RAPPROCHAIT AVEC FRÉNÉSIE ET SAISISSANT MA PINE A PLEINE MAINS (...)
presque à mes pieds un de ces petits oiseaux s'envola (...) divi- nités des fontaines publiques tenant en main un jet de glace pine à pleines mains (p. 92-93).

Avec l'effacement systématique de la ponctuation qui indique le sens de l'influence, avec la mise en jeu de tout un vocabulaire du livre, à courte distance :

chevaucher / cheval blanc, mon passereau / ces petits oiseaux, membre aussi énorme / énorme godmiché, pine / aubépine,

comme à longue portée :

un membre aussi énorme / un membre d'âne dressé (p. 159), saisissant ma pine à pleine mains / elle est obligée de tirer le membre vers le bas pour l'introduire en elle (p. 213), les petites lèvres empourprées / le sourire découvre un peu ses dents entre lesquelles apparaît le bout rose de la langue (p. 213), ses dents difformes rocheuses / au-dessus des épaules rocailleuses (p. 254),

sans omettre le « corps si délicat » qui équivaut à Corinne (ce diminutif féminin du corps), tout le fragment de *l'Ane d'or* subit une paradoxale simonisation, selon une manière d'anti-pastiche.

B. *Produits d'un vocable.*

Par suite d'une phrase reprise, le mot *jaune* se trouve ouvrir et clore le roman. Avec cette procédure, on le sait (cf. les Contes de Roussel), l'élément offert comme l'alpha et l'oméga du texte profite d'une mise en valeur.

a) Fréquence : Sans doute ne s'agit-il que d'une simple ultime confirmation. Tout lecteur, en le cours du livre, a déjà perçu la curieuse fréquence de cette couleur. Comme le jaune et le bleu dans *la Recherche*, le rouge et le noir dans *l'Emploi du temps*, le rouge dans *le Parc*, le vert et le blanc dans *l'Observatoire de Cannes*, le jaune est l'une des exigences à laquelle doit se soumettre *la Bataille de Pharsale :* de la masse des possibles seront de préférence extraits ceux qui obéissent à cet impératif. C'est tel principe de choix, en somme, que définit Roussel dans *Locus Solus :*

> Pour l'œuvre d'art à exécuter, Canteral voulut choisir un sujet tant soit peu fuligineux, à cause des tons bruns et jaunâtres qui domineraient forcément dans les matériaux de la mosaïque.

Ainsi : le soleil (p. 9), l'auréole de safran (p. 10), le triangle d'or (p. 10), l'urine (p. 10), la bière (p. 11), la « photo jaunie » (p. 12), « une couche jaune uniforme soufre ou plutôt pisseuse » (p. 13), « un petit rateau rouge et jaune » (p. 14), « un homme au visage tout ridé jaunâtre » (p. 15), « une jeune femme blonde » (p. 15), « l'odeur ammoniacale de l'urine » (p. 16), « la lueur jaunâtre de l'ampoule électrique » (p. 17), « plumes d'autruche blanche rose safran » (p. 17), « pas encore fantômes mais aussi pisseux » (p. 18), « en te nourrissant de bananes » (p. 18), « une vague forme blanche ou plutôt jaune pâle » (p. 19), « une tache d'un jaune plus sombre » (p. 19), « cette pénombre dorée » (p. 20) etc.

Évidemment cette fréquence n'est pas toujours aussi régulière. Il arrive que les occurrences se groupent par crises. De la page 208 à la page 211, on rencontre seulement, à première lecture : « un talus jaune » et « ombrées et ocre ». En revanche, à partir de la page 212, se déclenche une manière de salve : « la broussaille des poils jaunâtres » (p. 212), « les poils jaunes » (p. 212), « un tricot blanc jaunâtre » (p. 213), « un rateau rouge et jaune » (p. 214), « une Indochinoise » (p. 214), « cheveux filasse » (p. 214), « au visage

jaune et ridé » (p. 214). S'impose alors l'idée d'une recharge propre
à accroître la vertu de rémanence du vocable. Double est ici cet
apport d'énergie : d'une part le jaune apparaît, page 212, au centre
de la séquence à laquelle toute la jalousie s'alimente; d'autre part
il met à nu son propre rôle dans l'élaboration du texte. Chaque
composant à indice jaune s'inscrit en effet dans la croissante
constellation qui les assemble tous. C'est dire, de cette couleur,
qu'elle joue un rôle d'entremise en maints procès de rapprochement.
Or, c'est bien la fonction des « poils jaunâtres » : comme le sexe
(notons la symétrique érection des mamelons), ils sont le lieu par
lequel les deux corps entrent en contact : « les poils jaunes frôlent
d'abord les pointes des seins d'O qui se durcissent ».

b) *Emblèmes :* Si, en cette scène, l'impact accède à une telle
violence, c'est que le jaune, selon l'appréciation populaire, est
également signe de cocuage. Le passage se lit alors : ce qui a lieu
entre eux fait que je suis trompé. La fiction s'obtient donc non
seulement à partir des reprises mais encore des aptitudes emblé-
matiques du vocable initial. Jaunes, par exemple, sont dits les
ouvriers qui refusent la grève. Et, quelques lignes plus haut, c'est
bien un rapport de style grévistes / non grévistes qui se fait jour
entre manifestants (ils ont cessé le travail) et sentinelle (elle continue
imperturbablement le sien) :

> La tête du cortège arrive à la hauteur de la porte d'une caserne.
> Sur le côté de la porte un militaire en uniforme sombre monte
> la garde. Des injures et de violentes huées partent du cortège
> à son adresse (p. 211).

En outre, par cette agressive initiale, le texte entier se situe à
l'enseigne de la couleur. L'on ne doit donc guère se montrer surpris de l'insistance avec laquelle en tous lieux se multiplient les
indications colorées, ni la venue de la peinture et des peintres.
D'ailleurs la liaison est nettement inscrite :

> Photo jaunie (...) Plusieurs tableaux étaient accrochés au mur
> mais la lumière éblouissante du magnésium se reflétait dessus
> et empêchait de distinguer ce qu'ils représentaient (p. 12-13).

Par suite du reflet, puis de l'altération du papier, jaunes sont les
toiles. Quant au tableau du combat naval, on voit qu'il obéit
irrécusablement à cet ordre.

c) *Anagrammes* : En dépit de diverses étrangetés, nul doute que la précédente procédure ne se laisse à la rigueur admettre. Établir un texte sur l'étagement polysémique d'un mot, c'est en effet demeurer, malgré tout, dans le domaine des signifiés. Or, comme le montre la persistante occultation des travaux d'un Roussel ou d'un Brisset, le refus s'exaspère surtout face aux tentatives visant à donner un rôle producteur décisif aux signifiants. Toutes les chicanes du *bon sens* paraissent alors mobilisées contre cette mise en cause. Certes, les curieuses coïncidences des signifiants exercent souvent une fascination impérieuse. Aux antipodes des fanatiques de l'expression qui réduisent le langage à un presque rien instrumental, il n'est pas rare de découvrir, chez les opérateurs du signifiant, une mystique du langage presque tout, ouvrant accès soit à la gloire :

> Ce que j'écrivais était entouré de rayonnements, je fermais les rideaux, car j'avais peur de la moindre fissure qui eût laissé passer au-dehors les rayons lumineux qui sortaient de ma plume, je voulais retirer l'écran tout d'un coup et illuminer le monde. (Roussel.)

soit à la vérité :

> Il existe dans la parole de nombreuses Lois, inconnues jusqu'aujourd'hui, dont la plus importante est qu'un son ou une suite de sons identiques, intelligibles et clairs, peuvent exprimer des choses différentes, par une modification dans la manière d'écrire ou de comprendre ces noms ou ces mots (...). Tout ce qui est ainsi écrit dans la parole et s'y lit clairement est vrai d'une vérité inéluctable. (Brisset.)

La violence de ce charme est sans doute proportionnelle à la perfection du rapport qu'on exige entre les sons. Avec tels agencements impeccables, il semble, par une illusion curieuse, que l'on surprenne comme une vérité incluse en le langage même. N'est-ce pas à la recherche infinie d'irréprochables palindromes que divers moines, au Moyen Age, perdirent peu à peu la raison ? Toute méthode capable de donner, avec un quelconque vocable, de très abondants résultats, doit donc permettre d'éviter cette mystique de la rime. Ainsi qu'on l'a vu plus haut, il est facile d'extraire d'un mot, les mots contenus phonétiquement en la disposition variable de tout ou partie de ses lettres. Sans recours à l'illuminisme, on obtient avec ces pseudo-anagrammes de nouvelles possibilités thématiques que la fiction, dans le jeu de son développement, pourra mettre en œuvre. Nul doute que l'allure lisiblement anagrammatique du titre *la Bataille de Pharsale* et, en l'exergue, la formule : « le son m'enfante », ne soient destinées à nous mettre sur la voie d'un tel fonctionnement. En raison de l'importance de son rôle, c'est sur le vocable *jaune* que doit porter avant tout notre expérience.

Jaune, donc, c'est : *nuage* (nuaje) : « la forme boursoufflée du nuage » (p. 11); *jeuna* : « les skeletiks zindigènes » (p. 178); *auge* (auje) : « un petit bassin au ciment fendillé » (p. 175), mais aussi : « elle fait lentement onduler et tourner son bassin sous lui » (p. 246); *ange* (anje) : « les angelots ailés » (p. 39), « et dans son dos des ailes de papillon » (p. 46); *aune* : systématique présence des arbres mais aussi : « ONE PENNY » (p. 258); *gêna* (jena) : scène où le narrateur interrompt le coït, mais aussi « Gênois » (p. 9); *nage* (naje) : « aussitôt assis, je me mis à ruisseler » (p. 31); *Jeanne* (Jane) : « sous la frange à la Jeanne d'Arc » (p. 90) où l'on peut lire une intersection imprévue avec la série de la flèche; *âne* : « versions latines dont j'ânonnais » (p. 17), « un âne gris au ventre ballonné » (p. 96); *jeu* : « Hop là! La tenant par les deux poignets il part en courant dans l'allée en imitant le galop d'un cheval » (p. 230); *Noe* (naue) : « l'arche empennée bourdonnante » (p. 9); *nue* : « les bouts pâles enflés de ses seins » (p. 49); *nua* : soies du pinceau qui assortissent les couleurs (p. 58); *âge* (aje) : « tous les âges et toutes les professions mêlées » (p. 16); *No* (nau) : « le mot No prononcé d'une façon interrogative » (p. 189); *nœud* (neu) : « lit, bite, nœud » (p. 139); *haut* (au) : « dans la chambre qui correspond à la fenêtre du cinquième étage » (p. 184); *eau* (au) : « la goutte qui à d'assez longs intervalles se détachait du robinet du poste d'eau » (p. 22); O (au) : « Soit alors O la position occupée par l'œil de l'observateur (O) » (p. 181) et les étranges problèmes posés par l'intervention de cette abréviation; *un* et *une* : mis en valeur *in absentia* par la substitution du chiffre : « l'homme chauve (...) 1 jeune femme (...) 1 jeune homme » (p. 14); *nu* : « nu vaguement phosphorescent » (p. 135); *an* : « le jeune soldat grave maintenant les chiffres 1, 9, 6 et 6 » (p. 238); *je* : « je me mis à ruisseler »; *haine* (n) : « rouquin fils de pute » (p. 93); *ah* (a) : « O dit Ahahahah » (p. 215).

C. *Produits de la métaphore.*

Le caractère commun que toute classe suppose à chacun des éléments qu'elle assemble est fort proche, rappelons-le, du commun caractère sur lequel s'appuie, en la nécessaire analogie des signifiés, l'exercice de toute métaphore. En l'optique expressive, toute classe peut se lire comme le réservoir des métaphores liant, à partir d'un point commun, l'ensemble de ses éléments deux à deux. En l'optique productrice, elle forme la liste des éléments que l'on peut susciter à partir d'un point commun (ou générateur). Dans la mesure où un maximum de scènes y sont ainsi actualisées, le texte, en ces incessants approximatifs dédoublements, est l'effet d'une généralisation de la mise en abyme.

a) Premier degré : Cette pratique est des plus fréquentes, aujourd'hui. Sans doute, à partir de la commune idée d'opposition violente, certain match de football, pourra-t-il être métaphoriquement désigné par « la bataille du Parc des Princes ». Mais on peut engendrer aussi, à partir du générateur, comme l'a fait Thibaudeau dans *Reportage d'un match international de football*, toute une suite de scènes :

> C'est dans les dix-huit mètres allemands, une mêlée confuse (...) Le Noir américain John Parker inflige une correction sévère à l'Italien Pietro Dialli (...). Les combattants prennent leurs armes dans l'écrin tenu ouvert pour le premier témoin (...). L'Homme Bleu est debout au centre du ring (...) La bataille s'est engagée à huit heures du matin. Il est maintenant midi. Les Français tiennent solidement le petit village de...

La strophe du *Cimetière marin* ne se dispose pas autrement. Le générateur antithèse permet de produire : vole / ne vole pas, enfante / tue, soleil / ombre, immobile / à grands pas. Nouveau rapport étroit, donc, entre l'exergue et le roman : *la Bataille de Pharsale* utilise amplement cette procédure. Le générateur conflit, par exemple, produit certes Pharsale et autres batailles (de celles du Moyen Age à celle de *la Route des Flandres*, en passant par Kynos Kephalai), mais aussi match de football (près de Pharsale, justement) et manifestation de rue, lutte d'enfants et coït (notamment par l'assimilation traditionnelle de la flèche empennée et du pénis : cf., par exemple, *Archées*, de Jacques Henric), ou encore inscription murale (un couteau blessant une surface), soit à lui seul, comme le titre le laissait entendre, la plus large part de la fiction.

b) Second degré : Mais, rappelons-le, tel aspect du fonctionnement textuel peut lui-même servir de base génératrice : il est permis d'admettre comme générateur le principe même de la génération. Point commun qui les assemble, le générateur est en quelque manière l'intersection des scènes engendrées. C'est bien tel principe que désigne, en se constituant, ce raisonnement :

> On doit se figurer l'ensemble du système comme un mobile se déformant sans cesse autour de quelques rares points fixes par exemple l'intersection de la droite OO' et du trajet suivi par le pigeon dans son vol, ou encore celle des itinéraires de deux voyages, ou encore le nom de PHARSALE figurant également dans un recueil scolaire de textes latins et sur un panneau indicateur au bord d'une route de Thessalie (p. 186).

ou cette description d'un billet de banque :

> En plus des deux plis qui se croisent perpendiculairement en leur milieu, ils gardent les traces d'une infinité de plis secondaires formant un lacis de rides plus ou moins profondes, ainsi que le trous des épingles qui ont servi à les réunir en liasses de dix (p. 234).

c) Troisième degré : L'immédiate suite du texte propose un phénomène plus complexe.

> Si on les regarde en transparence, on peut voir en filigrane dans l'épaisseur du papier la tête de Jules César et le profil d'un romain casqué, l'un à gauche, l'autre à droite, dans deux cartouches ménagés à cet effet (p. 234).

Par souci de simplicité, éliminons un événement parallèle la liasse comme désignation du fonctionnement répétitif (que nous étudierons plus loin). L'intersection, nous l'avons vu, est générateur secondaire en ce qu'elle constitue ses occurrences comme signalement du principe de génération. Or, c'est ce phénomène secondaire lui-même que désigne, en s'établissant, la superposition du croisement et de la bataille (ce générateur primaire marqué par le face à face, en filigrane, des deux guerriers). Par un raffinement remarquable, c'est une génération au troisième degré qui s'offre ici à la lecture.

C. *Produits du calembour.*

a) *Signal du calembour mixte :* Le calembour expressif n'est facile que si une convergence des signifiés vient doubler l'analogie des signifiants : dans l'exemple tiré d'*Eugénie Grandet*, Nanon doit conjointement habiter Saumur et être bien conservée. Loin d'être soumis à cette contrainte, le calembour producteur joue plutôt sur l'effet inverse : c'est l'intense divergence des signifiés que recherche Roussel. Le plus apparent des calembours producteurs de *la Bataille de Pharsale* est toutefois lié à une lisible convergence sémantique. Le passage :

> O voit le corps penché au-dessus d'elle, comme planant sur l'air, la poitrine et le ventre dans l'ombre, les deux bras écartés à demi repliés en avant, les deux jambes à demi repliées et écartées comme s'il chevauchait une invisible monture, les couilles pendantes entre les cuisses, le membre raidi touchant presque le ventre. Partant de la broussaille des poils jaunâtres qui couvre la poitrine, une ligne ébouriffée divise le torse en deux et rejoint le buisson roux qui flamboie au bas du ventre. Les deux mains prennent appui sur le lit de part et d'autre de O. (p. 212).

s'établit ouvertement sur la similitude « lit, bite, nœud » / « libidineux » soulignée plus haut, au cours d'une proustienne analyse :

> un trouble qu'exprime assez bien le mot libidineux avec sa consonance un peu rose, un peu molle, plissée pour ainsi dire par la répétition des mêmes syllabes et de sons évocateurs (lit, bite, nœud) (p. 139).

Producteur et expressif, tel calembour mixte joue un rôle majeur. L'insistance sur l'expressivité de *libidineux* dégage en fait les trois éléments qui engendrent ailleurs une précise scène. Ce biais permet ainsi la mise en évidence du phénomène producteur, tout en faisant l'élégante économie d'un direct commentaire technique. A partir de cette précieuse indication, toute lecture attentive découvre alors bien d'autres occurrences.

b) *Exemples :* Divers passages comme :

> les rares visages découverts des fantassins comme des taches claires, des lampions, suspendus dans le crépuscule qui peu à peu s'épaissit enténèbre lentement le champ de bataille où

l'on ne distingue plus, çà et là, (...) que quelques groupes de cavaliers (...) furieusement penchés sur leur courriers phospho-rescents (...) DES TESSONS DE BOUTEILLE DES VALISES CREVÉES JE VIS MÊME DES MATELAS DES ÉDREDONS (p. 110).
JE NE SAVAIS PAS ENCORE QUE DES EXPRESSIONS COMME MARCHER AU FEU LE BAPTÊME DU FEU VOIR LE FEU N'ÉTAIENT PAS DES MÉTAPHORES ARMES A FEU ET QUE LES TRACES QUE LAISSE LA GUERRE DERRIÈRE SONT SIMPLEMENT NOIRES ET SALES (p. 111).
Le soleil aveuglant immobilisé aurait-on dit, comme s'il était lui-même fatigué d'éclairer, la lumière brûlant les yeux, les paupières, salie, jaunie, devenue poussiéreuse depuis le temps JE NE SAVAIS PAS QUE LA GUERRE ÉTAIT SI SALE (p. 116),
Quoiqu'il soit encore loin de faire nuit, une enseigne au néon s'allume dans la rue (...) Le géant a maintenant revêtu un bour-geron et un treillis d'un blanc sale (p. 255),

montrent, chacun faisant se suivre les idées de lumière et de saleté, qu'ils sont établis à partir des mots *Phare*, *sale*.

Ailleurs, le procédé révèle le très ample éventail de ses aptitudes. A partir du nom de l'adversaire de César, Pompée, sont introduits dans le récit une simple remarque, un détail vestimentaire ou, en leur variété, des aspects importants de diverses scènes :

Cheveux aussi dans un savant désordre, comme ordonné ou plutôt ordonnancé par un de ces coiffeurs aux noms pompeux e cosmétiqué (Antoine, Alexandre) évocateurs de fastes (p. 154)
Le guerrier nu coiffé d'un casque de pompier et qui brandi (p. 195).
Il y avait aussi seulement deux pompes devant le poste Shell une pour le fuel, une autre pour l'essence (p. 141).
La peau tirée en arrière formant comme une couronne plissée rose vif au-dessous du bourrelet du gland découvert brillan de salive quand elle recule sa bouche (p. 46).

D'autres fois, c'est la sonorité de divers noms propres qui est mise en jeu :

Ce pauvre Charles avec les femmes il était d'une naïveté (p. 20).
Un autre, un maigre qui ressemblait à un Charlot trist (p. 35).
hors de souffle sur une voie de chemin de fer entre Dinan e Charleroi (p. 123).
me représentant toujours Charlus sous les traits de Prous lui-même (p. 158).

ou bien :

> entendu dire me demanda-t-il en me quittant que ma tante
> Oriane divorcerait (p. 90).
> ou plutôt cet Orion titubait en aveugle (p. 140).

c) Apprentissage de la lecture : Se multipliant, ces dispositifs permettent de préciser non seulement la lecture du texte simonien mais encore celle des citations qu'il accueille. Ainsi n'est-il plus possible de lire, en cette prose, le mot « aubépine » sans qu'aussitôt interviennent conjointement les deux fragments qui en opèrent l'analyse :

> C'est l'aube peut-être, peut-être est-ce le premier choc (p. 112),
> ELLE SE RAPPROCHAIT AVEC FRÉNÉSIE ET SAISISSANT MA PINE A
> PLEINES MAINS (p. 93).

Dès lors, le passage de Proust cité page 85 :

> LE RAIDILLON AUX AUBÉPINES ET OÙ VOUS PRÉTENDEZ QUE VOUS
> ÊTES TOMBÉ DANS VOTRE ENFANCE AMOUREUX DE MOI,

se révèle entièrement construit par interprétation de rimes : enfance (aube); raidillon-amoureux (pine). On devine donc que c'est la similitude des procédés entre les deux proses qui attire ici l'une dans l'autre.

III. *TRANSITIONS*

Établir les principes générateurs d'une thématique, sans doute est-ce déjà dépasser les volumineux recensements affinitaires dont se contente, peut-être prématurément, une certaine critique des thèmes. Ce n'est pourtant pas encore rendre compte du texte dans son agencement. Jalonnant de ses divers états tout le cours du récit, la moissonneuse-lieuse nous rappelle opportunément, en son insistance, que moisson et liaison, génération et transition, ne forment pas deux opérations disjointes. Double face d'une même activité, elles reposent l'une et l'autre (cf. Tableau 1) sur de communs principes.

A. *Transitions par métaphores.*

Dans la mesure où elle fait survenir un *ailleurs* (le comparant) dans l'*ici* de la fiction (le comparé), toute métaphore, en son analogie, est porteuse d'une aptitude au transit. Elle est expressive si l'ailleurs disparaît sitôt qu'émis, si la contiguïté n'est que fugacement troublée par l'injection d'une similitude. Elle est transitaire si l'ailleurs s'installe et se prolonge, si la contiguïté est rompue par une similitude insérant une nouvelle séquence d'éléments contigus.

Il n'est point de page, dans *la Bataille de Pharsale*, où ce phénomène ne multiplie ses interventions. Un graphique aidera à en saisir les détails. Supposons un axe des contiguïtés et, perpendiculaire, un axe des similitudes (Tableau 2). Toute métaphore expressive inscrit alors une boucle prise sur le segment des éléments contigus. Toute liaison analogique marque la venue d'un nouveau segment parallèle et décalé. Dès les premiers paragraphes (cf. II, A), et si l'on s'en tient pour simplifier aux aspects les plus lisibles, le livre propose les principales règles de cette activité.

a) Transit avorté : En cette perspective, toute métaphore expressive est la velléité d'un transit. Sous couvert d'une recherche par tâtonnements du précis, chaque suite de métaphores (ou, aussi bien, d'exemples) esquisse un transit apocryphe. Somme de similitudes incapable d'accéder à la contiguïté, elle ne saurait vraiment rompre le segment où elle s'inscrit. Au cours du premier segment « Jaune (...) imaginé oiseau », la gradation des attaques métaphoriques (unité, paire, trio) ébranle cependant de sa scansion la contiguïté descriptive et annonce le premier déplacement.

b) Emplacement des appuis : Le second transit montre que chaque point d'appui n'occupe pas nécessairement la fin du segment qu'il interrompt (oiseau), ni le début de celui qu'il inaugure (flèche). On peut le découvrir au milieu : l'action se fait alors sentir à retardement (voûte) ou par anticipation (arche). Notons au passage qu'arche et voûte, dans la mesure où leur arc permet de joindre l'un et l'autre de leurs piliers, ne laissent pas d'inscrire, en son lieu même, une mise en abyme du transit. Le quatrième mouvement enseigne que si la séquence est brève, même son premier mot peut servir de départ. Enfin, dans la mesure où ils jouent

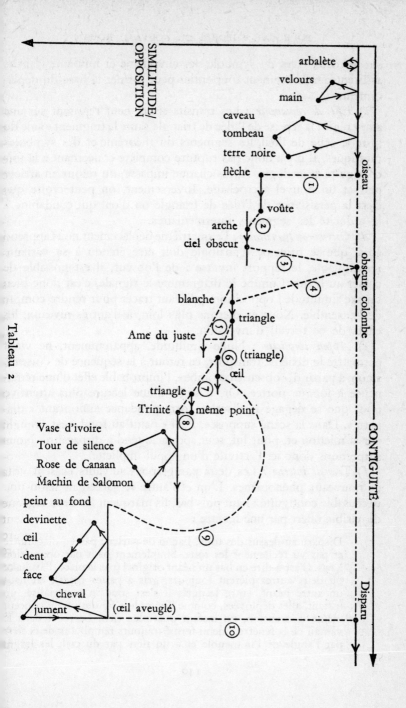

SIMILITUDE/
OPPOSITION

CONTIGUITE

Tableau 2

arbalète
velours
main

caveau
tombeau
terre noire
flèche

oiseau

①

voûte

arche ②

ciel obscur

obscure colombe

③

④

blanche

triangle

⑤

Ame du juste

⑥ (triangle)

œil

triangle ⑦

Trinité même point

⑧

Vase d'ivoire
Tour de silence
Rose de Canaan
Machin de Salomon

peint au fond
devinette
œil
dent
face

cheval
jument (œil aveuglé)

⑨

Disparu

⑩

sur les deux faces du symbole, les cinquième et huitième transits assurent que le segment tout entier peut former la base du déplacement.

c) Effet de rémanence : Les transits six et neuf reposent sur une autre règle : la reprise de l'idée de triangle saute le fragment « âme du juste », celle de l'œil, les segments du théorème et des symboles mystiques. Il n'y a donc pas rupture complète concernant à la fois contiguïté et analogie. Après chaque impasse, un retour en arrière permet un nouvel accrochage. Inversement, on peut croire que c'est la persistance de l'idée de triangle ou d'œil qui condamne à la caducité les segments intermédiaires.

d) Oxymoron transitaire : Le quatrième déplacement nous apprend aussi que le principe d'analogie doit être étendu à sa variante remarquable, le rapport inverse : de l'obscur, il est possible de passer au blanc. Comme le diagramme le signale, c'est donc bien un axe similitude / opposition qu'il faut tracer pour rendre compte de l'ensemble. Nous étudierons plus loin, à d'autres niveaux, les effets de ce travail d'inversion.

e) Appui implicite : Nulle similitude, apparemment, ne vient permettre le dixième transport, ce retour à la séquence de l'oiseau, sinon, à partir d' « obscure colombe », l'improbable effet d'une rémanence à longue portée. Or, il suffit d'une lecture plus attentive pour que se dégage la discrète correspondance annonçant « disparu ». Dans la scène supposée, l'œil « peint au fond » est aveuglé par la miction et, pour lui, tout spectacle tend à disparaître. Nous surprenons donc ici l'activité d'un appui implicite.

f) Transit interne : Les deux paragraphes suivants laissent voir de nouveaux phénomènes. L'un et l'autre se succèdent selon une irrécusable contiguïté : haut puis bas, ils marquent les deux régions du visible offert par une fenêtre :

> Disparu au-dessus des toits. Façon de parler : pas vu disparaître et pas vu réellement les toits. Simplement haut par opposition à bas. C'est-à-dire en bas un néant originel (pas la place, l'asphalte où deux autres piètent toujours, gris à pattes roses), en haut un autre néant, entre lesquels il s'est soudain matérialisé, un instant, ailes déployées, comme l'immobile figuration du concept même d'ascension, un instant puis plus rien. Le reflet dans le vantail de la fenêtre à demi fermé toujours rempli aux deux tiers par l'angle de l'immeuble et à un tiers par du ciel, les larges

mailles du rideau de filet derrière la vitre plus visibles dans la partie gris sombre que dans la bande remplie par le bleu clair, la forme boursouflée du nuage se faufilant d'un vantail à l'autre pour ainsi dire en se contorsionnant sur la surface inégale du verre, glissant et disparaissant, l'image reflétée de la façade d'angle, balcons, fenêtres, sinueuse aussi, comme ces reflets dans l'eau. Mais immobile. Les mailles du rideau immobiles aussi.

Les jeunes gens toujours là à la terrasse du petit café, avec cette différence toutefois que maintenant, à côté de celui qui est affalé sur le guéridon, la tête dans ses bras repliés, se tient un autre, en pull-over marron, penché sur lui (s'appuyant d'une main, bras tendu, sur le guéridon lui-même, de l'autre — bras à angle droit — au dossier de la chaise du dormeur — peut-être ivre?), lui parlant, semble-t-il, avec une patiente et maternelle sollicitude; alors un de ceux assis sur la gauche de la terrasse lance un petit seau d'enfant en plastique bleu ciel (ou plutôt jette en l'air : c'est-à-dire non pas comme quand on vise quelque chose, le seau ne parcourant pas une trajectoire tendue, vers un but précis, mais une courbe en tournoyant sur lui-même et retombant sur le guéridon voisin de celui du dormeur, renversant deux verres, le tintement de l'un d'eux se brisant sur le sol parvenant presque aussitôt, tandis que l'autre, couché sur la table, roule sur lui-même, son bord décrivant un arc de cercle au long duquel, à partir de la flaque de bière répandue, il laisse une traînée liquide, jusqu'à ce qu'il heurte l'une des soucoupes, repartant alors en sens contraire, revenant s'immobiliser dans la flaque, intact) (p. 10-11-12).

L'éloignement respectif de chacune dans le visible et leur mise en place selon des paragraphes cohérents établissent entre ces deux régions une manière de césure qui implique un transit interne. Non moins que les autres, celui-ci repose sur l'analogie : au bleu-clair du ciel correspond le bleu ciel du seau.

g) Appuis multiples : Plus étroits sont en fait les rapports entre les deux paragraphes. C'est toute une série de liens qu'il faut préciser : le verre de la vitre et les verres sur le guéridon; l'eau et la bière; l'angle de l'immeuble et le bras à angle droit; « disparu » (mort) et « bière » (cercueil). A quoi il convient d'ajouter un rapport inverse : l'ascension (de l'oiseau) et la chute (du verre); ainsi qu'un rapport complexe, mixte de similitude et d'opposition : l'immobilité en imminence de mouvement (le reflet de l'immeuble dans le vantail) et le mouvement qui s'immobilise (le verre au bout

de sa trajectoire). Sans omettre, certes, le rapport, que nous ana-
lyserons plus loin, entre bande (de ciel) et (bande des) jeunes gens.
Ainsi est-il clair que nul hiatus ne sépare transition et génération.
La multiplication des liens tend vers la génération du second paragraphe à partir du premier.

h) *Bloc transitaire* : Tout porte à croire que les phénomènes de
dressage, dans le fonctionnement des textes, n'ont pas assez retenu
l'attention. Par la patiente redite de deux événements simultanés,
le dressage fait en sorte que l'un des deux, ensuite proposé seul,
suscite automatiquement l'idée de l'autre. En somme s'agit-il,
à partir d'une dualité répétée, de produire un tout à deux faces,
c'est-à-dire d'inventer et d'apprendre un signe. Or, selon le renversement déjà signalé (cf. : I, A et I, B) passons de l'évocation
fugace à l'entier passage. L'association soudée forme alors ce
qu'il faut appeler un bloc transitaire.

Dans la citation précédente, se manifeste la première occurrence
des redites aptes à monter un tel bloc. Motivé, on l'a vu, de mainte
manière, le rapprochement associe le nuage à la scène de la place,
en contrebas. Une seconde connexion, appuyée notamment sur
l'analogie « envahissant » / « apparaît », confirme cette association :

> Le nuage blanc tout à fait disparu un autre envahissant lentement
> (ou plutôt s'infiltrant se répandant par légères saccades —
> comme une flaque de lait sur la surface d'une table mal rabotée,
> bosselée) le haut de la vitre du vantail gauche
> Au-dessus de la balustrade entourant la bouche du métro
> apparaît la tête d'une femme aux cheveux grisonnants s'élevant
> d'un mouvement continu et oblique (p. 13-14).

Elle est bientôt suivie d'une troisième :

> Si on regarde fixement la fenêtre pendant assez longtemps on
> dirait qu'elle se déplace dérive lentement dans le ciel simple
> rectangle partagé en deux traversé de nuages. Maisons qui
> semblent basculer vous tomber lentement dessus sans fin
> dame âgée au chapeau de paille noire avec un nœud violet
> avec un nez comme un bec (p. 15).

Puis aussitôt d'une quatrième, inverse et plus précise :

> comme sur cette image du livre de catéchisme où l'on pouvait
> voir une longue procession ascendante de personnages immobiles

figés les uns simplement debout d'autres une jambe repliée un pied un peu plus haut que l'autre comme reposant sur une marche l'escalier constitué par les volutes d'un nuage s'étirant s'élevant en plan incliné des vieillards appuyés sur des cannes des enfants je me rappelle une femme drapée dans une sorte de péplum enveloppant d'un de ses bras un jeune garçon bouclé sur lequel elle se penchait l'autre bras levé montrant d'une à l'index tendu là-haut la Gloire et les Nuées (p. 15).

Si, provisoirement, l'on excepte l'occurrence de la page 40, on rencontre ensuite :

Plus aucun nuage maintenant dans les vitres de la fenêtre seule-ment le bleu du ciel la fenêtre cessant de dériver immobile le vantail entrouvert immobile le rideau de filet absolument immobile aussi.
La dernière de la fournée a été une femme d'environ soixante ans aux cheveux filasse en désordre (p. 47).

Le bloc ainsi formé, il suffit ensuite, plus loin qu'un nuage s'amin-cisse dans un ciel grec pour qu'aussitôt s'accomplisse un transport jusqu'à la petite place du métro :

au-dessus des collines pierreuses un nuage bas s'allonge se teintant de rose
les gens continuent toujours à sortir du métro à intervalles à peu près réguliers (p. 96).

Quant à la page 40, pour y revenir, elle marque d'une façon toute elliptique, la mise en jeu du bloc :

seulement un courant d'air peut-être le vantail droit de la fenêtre parut bouger le reflet du nuage bougeant dessus horizontalement reculant puis cela s'immobilisa le nuage reprit sa course glissant silencieusement et peu après il n'y eut plus que du bleu je souffrais comme...
alors ?
tu as raison ça ne mène à rien on va revenir d'où on était parti.

Le nuage suscite implicitement l'escalier du métro dont l'ascen-sion « conduit » le narrateur à la porte de la chambre où il se trouve déjà et à y frapper jusqu'à se briser l'auriculaire. C'est pourquoi, provoquant en ce cas particulier une aporie, cette solution « ne mène à rien ».

B. *Transitions par calembours.*

Cette mise en œuvre de l'analogie est trop insistante, au plan des signifiés, pour que la lecture ne suppose volontiers un travail très semblable à hauteur des signifiants.

a) Rimes transitaires : S'enrichissant, comme on le voit chez Mallarmé, toute rime tend vers le calembour dont elle est en somme la forme simple. Or, et c'est une nouvelle soumission aux directives de l'exergue, il suffit de mieux observer les transits ou, même, les simples changements de paragraphes, pour voir foisonner rimes et assonances, mots répétés et allitérations :

> un bandeau d'Ind*ien*/*Yeux* regardant (p. 13)
> d'un trait noir *tout* au*tour*/le nuage blanc *tout* à fait disparu (p. 13)
> la vi*tre* du vantail gauche/Au-dessus de la balus*tr*ade (p. 14)
> Au *b*out de son *b*ras pend un ca*b*as marron/Immo*b*ile d'a*b*ord (p. 14)
> jusqu'à ce que *de guerre* la*sse* il fini*sse* par me prendre le livre des mains et traduire lui-même/*C*é*sar* la *Guerre* des Gaules la *Guerre ci*vile (p. 18)
> Latin langue *morte*/Eaux *mortes* (p. 18)
> la *cou*rbe en *d*emi-cercle *de* la cuvette/*D*ard *dans* la *bou*che (p. 22)
> alors *rou*ge vif dre*ssé*/*Re*stant là à écouter le *si*lence (p. 22)
> poilu *pour* ain*si* dire/ligne *rousse* en arête (p. 23)
> côtes rocheuses tourment*ées*/enfer*més* tels quels (p. 25)
> Je n'allais pourtant *pas* plus vite qu'un homme au *pas*/on ne peut *pas* continuer (p. 36)
> don*nan*t de violents *coups* de reins/seuleme*nt* un *courant* d'air (p. 40)
> musique sirupeuse et de *cette*/aigr*ettes* sur les *têtes* (p. 49)

b) Transits contradictoires : Souvent les divers modes de transit additionnent leurs effets : dans le second des précédents exemples, « tout autour » / « tout » s'ajoute à l'opposition « noir » / « blanc »; nous avons vu aussi (III, A, f) que le calembour sur « bande », célèbre chez Roussel, concourait dans une version implicite, à un transit interne. Mais, quelques fois, ils se contrarient. Dans le passage :

> Peut-être le rideau derrière le vantail de droite avait-il légèrement bougé. Ou le vent?
> Disant que la jalousie est comme ... comme ...

> Me rappelant l'endroit : environ dans le premier tiers en haut d'une page de droite (p. 20).

c'est trois aptitudes qui se développent à partir de « vantail ». Un sous-jacent calembour vantail / éventail, — qu'atteste « à partir de la fenêtre comme une branche d'éventail » (p. 273) —, fait surgir l'hypothèse du vent. Une activité très intense, issue d'une double analogie, provoque cependant les deux phases d'un transit plus subtil. Le rideau derrière le vantail évoque le treillis d'une jalousie et, de là, l'homonyme passion. Plan tournant autour d'une charnière, « le vantail de droite » provoque le passage à cet autre plan tournant autour d'une charnière, « la page de droite ». Par superposition des deux événements s'impose la recherche, en les feuillets d'un livre, d'une citation définissant, par métaphore, la jalousie. Le premier transit, fondé sur un calembour, est contrarié par cet ensemble analogique complexe : il reste caduc.

c) *Calembour transitaire* : Bien que les deux sens appartiennent au domaine sémantique du même mot, ils sont parfois si éloignés l'un de l'autre, qu'ils permettent un calembour véritable. C'est sur le double sens de foin que joue notamment, page 180, le transport d'un train à un atelier de peinture :

> dans l'humide crépuscule ils finissaient de charger la charrette entassant le foin il me semblait pouvoir sentir l'odeur conservant la tiédeur du jour la femme levant les bras pour tendre la dernière gerbe au bout de la fourche étirant son corps l'homme enfoui jusqu'à mi-cuisses dans le chargement se penchant pour l'attraper par le lien je pus voir ses aisselles broussaille noire à la naissance des bras levés.
> tu as dit Oh bon Dieu Comme tout Bon Dieu ce n'est tout de même pas la première fille que tu Tu parles d'un foin

d) *Lapsus transitaire* : Le lapsus, on le sait, repose souvent sur des similitudes sonores. C'est dire à quel point, proche du calembour, il peut servir d'appui à une transition :

> comme dans l'excitation d'un combat le corps peut devenir insensible aux blessures à la fatigue le sien tout à coup d'une force qu'il ne soupçonnait pas (...)
> Journal peut-être pour se dissimuler ou justifier déployé le bord supérieur des feuilles dessinant un angle obtus largement

> ouvert au ras duquel il peut voir la fenêtre et juste sur le côté
> de la page droite le porche de l'immeuble LES COUPS ONT
> NORMALEMENT REPRIS A LA FACULTÉ DE NAN-
> TERRE (...) L'un de ceux qui se trouvent de l'autre côté du
> passage l'interpelle elle le regarde puis baisse la tête s'intéressant
> au contenu de son sac COURS et non pas COUPS lapsus
> tourner une page pour avoir l'air de COURSES AUJOUR-
> D'HUI A AUTEUIL (p. 65).

Le lapsus « coups » s'établit en s'assimilant non seulement à l'antécédente évocation des violences mais aussi à la formule « tout à
coup ». En outre, il forme l'erreur qu'un lecteur non prévenu peut
faire en lisant P le P grec en les inscriptions helléniques qui jalon-
nent le livre. Aussitôt ce lapsus admis, la page peut tourner :
il suffit de soumettre le COURS à une nouvelle similitude :
COURSES.

IV. RELATIONS

Génération et transit n'ont pas eu lieu sans solliciter analogie
et opposition, sans faire appel, donc, à la dynamique du répétitif
et de l'inverse. La strophe de Valéry, une fois encore, ne manquait
pas de nous prévenir. Le premier vers ne répète-t-il pas trois fois
« Zénon » ? Les derniers ne réitèrent-ils point quatre fois l'antithèse ?
Et celle-ci n'est-elle pas un exact rapprochement des inverses ?

A. *Répétition : viol de la linéarité.*

Tout générateur fondé sur l'analogie suppose la répétition. Dans
la mesure où il est l'intersection des séquences qu'il produit, il
appartient à chacune d'elles : leur suite entraîne nécessairement sa
redite. L'exergue de Valéry est générateur parce que les premiers
paragraphes du livre en quelque façon le repercutent; le vocable
« jaune », parce qu'il est maintes fois repris, comme tel, synonyme
ou anagramme, par les passages qu'il autorise. Il y a transit par
métaphore si un élément du second reprend, au plan des signifiés,
un élément du premier appui. Il y a transit par calembour si, au
niveau des signifiants, la même exigence répétitive est satisfaite.
En somme, à chaque fois, si peu soit-il, cette procédure permet

la mise en place d'un invariant. Or la bataille de la phrase a lieu également en ceci que le texte forme un ensemble stratégique, dont les composants, partout, tiennent de précis rôles tactiques. Chercher la fonction de tout élément passe ainsi par l'étude du conflit qu'il mène avec son adverse. C'est au variable, donc, que l'invariant doit être confronté.

Dans le récit linéaire, toujours quelque inédite péripétie s'apprête semble-t-il à modifier la situation actuelle. Espace entièrement suspensif : l'action à venir est une imminence; habitant déjà l'instant qui la précède, elle se fait attendre, craindre ou désirer. C'est le souhait de cette nouveauté incessante, la poursuite de cette métamorphose continue qui impose à la lecture les palpitations et la course. Confortable, cependant, on le sait, tel changement est un leurre. Il ne s'accomplit, le plus souvent, qu'en préservant entre auteur et lecteur l'intégralité d'un épais consensus. Délicieuse comédie : à peine, mais irrécusablement, on laisse entrevoir, sous les apparences du mobile, la solidité d'une inébranlable base. Propre au linéaire, cette transformation superficielle est contredite, dans *la Bataille de Pharsale* comme en maint autre livre, par une double offensive.

a) Phase préparatoire : Rien, sans doute, n'exalte mieux le linéaire que son apparent contraire : le récit alterné. Adroite, chaque reprise d'une histoire suppose l'arrêt de l'autre; chaque rupture, un retour. Songeons à l'exupérien *Vol de nuit* : si le dosage des deux suites d'événements est habile, le suspens se multiplie en quelque sorte lui-même. Loin de se combattre, les deux linéarités se combinent et chacune en tire le bénéfice d'un renforcement. Supposons toutefois que, systématiquement contrainte à l'intempérance, la procédure recoure non plus à deux mais à une croissante foule de séries. Alors l'ensemble bascule. Chaque bris ne s'accompagne plus de la réconfortante certitude d'une retrouvaille; il contient la menace d'une rupture nouvelle. Incapable de contrôler cette dispersion, la lecture est aux aguets de tout retour à l'un des secteurs abandonnés. Ainsi devient-elle singulièrement vulnérable aux impacts du similaire et du répétitif.

b) Effets de labyrinthe : A l'affût des raccordements capables de freiner cette diversité extensive, nul doute en effet qu'elle ne se laisse séduire, au passage, par les violents rapprochements du similaire. Dès lors toutes jointures analogiques sont en mesure de perturber ce qu'elle recherche : des jonctions dans l'axe de contiguïté. En les premiers paragraphes (Tableau 2), le conflit de l'analogique et du contigu est particulièrement lisible au niveau du transit. Toute disjonction s'y accompagne d'une conjonction analogique qui l'autorise et la contredit. Tandis qu'on a changé de segment, la répétition du commun élément tend à laisser croire qu'on y demeure et qu'il n'y a donc point lieu de chercher déjà une quelconque reprise. Ce phénomène est amplifié par la génération du texte. Dans la mesure où maintes scènes sont issues d'un même générateur, la lecture peut entièrement ignorer sur quel segment elle se trouve. Ainsi risque-t-elle d'être induite à un raccordement inexact : il suffit que la suite des phrases ne propose aucun détail irrémédiablement distinctif. Venue dans le sillage d'une version de César, les lignes suivantes permettent une longue amphibologie. Jusqu'à la précision décisive, n'est-il pas permis d'y concevoir la description d'un champ de bataille ?

> de près la colline en dos de baleine apparaissant d'une couleur rouille — ocre piquetée de cailloux gris. Au fond de la plaine on voyait çà et là d'autres villages du même blanc terne et une ligne de collines pelées. Nous entendîmes des éclats de voix. Leurs silhouettes couraient et se poursuivaient. Le terrain était caillouteux roux sans herbe. Le gardien de but... (p. 53).

Quant à la partielle linéarité qui se peut établir en raccordant les segments d'une même série, rien qui en conteste davantage le développement que la répétition. Le sentiment de déjà vu, peut-être, même de déjà lu, que celle-ci suscite tend à lover la ligne jusqu'à la première occurrence. Ainsi prise au piège du cycle, la linéarité n'est plus en mesure d'assurer sa progression faussement diverse.

B. *Inversion : viol de l'identité.*

Définie comme métamorphose d'un élément en son contraire, l'inversion abonde dans le roman, même traditionnel. Si une transformation superficielle, laissant intacte une massive base, est l'apanage du linéaire, on devine que, sitôt son emplacement clôturé, elle aura toute licence d'y parcourir l'entier chemin qui conduit d'un extrême à son inverse. Innombrables, au plan psychologique d'un sentiment ou au niveau social d'une situation, sont ainsi les ascensions, les décadences. Réduire pourtant toutes évolutions à d'irrécusables symptômes de linéarité reviendrait à admettre, de certains agencements, qu'ils sont d'avance voués, hors le travail du texte, à des rôles déterminés. Dans *la Jalousie*, la linéarité que supposent le crescendo puis la chute passionnelle contredit la parfaite absence de liens temporels entre les éléments fictifs. Dans cet ensemble paradoxal, elle s'en trouve par retour éminemment contrariée. C'est ce même rôle contradicteur que tient la décadence sociale de Lady Ava-Jacqueline dans *la Maison de Rendez-vous*.

Mais, son domaine cessant d'être strictement circonscrit, supposons que l'inversion se généralise. Alors c'est la notion même d'identité qui risque la mise en cause. Or, précisément, l'inversion atteint dans *la Bataille de Pharsale* un haut degré d'activité

a) Oxymoron producteur : Sans doute, pour simplifier l'exposé de la thèse (III, A, d) l'inversion a-t-elle été d'abord comprise dans l'analogie. Il est possible de dégager maintenant, de la production par métaphore, une production par oxymoron. Loin de l'expressive « obscure clarté » de Corneille, se propose d'emblée, on l'a vu, l'oxymoron transitaire « obscure / blanche ». Plutôt que de multiplier les exemples de ce transit, indiquons simplement, à titre d'enseigne, son évidente mise en abyme : *Orion aveugle marchant vers la lumière du soleil levant* (p. 162). Comme on peut s'y attendre, l'oxymoron transitaire se double d'un oxymoron générateur. C'est lui, par exemple, qui suscite :

> l'un d'eux pénétrant dans sa bouche ouverte (p. 10)/Au-dessus de la balustrade entourant la bouche du métro apparaît la tête d'une femme aux cheveux grisonnants s'élevant d'un mouvement continu et oblique (p. 14)
> Maintenant si tu essayais de dire ça autrement qu'en petit nègre (p. 221)/Un grand nègre se tient debout, adossé, les jambes croisées (p. 265).

Ou, non moins, la curieuse inversion du triangle et de la vulve. Dans le troisième paragraphe, on a vu d'une part qu'il y a « d'autrefois un œil au milieu » du triangle, et, d'autre part, avec la devinette, qu'œil et vulve étaient liés par un rapport d'équivalence. Le texte inscrit donc l'organe féminin dans un triangle. Or, page 254, on lit :

> Le membre de l'homme, tout entier sorti de la femme, est représenté de façon schématique, arqué vers le haut, plus étroit à sa base qu'à son extrémité, le gland figuré par un triangle à peu près équilatéral pourvu d'un point près de son sommet.

Ce que le coït autorise, en conséquence, c'est cette fois l'inscription du triangle en l'organe féminin.

Mais, à mieux lire, il semble que la lettre O soit intimement compromise en ces métamorphoses. La citation de Proust où tel personnage nomme pistières les édicules Rambuteau permet notamment d'entendre que la lettre O (mise en évidence par effacement indu puisque chez Poe la « lettre » volée est dissimulée par ostentation réfléchie) est porteuse d'une piste. Il est alors facile de voir que la même soustraction de O au début d' « Orion » révèle une parfaite anacyclique de « noir », cet inverse de la lumière. Dans « Verona », le même retrait libère, précisément, la combinaison « envers » (anver). Nul doute que certains ne songent à réprouver ici un excessif byzantinisme. D'avance prions-les donc de relire en haut de la page 239, diverses lignes porteuses du plus irrécusable des signes de piste : la flèche. Ainsi assisteront-ils d'une part au tronçonnement du vocable en ses caractères constitutifs et, d'autre part, évidemment, à sa lecture renversée :

> Il relève les yeux pour voir filer horizontalement dans l'encadrement de la fenêtre, très près cette fois, le nom VERONA accompagné d'une »——→, les lettres défilant de gauche à droite soit, successivement A, puis N, puis O, puis R, puis E, puis V, la »——→ en sens contraire de la marche du train.

Quant à « Orion », certes, il ne manque pas de connaître l'indice majeur d'un identique littéral sectionnement :

> chaque lettre apparaissant l'une après l'autre O glissant de droite R à gauche I en clignotant O s'enfuyant avec N une inexorable régularité O-R-I-O-N séparées par des intervalles mouvants de temps et d'espace (p. 154).

b) *Effets de permutation* : Mise en carte, l'identité se signale d'emblée par un nom. C'est s'en prendre à elle que subvertir ce patronyme. S'y astreindre revient, de façon générale, à changer un nom propre en nom commun. Comme en témoignent par exemple *la Maison de rendez-vous* ou *le Libera*, l'une des techniques que la fiction actuelle se plaît à mettre en œuvre est l'assimilation des noms propres à certains événements de la fiction. Malgré la relative pénurie des patronymes, on distingue également cette tendance dans *la Bataille de Pharsale*. La série Charlot / Charles / Charlus vient par exemple jouer avec les éléments de tel insistant paragraphe :

> dans l'humide crépuscule il finissait de *charger* la *charrette* (...) l'homme enfoui jusqu'à mi-cuisse dans le *chargement* se penchant (p. 180).

Le nom de Pierrot qui, par le biais d'une comparaison, est en quelque manière attribué au géant ivre (p. 255), rencontre les bas-reliefs de pierre longuement décrits vers la fin du volume. Oriane, qui évoque *l'Ane d'or*, se rapporte à l'âne de la campagne et à l'or de l'hôtel *Gabbia d'Oro*. Orion, si l'on songe qu'un horion est un coup sur l'oreille, rejoint le fameux passage de « l'oreille qui voit », au cours duquel le narrateur, derrière la porte, est précisément aveugle (p. 23). Ainsi est-ce un chiasme qui s'impose à première lecture : tandis que le nom propre tend à devenir commun, le nom commun semblerait devenir propre. Mais la dernière éventualité n'est qu'une fausse fenêtre : au lieu de s'orienter vers une précise propriété, le nom commun, en cet intense échange, ne peut que subir un accroissement de sa communauté.

Une autre façon, moins insidieuse, de mettre en commun le nom propre est certes de le partager entre plusieurs personnages. C'est à quoi par exemple Faulkner s'astreint, dans *le Bruit et la Fureur*, en donnant à l'oncle et la nièce le même nom de Quentin. Dans *la Bataille de Pharsale*, ce rôle de commun désignateur est dévolu à la lettre O, initiale de deux éléments typiquement inverses, l'observateur et l'objet :

> Soit donc O désignant le point occupé par l'œil de l'observateur (O.) et OF la droite qui joint ce point à la fenêtre F du cinquième étage de l'immeuble en face duquel se trouve O. (...) Et si l'on cherche à se faire une idée globale de l'ensemble des relations, il faut aussi considérer la droite OF dans le sens FO : soit un autre observateur (ou observatrice) O. se tenant en F., c'est-à-dire dans la chambre qui correspond à la fenêtre

du cinquième étage, et observant le premier observateur (qui, de sujet, devient ainsi objet — la lettre O pouvant donc également, dans cette situation, continuer à le désigner) (p. 184).

Ce dispositif, on le devine, est une excellente machine à établir des confusions. Par principe, seul le contexte est en mesure de fournir désormais l'identité : il faut alors, à chaque fois, qu'il fournisse le caractère distinctif. Si, par exact calcul, il [le refuse ou en diffère la venue, c'est un doute parfait qui subsiste. Mieux : même si une précision décisive est donnée, telle par la grammaire le sexe, le désordre n'en est guère moins ample. Toute provisoire identité de O. est d'autant plus intense qu'un effort très soutenu d'attention a été requis pour la déterminer :

(1) O. feuillette un livre à la recherche d'une phrase dont il croit se rappeler qu'elle se trouvait dans le haut d'une page à droite (p. 203).

(2) X. fait remarquer à O. que le mot inscrit dans le haut du timbre, au-dessus des chaînes brisées n'est pas MEMEL mais CESKOSLOVENSKO (p. 209)

(3) O. voit le corps penché au-dessus d'elle, comme planant sur l'air, la poitrine et le ventre dans l'ombre, les deux bras écartés à demi repliés en avant, les deux jambes à demi repliées et écartées comme s'il chevauchait une invisible monture, les couilles pendantes entre ses cuisses, le membre raidi touchant presque le ventre (p. 211).

Indubitablement inscrite dans le premier extrait, accrue par la brève neutralité du second, la masculinité de O_1 se heurte, en O_3, à une féminité soudaine. Un double phénomène se produit alors. D'une part, la masculinité de O_1 tend, sans preuve contextuelle, à rejoindre celle, agressivement décrite, du mâle. D'autre part, selon un curieux jusant, la féminité de O_3 vient contredire, en O_1, l'initiale masculinité : le lecteur tourne dans l'autre sens les pages, pour vérifier qu'il a bien lu. C'est l'identité du premier O qui est alors mise en cause.

En outre, la machine finit par produire en O ce qu'il faut nommer un Janus. Le rapprochement des deux scènes suivantes :

Corinne pleure. L'un de ses mollets est rosi et on voit de petites cloques. O. se baisse, regarde et dit Ce n'est rien ça va passer. Corinne dit Ça fait mal. O. répète Ce n'est rien. Corinne dit Ça brûle. O. se penche et la hisse à cheval sur ses épaules en disant Hop-là! Il tient les deux mains de part et d'autre de sa tête et part dans le chemin en sautant comme une cheval qui galope. Les joues encore brillantes de larmes Corinne rit. Au bout d'un moment O. est essouflé et s'arrête. Corinne dit encore. O. dit Papa est fatigué (p. 202).

En courant avec Paulou et O. Corinne passe à côté d'une touffe d'orties (...) Corinne ne répond rien et, pleurant toujours, part en courant pour rattraper le groupe de grandes personnes, (...) Corinne montre son mollet et se retourne en pointant le bras dans la direction de Paulou et de O. qui sont restés en arrière. L'homme se penche, lui frotte rapidement le mollet et la hisse à cheval sur ses épaules en disant Hop-là! (p. 230).

distingue, en O, les deux faces souvent indiscernables d'un personnage double, fusion du neveu et de l'oncle, dont justement l'initiale ne se sépare guère de celle d'observateur ou d'objet. Cette permanente mise en cause de l'identité entraine une conséquence remarquable : l'accroissement des aptitudes combinatoires du récit. Puisque en O communiquent les événements appartenant à deux époques (celle de l'oncle et du neveu), ils sont désormais en mesure, par O, de subir toutes manières de combinaisons et d'interférences. Entre *Un amour de Swann* et le reste de *la Recherche* déjà se multipliaient d'annonciatrices similitudes; entre les deux époques de *la Bataille de Pharsale* le rapport se fait plus travailleur : imbrications et permutations inventent, dans un espace désormais violemment producteur, toute une fiction nouvelle. Nul doute, donc, que cette radicalisation irrécusable ne soit désignée, en *la Bataille de Pharsale*, par l'injection active, précisément, de certains passages d'*Un amour de Swann*.

C. *Répétition / Inversion : anneau de Moebius.*

Pour souligner le caractère producteur de l'exergue de Valéry, nous avons montré, de loin en loin, le nombre et la précision des rapports qui l'unissent à l'ensemble du livre. Il ne faut pas omettre celui-ci : tout comme *le Cimetière marin*, *la Bataille de Pharsale* répète, en sa dernière phrase, la phrase inaugurale.

O. sent l'ombre du pigeon passer rapidement sur son visage, comme un frottement rapide. Il reste un moment dans la même position. Après quelques minutes il abaisse la tête. Maintenant seul le coin supérieur gauche de la feuille est dans l'ombre. O. écrit : Jaune et puis noir temps d'un battement de paupières et puis jaune de nouveau (p. 271).

Sans doute, chez Valéry, la redite s'accompagne-t-elle d'une métamorphose : en dépit, avec « picoraient », de la persistance de l'idée initiale, on passe, de « colombes » à « focs », d'une figure à un sens propre. Sous couvert d'une textuelle reprise, le changement qu'opère Simon, est plus vif : c'est une inversion. Puisque un parcours et sa boucle y conduit d'une face à l'opposée, appelons anneau de Moebius l'itinéraire qui mène en un lieu où se conjuguent le répétitif et l'inverse.

Alors que le roman de Robbe-Grillet *Dans le labyrinthe* met en place, dès les premières pages, les éléments dont la combinaison va former la fiction subséquente, *la Bataille de Pharsale* renverse le procédé. C'est maints aspects de la fiction, dans les dernières pages, qui viennent converger en les objets dont est environné, au moment de prendre la plume, « l'écrivain ». La coquille impliquée par la pompe Shell, par exemple, et les « coquilles Saint-Jacques bombées entre les jambes » des armures (p. 176) se joignent dans le cendrier posé sur la table :

> Près du paquet de gauloises se trouve une coquille Saint-Jacques utilisée comme cendrier. La matière calcaire de la coquille est d'un jaune clair, presque blanc et légèrement citronnée là où le soleil la frappe, l'éclairant en transparence. Des traces d'un rose brun apparaissent en quelques endroits. Le bord de la coquille projette sur la table une ombre crénelée (p. 259).

C'est à partir de ces objets, donc, que la fiction se serait construite :

> Touchant presque le bas du dictionnaire et à demi dans son ombre se trouve un paquet de gauloises. Sur son enveloppe bleue est dessiné un casque pourvu d'ailes. Le casque fait penser à des bruits de métal entrechoqué, de batailles, à Vercingétorix, à de longues moustaches pendantes, à Jules César. Les ailes évoquent des images d'oiseaux, de plumes, de flèches empennées (...) Une marge vert amande, faite de minces triangles allongés (la feuille de papier n'est pas exactement dans l'axe de la chemise de carton sur laquelle elle repose) encadre la feuille. Celle-ci est vierge (p. 257-270).

Ainsi assisterions-nous, in extremis, à une tentative de récupération qui masquerait le générateur-texte, la valéryenne « flèche ailée », sous une certaine résurgence du hors-texte, le paquet de gauloises sur la table où, finalement, le papier est « vierge » (p. 270). Mais cette virginité n'est guère admissible. Le paradoxe déclarant vierge et initiale page la dernière et deux cent soixante et onzième entraîne plutôt, par un renversement inévitable, que c'est la vierge et initiale page qui est dernière et deux cent soixante et onzième. En somme, à toute tentative de réduction naturaliste, s'agit-il ici d'opposer, comme l'ont fait Proust et Joyce, la mise en jeu d'une circularité. A sa fin, qui annonce la mise en chantier du livre même, *la Recherche*, répétant avec le dernier mot son premier (Temps/longtemps), impose à ce dernier le statut de suite; la dernière phrase de *Finnegans Wake* suspendue en son début, a pour suite la première phrase dont seule ne fut offerte, au début, que la fin :

> riverrun, past Eve and Adam's from swerve of shore to bend of bay, brings us by a commodius vicus of recirculation back to Howth Castle and Environs. (...) A way a lone a last a loved a long the

Loin de pouvoir former l'origine de la fiction, les éléments épars sur la table et alentour ne seront jamais, à l'extrémité du livre, qu'une conséquence : les ailes du casque gaulois évoquent opportunément les flèches empennées parce que, aussi bien, elles en dérivent. Au terme du texte, ou de toute spire de sa circularité, celui qui prend la plume ne saurait être un écrivain qui s'apprête à représenter ce qu'il voit ou exprimer ce qu'il sent. O dépourvu d'identité par le travail du texte, c'est, pris dans la trame et produit de son produit, un scripteur.

V. *ÉCRITURE/LECTURE*

A. *Index de l'écriture.*

Sitôt bannie la tentative de retour naturaliste, les éléments fondateurs que les ultimes pages disposent autour de l'écriture se lisent aisément : métaphores par lesquelles, en son déroulement, la fiction désigne les générateurs qui la suscitent. Une fois encore les événements fictifs signalent, à revers, les problèmes narratifs qui les forment. En ce sens, sur la couverture, *la Bataille de Pharsale* est une métaphore découvrant le secret titre dont elle est l'anagramme.

Nul doute que ce dispositif ne nous permette de mieux lire. « Les ailes du casque », avons-nous vu, « évoquent des images d'oiseaux, de plumes ». En outre, « la partie » du papier « au soleil est d'un blanc citronné ». Si devant le soleil passe un pigeon, « Jaune et puis noir », c'est sur le papier, avec la vive trajectoire de la plume, la sombre trace de l'encre. A l'alpha et l'oméga du texte, c'est l'écriture qui s'inscrit.

Mieux : l'oiseau est *porte-plume. Dans le style des hirondelles,* Ponge l'écrit lisiblement :

> Chaque hirondelle inlassablement se précipite — infailliblement elle s'exerce — à la signature, selon son espèce, des cieux.
> Plume acérée, trempée dans l'encre bleue-noire, tu t'écris vite!

et Simon page 93 : « un de ces petits oiseaux s'envola me faisant sursauter crrlirlirlirlui *tire-ligne* ». La flèche, donc, empennée, plume et trait, l'est non moins. Innombrables, les ailes, plumes, flèches et tant d'oiseaux partout nous assurent que c'est en tous lieux du texte que s'étend cette désignation, par la fiction, de l'écriture.

B. *Lecture productrice : écriture.*

Si tel mallarméen « miroitement par en-dessous » et la nouvelle circularité qu'il instaure reconduisent sans cesse la lecture vers le texte, ce n'est pourtant pas pour amorcer un ressassement. Après en avoir soigneusement parcouru les signes, c'est entre les lignes, désormais, que la lecture est en mesure de lire. D'une certaine façon, il lui est possible de produire le texte que le texte implique, le filigrane, en tirant les conséquences des rapports que la prose a montés.

a) Premier degré : premier montage. Remarquons, par exemple, que par l'effet d'une systématique redite de leur contiguïté, le texte produit un montage *moissonneuse abandonnée/orties.* Sans doute, quelquefois, s'agit-il seulement d'une végétation incertaine :

> Par moment le vent incline un peu les herbes qui ont poussé entre les roues et chuinte dans les maillons des chaînes, les câbles et les interstices étroits de leurs carcasses (p. 153).
> Tout autour de la plaque maintenant à plat sur la terre il y a une couronne d'herbes froissées et couchées (p. 204).
> En rencontrant le sol l'extrémité libérée a cogné contre le carter. Celui-ci est à demi rempli de terre et de sable apportés par le vent et fixés par les pluies. Le choc a été amorti par les herbes qui ont poussé là (p. 244).

Mais, si son espèce est précisée, c'est d'orties qu'il s'agit :

> De hautes herbes sauvages et des orties montent presque jusqu'au moyeu de la roue de fer rouillée (p. 202).
> La grande roue de fer est un peu enfoncée dans le sol. De hautes herbes (parmi lesquelles des chardons desséchés et jaunis) poussent sous la machine. Certaines (un bouquet d'orties) arrivent presque jusqu'au moyeu de la roue (p. 231).
> L'homme en salopette s'accroupit entre ces orties sous la machine et commence à dévisser quelque chose à l'aide de la clef anglaise (p. 231).

b) Premier degré : second montage. De la même manière est obtenu le bloc *moissonneuse abandonnée/sexualité* :

> pas de moissonneuse dans le raidillon aux aubépines (p. 92).
> Le nom du constructeur (MAC CORMICK) écrit en lettres au pochoir (c'est-à-dire dont les divers éléments, ventres et hampes, sont séparés par des isthmes) encore lisible (p. 151).
> quelque planche-réclame aux couleurs pimpantes ornées de machines et de jolies filles (p. 152).
> les mécaniques démantibulées, comme de vieilles divas, de vieilles cocottes déchues (p. 153).
> Penché sur lui, la tête maintenant tout près de son visage le plus grand lui parle en tordant un peu sa bouche. Dans la main qui continue à aller et venir la bite se met à raidir. Le plus grand rit et accélère les mouvements de sa main. Sous les jantes rouillées des roues de fer et sur quelques parties de la machine que la pluie ne peut atteindre, des croûtes de terre séchée, jaunâtres, adhèrent encore (p. 208).
> le couple marchant lentement et devisant se dirige vers la machine puis, avant de l'avoir atteinte et sans s'arrêter, infléchit sa marche vers le bâtiment. (...) La jeune fille s'écarte alors du

garçon et de l'endroit du mur où est dessiné un ovale entouré de rayons et orné en son centre d'un V renversé aux branches faiblement écartées (p. 236).

c) Première implication : montage au second degré. Par l'effet de leur commun facteur, la confrontation des deux montages en suscite un troisième, au second degré, *orties/sexualité.* Force est alors d'admettre que si le texte prodigue à ce rapport l'indubitable assurance, en toutes lettres, d'une inscription, c'est sa propre lecture qu'il écrit :

> de sorte que la ligne de la palissade ondulait parmi les ronces et les buissons d'orties feuilles en ...
> tous les souvenirs voluptueux qu'il emportait de chez elle ... dents de scie mordant cuisantes brûlures petites cloques roses sur les jambes nues des enfants (p. 175).

Certains esprits seront peut-être enclins à noter que ce passage, précédant nombre des autres, ne saurait en dépendre. Remarquons simplement que ce serait un peu vite omettre que nous décrivons les aptitudes de la relecture et, en outre, que tout début ici a statut d'une suite.

d) Seconde implication : montage au troisième degré. Dès lors, la présence des orties dans les deux scènes où apparaît la fillette Corinne, (cf. IV, B) permet une lecture assez nouvelle. Dans les deux cas, O. se trouve sexuellement impliqué : comme cousin (p. 230), comme père (p. 202). En cette dernière description, même, il n'est guère de mots à récrire pour que d'anodines précisions basculent en une étrange séquence incestueuse.

Telle scène, on le devine, n'accède pas cette fois à l'inscription. Quels sont donc les paragraphes qui la suivent ? D'abord, évidemment, une description de la *moissonneuse-lieuse.* Puis, aussitôt, ceci :

> O. feuillette un livre à la recherche d'une phrase dont il croit se rappeler qu'elle se trouvait dans le haut d'une page, à droite. Il lit quelques lignes. Ce ne sont pas celles qu'il cherche. Il est parfois entraîné par sa lecture plus qu'il n'est nécessaire. Mais il l'interrompt, tourne la page, et lit de nouveau (p. 203).

Nulle halte, donc, en le texte, qui ne soit passagère. Si l'écriture, à tel instant, cesse de lire, n'est-ce point pour qu'à son tour, produisant, la lecture écrive ?

VII

L'ÉNIGME DÉRIVÉE

> D'autres facettes de l'énigme inquiètent
> Ryan. Elles sont de caractère cyclique :
> elles semblent reproduire ou combiner des
> faits de régions lointaines, d'âges lointains.
> Borges

Au début du texte, supposons donc un texte au début duquel quelqu'un monte au milieu des arbres. Son pied glisse sur les aiguilles de pin, sur la terre ocre, la mousse qui s'agglomère en monticules. Il va lentement — muet — sur le sol souple et léger où pas à pas il s'élève. Or, peu à peu, l'ascension devient pénible, précaire, périlleuse et, perdu sur une paroi dont il ne peut redescendre, il s'élève en proie aux problèmes du vertige. Enfin il atteint la crête et comme il s'y remet peu à peu d'un ultime malaise, il constate qu'il monte au milieu des arbres. Son pied glisse sur les aiguilles de pin, sur la terre ocre, la mousse qui s'agglomère en monticules. Lentement — muet — sur le sol souple et léger...

I. PROBLÈMES DE LA SIMILITUDE

A. *La chaîne des textes.*

Tel plagiat miniature résume *Nocturne*, premier texte de la première partie des *Navettes* de Claude Ollier. Inaugurale, de quoi nous prévient cette nouvelle? D'abord de certaines idées semble-t-il déjà lues : toute imitation engendre le circulaire; toute circularité tend vers l'infini. En la perfection du mimétisme, deux lieux sont contraints à coïncidence; les passages de l'un à l'autre se font retours au même; les itinéraires se lovent en boucles; le reflet exact suscite des trajectoires en trèfle. En outre, comme chaque départ suppose une fin semblable et chaque fin un semblable départ, tout événement porteur de similitude forme un maillon annoncé, annonciateur. Mais la leçon est plus précise : dans *Nocturne*, notre imitation en a rendu compte, syntaxe et lexique se trouvent non moins concernés; c'est d'une imitation textuelle qu'il s'agit. Rectifions donc : tout texte empreint de similaire est l'anneau d'une chaîne de textes.

a) *Maillon annoncé :* De quel maillon *Nocturne* prend-il donc la suite? Disons, par exemple, de tout texte qui, fondé sur sa propre imitation, sera imité par ce texte que sa propre imitation fonde. Disons, par exemple, *les Ruines circulaires* de Borges ou, de Flaubert, *Bouvard et Pécuchet*. Non, certes, que ces deux ouvrages soient identiques : ils se plaisent, dans le même système, à multiplier entre eux les oppositions. L'un, par une brièveté qui approche, exalte un similaire évident; l'autre, par une longueur qui écarte, dissimule un similaire subtil : l'inverse. L'un courbe au cyclique fiction mais non narration; l'autre les y soumet toutes deux. L'un insiste agressivement sur l'esprit pur; l'autre, discrètement, sur la matérialité de l'écriture. *Les Ruines circulaires* racontent l'histoire d'un sage qui, ayant réussi à rêver un homme et à l'imposer à la réalité, finit par comprendre qu'il est lui-même un homme rêvé et imposé à la réalité par quelque semblable sage; mais le premier paragraphe narre l'arrivée du sage dans un marais et le dernier seulement l'humiliation et la terreur de sa découverte. Il faut tout un livre, en revanche, à Bouvard et Pécuchet, qui abandonnent au début leur métier de copistes, pour en venir à s'y livrer de nouveau; mais la comparaison des dernières lignes du projet aux si lointaines premières du livre inachevé, permet au renversement de se produire :

> Comme il faisait une chaleur de 33 degrés, le boulevard Bourdon se trouvait absolument désert.
> Plus bas, le canal Saint-Martin, fermé par les deux écluses, étalait en ligne droite son eau couleur d'encre. Il y avait au milieu un bateau plein de bois, et sur la berge deux rangs de barriques (...)
> *Copier comme autrefois*
> Confection du bureau à double pupitre. — (Ils s'adressent pour

cela à un menuisier, Gorju, qui a entendu parler de leur inten-
tion, leur propose de le faire. — (Rappeler le bahut.)
Achat de livres et d'ustensiles, sandaraque, grattoirs, etc.
Ils s'y mettent.

du bois sur l'encre à l'encre sur le bois, selon une sagace copie qui
permet la copie. Au simple cercle des *Ruines circulaires* correspond
et s'oppose, de *Bouvard et Pécuchet*, un anneau de Moebius.

b) Enchaînement : Nul doute que divers lecteurs rétifs ne
souhaitent ici davantage : non les exemples de maillons hypothé-
tiques, mais le clair énoncé du principe de la chaîne des textes.
Poursuivons donc l'enquête : le plus proche pendant de *Nocturne*,
premier texte de la seconde partie de *Navettes*, s'intitule *la Porte
d'or ;* conjecturons que l'ultime pendant sur lequel il ouvre,
premier texte de la troisième partie, recèle, au-delà de cette porte, ce
qui se laissait entrevoir au début. C'est une impeccable prose
analytique. Elle montre comment, dans la célèbre nouvelle *Thème
du traître et du héros*, le *texte* de Borges rapporte la *narration* de
Ryan qui, enquêtant sur la mort de son aïeul héroïque Kilpatrick,
comprend qu'elle n'a été qu'une *mise en scène* déduite, par un
certain James Alexander Nolan, de la tragédie *Jules César* de
Shakespeare. Alors certes, le problème se pose, de l'amont :

> Bien sûr, la succession de ces relais en suggère d'autres, à
> chaque extrémité de la chaîne; soit la question, par exemple : de
> quel dramaturge s'inspiraient Brutus et ses complices?

et de l'aval. Une fiction nouvelle entre donc en jeu, un film, en
lequel se reconnaît l'étrange *Paris nous appartient*. Le film de
Rivette nous convie à l'enquête d'Anne sur les démarches d'un
groupe de jeunes gens. Tout le monde autour d'elle parle à mots
couverts d'une conspiration dont la prochaine victime serait le
chef d'une troupe théâtrale qui s'obstine à jouer Périclès, de
Shakespeare. Entre les événements et ce drame, elle croit trouver
des « scènes curieusement similaires » :

> Peut-être se rend-elle compte aussi qu'elle fait la part trop
> belle à la fiction. Ses lectures, en effet, sont nombreuses et de
> grande qualité. Parmi ses ouvrages préférés, *Enquêtes*, de Jorge
> Luis Borges voisine avec Shakespeare sur sa table de chevet.

On l'a deviné : par toutes sortes d'imitations minuscules, l'analyse d'Ollier forme elle-même un nouveau maillon à la suite du *Thème du traître et du héros*. *Thème du texte et du complot*, son titre, le confirme amplement.

c) *Maillon annonciateur* : Successeur, l'initial *Nocturne* a-t-il un successeur ? Qu'il nous suffise, par un élémentaire effet de symétrie, de nous porter à la fin des *Navettes*. Une nouvelle de science-fiction (ou plutôt, nous le verrons, d'anticipation) s'y déploie avec, pour titre, le répétitif irrécusable d'une citation : *Nocturne entre guillemets*. C'est donc au niveau du recueil lui-même que tend non moins à se boucler l'itinéraire.

B. *L'étoile des similitudes.*

Ce qui frappe, dans les liens qui viennent de se lire, c'est, curieusement, la diversité des similitudes et comme, dans cet ordre, la menace d'un désordre nouveau. Or, à hauteur d'écriture et de lecture, l'usage conséquent du similaire exige, au-delà de toute intuitive trouvaille, les sévères explorations du systématique. Alors, d'emblée, se pose le problème du corpus.

a) *Œuvre et hors-d'œuvres :* N'y a-t-il pas quelque impertinence à enchaîner sans discrimination aucune les textes du même auteur et les textes d'auteurs différents ? Nul doute que cette question n'appartienne à la rétrograde doctrine de l'Expression, et à ses célèbres sous-produits, l'Œuvre et l'Auteur. Pour ce dogme, on le sait, il y a l'Œuvre et les Hors-d'œuvre. L'œuvre est tout ce que rassemble un dénominateur commun qui s'y exprime, l'auteur. Choisir le corpus d'une œuvre exclusive, c'est risquer de se prendre au piège de l'expressif. Puisqu'ils font partie d'un même travail, certes y a-t-il de sérieuses chances pour que les textes d'une même œuvre soient davantage liés entre eux qu'avec un quelconque texte extérieur. Mais l'érection de cette probabilité en loi permanente, sensible en ce que le plus souvent le problème ne semble même pas se poser, trahit un irrécusable glissement idéologique. Que s'abolisse la clôture surestimée isolant la propriété de l'auteur et sitôt faut-il admettre que la liaison des proses d'une même plume n'exclut nullement leur rapport avec celles de quelque autre. Mieux : si la cohérence d'un ensemble de textes vient de la complexité des relations qui les unissent, nul texte n'est assuré d'appartenir définitivement à une œuvre. A tout moment, il peut être l'objet d'une capture. Il suffit qu'un autre ensemble textuel se mette à entretenir avec lui un jeu plus complexe de liens. C'est ce qui est proche d'advenir, semble-t-il, au fragment de *l'Ane d'or* inclus dans *la Bataille de Pharsale* de Claude Simon. Ce qui entraîne, naturellement, qu'un ensemble puisse intégrer un texte postérieur. Ainsi, sous la littéralité du texte, se devine, potentielle, une incessante permutation d'auteurs. On l'a compris : cette subversion de la propriété de l'œuvre est l'inverse de celle que prône le borgesien *Tlon Uqbar Orbis Tertius* :

> Dans les habitudes littéraires, l'idée d'un sujet unique est également toute puissante. Il est rare que les livres soient signés. L'idée de plagiat n'existe pas : on a établi que toutes les œuvres sont l'œuvre d'un seul auteur, qui est intemporel et anonyme. La critique invente habituellement des auteurs; elle choisit deux œuvres dissemblables — disons le Tao Te King et les 1 001 Nuits — les attribue à un même écrivain, puis détermine en toute probité la psychologie de cet intéressant homme de lettres.

Là, à partir d'œuvres dissemblables, il s'agit de déterminer la psychologie d'un unique auteur mythique; ici, à partir de textes reliés, il s'agit de définir le précis travail d'un provisoire auteur réel. Soulignons enfin l'apparent paradoxe que met en jeu *Navettes* (comme, d'une autre manière, *Nombres*, de Sollers) : tout texte qui signale clairement ses rapports à d'autres textes tend à se constituer lui-même en établissant entre ses parties les rapports les plus étroits. C'est qu'il s'agit en l'occurrence, et à tous les niveaux, d'une même pratique du texte comme rapports inter-textuels. Ce n'est pas dire cependant, de ces relations, qu'elles jouent partout le même rôle. Si des similitudes se multiplient entre deux livres, l'un devient le miroir de l'autre; si elles s'accomplissent d'un point du livre à l'autre, il y a miroitement interne et phénomène nouveau : le dédoublement. Seule une stratégie textuelle est capable de marquer de pertinentes distinctions.

b) Les rayons de l'étoile : Toute similitude est faite de deux grandeurs : d'une part ce qui est commun (dynamiquement : la

constante); d'autre part ce qui est différent (la variable). Si nous
divisons le texte en ses niveaux narratif et fictif, puis l'un en une
syntaxe et un lexique, et l'autre en un dispositif et des éléments,
si nous appliquons à l'ensemble la remarque précédente, alors
se distinguent, à partir d'un texte quelconque, six possibilités
simples (Tableau 1 : 1, 3, 7, 9, 11, 15). Toute double case frappée
négativement (ne contenant que des variables) est en effet par
définition exclue. Outre ces cas très simples, certes se multiplient
toutes façons de possibilités intermédiaires. Chaque facteur du
duo narratif ou fictif n'est nullement astreint, en effet, au binarisme
du tout ou rien. Pour chacun, entre le même ($+$) et l'autre ($-$),
se déploient les innombrables éventualités du similaire ($\neq\neq$).
Entre deux textes, la syntaxe ou le lexique, ou le dispositif, ou
les éléments peuvent fort bien se scinder à leur tour, respectivement, en une part commune et une part variable, et permettre
un rapport de similitude. Pour s'en tenir au lexique, notons que la
plupart des mots disposent de deux catégories de semblables.
Au plan du signifié, les synonymes plus ou moins proches ; au
plan du signifiant, les homonymes, palindromes, anagrammes,
métagrammes, rimes, etc. Pour tout texte, il y a donc au moins
deux groupes de huit opérations capables de le lier par similitude
à un autre. Dans le domaine de la narration : 1) Correspondance
isosyntaxique isolexicale : il s'agit évidemment de la citation.
Elle peut être externe : « La voie vraiment voie est autre qu'une
voie constante », de *Nombres*, cite le *Tao Te King* dans la traduction
de Duyvendak ; ou interne : « Jaune et puis noir le temps d'un
battement de paupières et puis jaune de nouveau », à la fin de
la Bataille de Pharsale, cite notamment la première phrase du
livre ; toute citation interne peut se nommer refrain. 2) Correspondance isosyntaxique homolexicale ou quasi-citation. Interne,
elle fonde les textes-genèses de Roussel : « Les taches de la laine
sur le gros mouton à cinq pattes » et « Les taches de la laine sur le
gros bouton à cinq pattes ». 3) Correspondance isosyntaxique
hétérolexicale. Elle peut être externe, comme dans le sixième
roman d'Ollier, *Enigma* : « C'était à Iota, Grand Plan du Dièdre,
dans l'atelier d'El Mokhtar » fait écho au célèbre « C'était à Mégara,
faubourg de Carthage, dans les jardins d'Hamilcar » de *Salammbô* ;
ou interne, comme dans *la Prise de Constantinople*, après que la

citation se soit muée en quasi-citation : « Bientôt, cercle au dessin parfait, la lune se détache, s'élève dans la transparence, au-dessus d'une sombre architecture » et « Bientôt, cercle au dessin parfait,

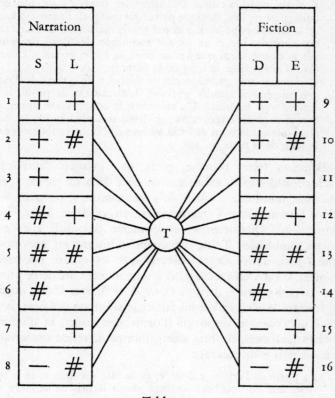

Tableau 1

l'astre s'élève dans la transparence, au-delà des sourcils ». 4) Correspondance homosyntaxique isolexicale. 5) Correspondance homosyntaxique homolexicale. 6) Homosyntaxique hétérolexicale. 7) Hétérosyntaxique isolexicale. 8) Hétérosyntaxique homolexicale.

Dans le domaine de la fiction : 9) Reprise, si demeurent seulement le dispositif et les éléments majeurs de la fiction. C'est une reprise interne qui se produit entre les deux extraits suivants du *Voyeur* :

> Il avait reproduit non seulement les contours de son corps, l'aile grise repliée, l'unique patte (qui masquait l'autre également) et la tête blanche avec son œil rond, mais aussi la commissure sinueuse du bec et sa pointe recourbée, le détail des plumes sur la queue, ainsi que sur le bord de l'aile, et jusqu'à l'imbrication des écailles le long de la patte (p. 19).
> Il dessine une grosse mouette blanche et grise, de l'espèce communément appelée goéland. L'oiseau est de profil, la tête dirigée vers la droite. On reconnaît la commissure sinueuse du bec et sa pointe recourbée, le détail des plumes sur la queue, ainsi que sur le bord de l'aile, et jusqu'à l'imbrication des écailles le long de la patte (p. 22).

Les éléments (tête, blanche, patte qui masque l'autre/profil, reproduction/dessin) y subsistent en effet dans un même agencement. Puis, notons-le, à partir de « commissure », on passe à une citation interne dont « reconnaît », en quelque sorte, forme l'annonce. 10) Quasi-reprise, si le même dispositif agence des éléments semblables. Toute quasi-reprise interne est une mise en abyme (ainsi, à des degrés divers, que les quatre occurrences suivantes). C'est à un raccourci et à un commentaire de ce procédé que se livre Roderick, dans *la Chute de la Maison Usher*, quand il perçoit entre le récit qu'on lui fait et la scène où il figure, la présence d'un commun dispositif (l'ordre des bruits) et d'éléments similaires (enfoncement/bris, râle/grincement, retentissement/lutte contre les parois de cuivre) :

> La porte de l'ermite enfoncée, et le râle du dragon et le retentissement du bouclier ! — dites plutôt le bris de sa bière, et le grincement des gonds de fer dans sa prison, et son affreuse lutte dans le vestibule de cuivre !

11) Modelage, quand un même dispositif groupe des éléments différents. Ainsi, dans *Été indien*, les passages :

> Sur le trottoir d'en face, un cinéma en forme de mosquée affiche deux westerns, « L'homme sans étoile » et « L'homme sans passé », et tout un programme de music-hall. (...) Le ticket d'entrée donne droit à trois spectacles (p. 85).

Deux hommes par leur ardeur conjuguée font avancer la frêle embarcation, vêtus de shorts et de maillots de corps blancs marqués du sigle d'une société sportive ou d'un club d'étudiants : A.A.A. (p. 104).

obéissent au même dispositif 2+1 / 3. 12) Quasi-modelage à éléments identiques. 13) Quasi-modelage à éléments semblables. 14) Quasi-modelage à éléments différents. 15) Combinaison d'éléments identiques. *Le Voyeur*, par exemple, peut s'entendre comme une suite de combinaisons d'éléments identiques, ceux de la scène gommée du viol : bonbons, cigarettes, cordelette, fillette, mouette, etc. 16) Combinaison d'éléments semblables. *La Bataille de Pharsale* combine plutôt des éléments similaires à ceux qui se rassemblent finalement sur la table où s'élabore le livre : photographie, coquille Saint-Jacques, soleil, casque et plumes du paquet de gauloises, etc.

Telle esquisse typologique, on le devine, prétend moins à l'exhaustivité qu'à l'organisation d'une certaine recherche : toutes manières de subdivisions se profilent derrière plusieurs de ces catégories. Ce qui lui importe, surtout, c'est de mettre l'accent, non sans précision, sur la complexité des rapports que tout fragment de texte, loin d'être clos, tend à entretenir avec d'autres. C'est donc une invitation à certaine lecture attentive.

II. *ROMANS DU CERCLE*

A. *Le cycle : emblèmes et problèmes.*

Comme le bref *Nocturne* ou le recueil *Navettes*, comme *les Ruines circulaires* ou *Bouvard et Pécuchet*, le premier roman d'Ollier, *la Mise en scène*, est une mise en cercle. Mais, comme dans l'ensemble *Iliade-Odyssée* ou *le Tour du monde en 80 jours*, cette boucle est spatiale. Parti d'Assameur, l'ingénieur Lassalle doit se rendre à Imlil, dans le sud, afin d'étudier un tracé de route pour l'exploration d'une mine de haute altitude. Comme il a choix entre deux itinéraires, il emprunte celui de droite à l'aller et au retour l'autre. Ainsi se retrouvera-t-il finalement à Assameur dans la chambre d'hôte qu'il occupait avant son départ. Rien de fortuit, dans cette *tournée ;* elle est prévue d'avance, sur la carte :

> La règle, partie d'Assameur, a décrit un vaste demi-cercle vers l'ouest et gagné Imlil par l'itinéraire d'Ouzli. Repartant vers l'est en demi-cercle grossièrement symétrique, elle rejoint Assameur par l'itinéraire d'Iknioul (p. 21).

et d'innombrables indices nous assurent de son importance. Tout se passe en effet comme si le texte se plaisait à multiplier les emblèmes du circulaire.

a) Emblèmes du cycle : Le quatrième chapitre de la première partie commence par une phrase curieuse, « Comme il fait une chaleur de quarante-cinq degrés, la grande rue d'Assameur se trouve absolument déserte », en laquelle il est aisé de reconnaître une quasi-citation (correspondance isosyntaxique homolexicale) du célèbre « Comme il faisait une chaleur de 33 degrés, le boulevard Bourdon se trouvait absolument désert », de *Bouvard et Pécuchet.* Inscrite au début du voyage, cette claire allusion dispose le cyclique roman de Flaubert ainsi qu'un immense exergue. En outre, par la vertu d'une polysémie élémentaire, ce n'est pas seulement comme « planchette allongée » mais aussi comme « ligne directrice » que la *règle,* page 21, produit un cercle.

Mieux : un surcroît d'attention révèle bientôt l'irrécusable surabondance, en mainte page, de l'idée de cercle ou de rotation. En ce recensement, tout exemple doit se faire litanie :

> Le bureau du capitaine *tourne* le dos à la montagne/Une colonne de sable rouge lancée à vive allure, verticale sur son socle *tourbillonnant* (p. 17) le fauteuil *tournant*/Il commence par appliquer deux doigts à chaque extrémité de la règle, puis la fait *pivoter*/tête déviée d'un quart de *tour*/l'angle de *torsion* du cou (p. 18) J'étais en *tournée*/la nuque surtout, *tournée* vers le terre-plein/le *manège* des doigts (p. 19) la conversation *roule* d'abord/ papiers froissés *roulés* en boule (p. 20) se *tourne* vers la carte/ *contourne* une chaîne de montagne/un *demi-cercle* grossièrement symétrique/puis fait *demi-tour* (p. 21) deux arcs-de-*cercles* symétriques/Le *contour* du rivage/un massif *cerné* de touffes de buis (p. 23) d'abord *roulés* dans les flaques/puis il *tourne* les talons (p. 25) un *tourbillon* de turban/il ne manquera pas de faire *demi-tour*/Sa *circonférence* délimitée/les ânes pris au centre du tumulte *tournent* sur eux-mêmes (p. 26) au *volant* de sa voiture/entre deux *virages*/la route s'est mise à *tourner*/l'homme a *tourné* la tête (p. 27)

autour de la taille (p. 28) les longs cils *courbes*/les pointes des
nattes se sont presque *rejointes* au-dessous du *collier*/s'installe
au *volant*/deux d'entre eux *tournent* le dos à la route (p. 29) une
vaste *enceinte*/une allée *circulaire* (p. 30) depuis le *pourtour*/il n'y a
pas de quoi se *retourner*/le rappel des multiples' *virevoltes* (p. 31)
(Partie I, chapitres II et III).

Certes ces « multiples virevoltes » dont nous venons de battre le
rappel ne sont que la plus visible part d'un noyautage systématique.
Il faudrait aussi observer l'homonymie qui permet de passer
d'un tour à une tour, d'un circuit à un édifice. Alors s'éclairent
d'autres précisions apparemment oiseuses :

> Deux vues cavalières d'une cité mauresque avec ses remparts
> et ses *minarets* (p. 17) un long mur enduit de crépi rouge, le
> rebord crénelé chaulé de frais, flanqué d'une *tour* à chaque
> extrémité (p. 21) Derrière le rempart se dresse une sorte de
> potence au sommet d'un *minaret* (p. 26) Tous les cent mètres
> environ une *tour* se dresse plus ou moins délabrée (p. 31).

Ainsi toute une série de détails dont le rôle semble être d'abord
de produire, selon le mot de Barthes, un effet de réalité, se trouvent
saisis par une trame moins accidentelle. Davantage : à diverses
reprises, s'est montrée une route qui tourne. Nul doute que cette
proximité spatiale ne soit le signe d'une autre, toute de similitude :
ne suffit-il pas de retourner *tour* pour obtenir *rout*(e) ? Sur telle
voie, il importe de ne pas omettre l'anagramme *trou ;* l'on n'est
plus guère surpris, dès lors, quand le drame est mis en place, que
des trous, vestiges d'un campement, forment un indice décisif.
   Qu'il faille accorder intérêt à l'itinéraire, au tour, à la route et
aux trous, le travail de Lassalle nous l'enseigne. Ne s'agit-il pas
de l'étude d'un tracé de route ? Ce tracé, pour aller à la mine, ne
fera-t-il pas un détour ? Et ce détour ne sera-t-il pas marqué par
des piquets trouant la terre ?
   b) Problèmes de symétrie : Le début et la fin de la tournée sont en
état de superposition ; placés au début et à la fin du livre, ils sont,
par rapport au volume, en état de symétrie. Toute chance pour
qu'Assameur soit donc un cas très particulier, celui de la superposition symétrique, et qu'il figure sur un axe de symétrie. Cet axe,
il est facile de le découvrir à hauteur de fiction comme de narration.
   Il y a six lieux d'arrêts : deux points de séjour (Assameur, Imlil)

et deux haltes sur chaque itinéraire (Tafrent / Tisselli et Timirit / Iknioul). Chaque étape durant une journée, il faut trois jours pour aller à Imlil, trois jours pour en revenir. A chacune des deux haltes proches d'Imlil, Lassalle est invité à un grand repas chez un cheikh ; les noms des deux haltes ont la même longueur (trois syllabes) et commencent par le même son (Ti) ; les portes des deux cheikhs sont marquées du même emblème (la main de Fatima) ; leurs deux noms ont la même initiale : Agouram à Tisselli, Si Abdesselam à Timirit. Un axe de symétrie Assameur - Imlil traverse donc tout l'espace et, ce qui n'est pas indifférent, le divise en une droite et une gauche (Tableau 2).

Il y a trois parties. Correspondant au premier séjour à Assameur et à l'aller, la première est faite de sept chapitres. Correspondant au retour et au second séjour à Assameur, la troisième est faite de sept chapitres. Centrée sur le séjour à Imlil, la seconde en contient, le produit de trois par sept, vingt et un. Non moins qu'Assameur, Imlil est donc un lieu privilégié. Pour des motifs anecdotiques : c'est là que Lassalle reste le plus longtemps, c'est là qu'il doit accomplir son travail. Mais surtout, foncièrement, pour des raisons de structure dont les précédentes ne sont guère qu'une conséquence. Située sur l'axe de symétrie, Imlil sera le second lieu des superpositions.

Telle structurelle prédestination d'Imlil est signalée, en mainte page, par divers emblèmes formant un sous-ensemble du circulaire. Par la droite ou la gauche, c'est toujours Imlil qu'on atteint. Les deux parcours composent ainsi le système d'un mouvement de saisie dont Imlil serait l'enjeu. C'est cet agencement même que désignent, par exemple, multiples, la vue surplombante du scorpion dont les pinces enserrent au sommet l'extrémité du dard (p. 15), la marine dans la chambre d'hôte où deux promontoires « s'avancent vers le large en deux arcs-de-cercles symétriques » dans la direction d'un îlot (p. 23), la photographie du souk que Lassalle aurait aimé prendre avec « les murailles rouges [qui] s'incurvent au nord et au sud, enserrant la médina, puis disparaissent derrière, échelonnées depuis le pourtour jusqu'au centre surélevé de la ville, que domine une grande casbah aux murs aveugles » (p. 31), le pont naturel d'Imi n'Ouchène vu de la gorge qu'il enjambe (p. 147), la forme ogivale de la pierre gravée du

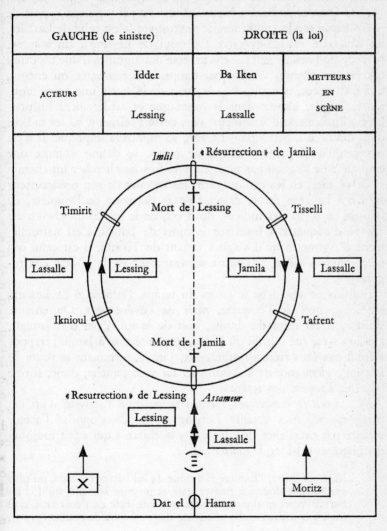

GAUCHE (le sinistre)		DROITE (la loi)	
ACTEURS	Idder	Ba Iken	METTEURS EN SCÈNE
	Lessing	Lassalle	

Tableau 2

tizi n'Oualoun (p. 153), le ravin dont « le passage s'annonce très étroit, à moins que les murailles ne se rejoignent » (p. 190) etc.

c) *Orientation du cercle* : Nous l'avons vu : il y a deux façons de parcourir le cercle : un itinéraire dextrogyre (c'est celui de Lasalle), un itinéraire sinistrogyre (ce fut celui de Lessing). En somme, la route de Lassalle suit le sens inverse des aiguilles d'une montre : elle est un chemin à rebrousse-temps, une remontée ou encore, très clairement, une enquête. A partir de la vue d'une jeune mourante, Jamila, blessée dans la montagne et tardivement hospitalisée à l'infirmerie d'Assameur, sans cesse s'offrent à lui les indices d'un drame où, peu à peu, Lessing se montrera impliqué. Il n'est pas jusqu'à sa profession qui ne puisse se définir comme une enquête : ne s'agit-il pas pour lui à la fois de chercher un chemin et de vérifier, en les prolongeant, les travaux de son prédécesseur Moritz ? La voie droite donc, c'est le domaine de l'enquête, de la mise en scène des indices, du droit, de la loi. Si un cheikh est chargé d'enquêter à Imlil sur la mort de Jamila, c'est naturellement d'Agouram qu'il s'agit : venant de Tisselli, il est celui qui peut, en son office, parcourir un fragment de la boucle dextrogyre.

Suivant en revanche le cours du temps, l'itinéraire de Lessing est celui, non de l'enquête, mais de l'événement. Ou encore, sinistre, il est celui du drame, non de la loi. Parti d'Assameur, Lessing a été tué à Imlil où il s'est trop intéressé à Jamila; frappée à Imlil par un « frère » ombrageux, Jamila, terminant la route de Lessing, vient mourir à Assameur. La voie gauche, donc, forme la scène, l'espace des acteurs.

d) *Adversités symétriques* : Ainsi se marque l'activité d'un net antagonisme. Aux acteurs Lessing et Jamila s'oppose l'acteur sinistre par excellence, le « frère », « le chitan » qui « fait toujours des histoires », Idder, le *gaucher armé* :

> Râblé et trapu, l'homme fait mine de lui barrer la route, ou plus exactement donne à penser, par sa posture actuelle, qu'il la lui barrait voici quelques instants et vient juste de s'écarter. (...) Il tient à la main gauche une sorte de pioche ou de maillet (p. 87).

Inversement, au témoin Lassalle, metteur en scène d'un drame qu'il entrevoit par bribes, s'oppose l'aimable Ba-Iken au « nez

droit », cousin d'Idder, se chargeant, par une incessante contre-
mise en scène, de dissoudre le drame entrevu. Remontant lui-
même d'Assameur où il avait sans doute conduit sa nièce Jamila,
Ba-Iken rejoint Lassalle avant Imlil et, aussitôt le *dépasse* de quelques mètres pour parler au guide. Depuis cette opportune rencontre, Ba-Iken ne cessera de se montrer en tout sens *prévenant*. Il
offre son aide au voyageur :

> Et à Imlil, si tu as besoin de quelque chose, tu viens me trouver :
> tout le monde connaît le sergent Ba-Iken, à Imlil (p. 47).

mais surtout il devance son enquête, évitant par toutes manières
d'erreurs ou d'imprécisions qu'une hypothèse se précise. La mise
en scène de Lassalle opère une réunion d'éléments épars; celle
de Ba-Iken pratique une dispersion d'éléments voisins. Pour que
la mort de Lessing et celle de Jamila ne puissent faire partie d'une
même pièce, l'avenant Ba-Iken les sépare dans l'espace et le temps.
Jamila ne doit pas être descendue d'Imlil :

> — Oui, je l'ai vue à l'infirmerie. Les gens venaient des Aït
> Andiss. C'est pour ça... Je pensais que tu étais au courant, que
> tu les connaissais peut-être...
> — Ils venaient des Aït Andiss, tu es sûr ?
> — Oui, l'infirmier l'a dit devant moi au capitaine. C'est bien
> la tribu des Imlil, les Aït Andiss ?
> — Les Aït Andiss, c'est toute la tribu autour du djebel Angoun :
> il y a trois fractions : les Aït Baha au sud, les Aït Ouguenoun à
> l'est et les Aït Imlil au nord.
> — Ils venaient peut-être d'Imlil, alors ?
> — Si c'est des gens d'Imlil, monsieur Lassalle, quelqu'un me
> prévient tout de suite à Assameur. Tout le monde m'a vu
> là-bas, hier.
> — Alors ils sont des autres fractions dont tu parlais les Aït
> Ouguenoun... ou les Aït Baha...
> — Peut-être. Mais, tu sais, l'infirmier peut se tromper, il peut
> confondre avec une autre tribu... (p. 54).

Lessing (dont le corps a d'ailleurs été transporté, au sud, de
l'autre côté de la montagne) ne doit pas être venu à Imlil récemment :

> Ba-Iken secoue la tête.
> — Non, il n'a pas pu le voir. L'autre est venu par Iknioul et

173

après il a continué vers le sud. Il n'est pas descendu sur Assa-
meur.
— Qu'est-ce qu'il faisait exactement?
— Je ne sais pas très bien. Je crois qu'il cherchait des pierres,
des cailloux...
— Et il est resté longtemps à Imlil?
— Oh... cinq ou six jours peut-être. Tu sais, il était à Zegda...
Je ne l'ai vu qu'une fois.
Ba-Iken rompt les galettes d'orge et en distribue les parts. Le
cheikh le regarde faire, silencieux :
— C'est au mois de mai qu'il est venu tu m'as dit?
— Attends... Il y a trois mois, au moins... Oui c'est bien ça,
au mois de mai (p. 165).

Toutes les manœuvres de Ba-Iken consistent en somme à déjouer
la symétrie qui fait correspondre, en un cercle unique, le demi-
cercle ascendant de Lessing et celui, descendant, de Jamila. Et
cela, même, à la lettre. Ne suppose-t-il point, pour la descente
de la jeune blessée, une troisième voie?

> Il y a aussi un autre chemin pour aller à Tafrent (...). On passe
> par la montagne. C'est plus court. On arrive à Tafrent direc-
> tement. Les Aït Baha passent souvent par là (p. 56).

B. *L'objet asymétrique.*

L'on n'est donc guère surpris qu'aux emblèmes du circulaire
réponde, offert de loin en loin à la curiosité, un étrange objet
asymétrique :

> Cet ustensile en terre cuite rebelle à toute symétrie (p. 243)
> l'instrument frappe avant tout par une complète et permanente
> asymétrie (p. 245).

Opposé à tout ce qui lie des points en la continuité d'une trajectoire, l'ustensile en terre se révèle peu à peu comme la marque
d'un ensemble éclaté, le signe ambigu d'Imlil et de son correspondant symétrique, Assameur. C'est Imlil, en effet, qui subit
l'effort anti-symétrique écartant Lessing dans le temps et Jamila
dans l'espace. Or c'est à Imlil qu'il est manié par Idder :

> Idder, immobile, regarde toujours au fond du torrent. L'objet
> est en terre cuite rougeâtre, mais ce n'est évidemment pas une
> massue : la boule hors de proportion avec le manche, est percée
> d'une multitude de petits trous ronds (p. 138).

C'est à Imlil que Ba-Iken en précise le rôle. C'est à Assameur, non moins, au retour, que l'activité anti-symétrique sépare les deux affaires. Or c'est à Assameur, non moins, que l'objet apparaît : deux fois au début (dans le bureau du capitaine et dans un étal du souk) et deux fois à la fin (dans un étal du souk, et, après acquisition, dans la chambre de Lassalle). Avec tel achat, in extremis, c'est comme *souvenir* que se propose cet objet fait de la terre du territoire, ou, si l'on préfère, comme compendium. A la manière des cartes postales qui multiplient, sur un même rectangle, les vues d'une même région, cet objet disposé en les deux lieux de la superposition, compose un résumé de toute l'aventure.

a) Le trait d'union : Il est à la fois trop insistant et trop énigmatique pour qu'une quelconque révélation de son rôle pratique puisse en épuiser l'intérêt. Dans la longue description finale, une précise continuité est soulignée, au niveau de l'objet fictif comme à celui de la syntaxe (c'est une même phrase qui les accorde), entre un orifice et un manche, entre un sexe féminin et un sexe mâle :

> Un orifice ovale gros comme le pouce troue la calotte à égale distance de la base et de l'attache du manche, un peu à droite de ce dernier (p. 244) l'instrument frappe par une complète et permanente asymétrie, principalement due, semble-t-il, à la contiguïté du manche et du goulot de l'orifice, et cela indépendamment du fait qu'aucun des deux éléments n'est perpendiculaire à la sphère. Le manche en effet, incliné à trente degrés, touche la calotte légèrement plus haut que le rebord supérieur de l'orifice, tandis que la lèvre distendue du goulot, un peu plus à droite, s'avance de biais sous le trou noir semblable à un œil vide (p. 245).

Syncrétique, l'objet doit se lire comme tel : un rapprochement illicite. *Rapprochement :* c'est la symétrie inverse de l'accouplement. Par cet acte s'accomplit la liaison, en un cercle unique, des trajectoires de Lessing et de Jamila. Il est un trait d'union. *Illicite :* mais ce coït est interdit, frappé d'anti-symétrie. En l'objet étrange, la fusion des sexes se lit comme une monstruosité irréductible : une androgynie.

b) L'assommoir : Dans la citation précédente, on vient de le lire : « l'instrument frappe ». Ainsi, même à la fin, une fois connue sa destination exacte, l'objet reste-t-il inscrit dans la série où le texte l'a systématiquement inclus. L'on assiste en effet, dans *la Mise en scène*, aux fréquentes résurgences de l'idée de massue. C'est par exemple, au début, sur telle place d'Assameur (qu'il faut entendre aussi : Assommeur) :

> Les mains refermées sur un gourdin, derrière le dos, il s'avance à portée du premier chien, brandit l'arme, se cambre et de tout son élan frappe la bête au crâne. Un cri s'élève qui pourrait être un cri perçant. Mais le son s'étrangle : le chien gémit, couché sur le flanc dans la flaque où il pataugeait. Ses pattes s'agitent, son ventre s'enfle par soubresauts. L'homme relève les bras : le gourdin s'abat et frappe une seconde fois (p. 25).

Puis, à hauteur de Tizi n'Oualoun :

> A l'approche du col, un homme armé d'un long gourdin dévale la pente avec une prodigieuse agilité. Il passe, l'air absent, comme s'il n'avait rien vu (p. 63).

A Imlil, c'est une brève scène entre Idder et Yamina :

> Elle pose sa cruche contre le mur, tout près de la porte, mais au moment où elle se relève, un individu surgit, l'empoigne par le bras, la frappe à deux reprises et, la poussant brutalement devant lui, la fait rentrer de force dans la maison (p. 83).

Puis, en bordure de son champ, l'apparition du même Idder, dont la main gauche est armée (p. 87); près du grenier, Idder, page 112, encore « brandissant une houe dans la main droite »; près d'Imi n'Oucchène, page 138, Idder toujours, tenant « à la main droite un outil à manche court » (nous reviendrons sur ces contradictoires mains droites), tandis que le jeune Ichou, par une mimique explicite, signale l'usage qu'Idder risque d'en faire :

> Ichou brandit une massue fictive au-dessus de sa tête et la laisse retomber avec force sur le crâne de son compagnon (p. 139).

Or, dès sa première apparition dans le bureau du capitaine, c'est à une massue que l'objet en terre est comparé. Bientôt cette aptitude reçoit l'excès affirmatif d'une dénégation :

> Un ustensile en terre rouge qui, de l'autre bout de la pièce, peut être pris pour une massue ou un brûle-parfum (p. 17). Ce n'est certainement pas une arme : la sphère, percée de multiples trous ronds, paraît creuse (p. 20).

Et cette dénégation maladroite, à mieux lire, tente de dissoudre l'indice très net que certaines précédentes lignes inscrivent, au début du paragraphe : « Le capitaine (...) frappe de petits coups sur la table. » Si bien qu'à l'occurrence suivante l'association se refait entre l'instrument et la massue : « Lassalle croit reconnaître cette sorte de massue qui ornait la cheminée dans le bureau du capitaine » (p. 30).

c) *La poterie :* Ainsi l'instrument est-il l'emblème de la violence faite à Lessing (dont la nuque, au cours de son accident présumé, aurait été brisée par une pierre) et à Jamila. Mais la boule de cet objet, lit-on page 138, « se balance au bout du manche » et « le balancement s'accentue ». Suivons donc ce déplacement à inversion : accusant Idder, l'ustensile de terre, en son ambiguïté, n'est-il point apte aussi à établir son innocence ? Au mouvement qui suppose une massue en une poterie innocente correspond celui qui réduit à une poterie innocente ce qu'on avait supposé massue. Ce travail, qui s'accomplit en trois scènes, produit également le rassurant transfert chez Idder, de la main gauche, sinistre, à la droite. C'est d'abord, on l'a vu, la séquence de la page 87, où Idder, au bord de son champ, menace Ichou et tient dans la main gauche une arme très plausible, « une sorte de pioche ou de maillet ». La seconde scène est plus complexe :

> (Idder) brandit une houe dans sa main droite et en frappe le sol à chaque fin de phrase (...) Ba-Iken, remettant à plus tard l'ouverture de la porte, s'efforce de calmer l'énergumène (...) l'énorme clef accompagne tous ses gestes, passe d'une main dans l'autre, lisse les plis de la djellaba, bat la mesure, donne de petits coups secs sur l'épaule du récalcitrant qui, à ces moments-là, ferme les yeux, fait la moue et enfouit ses favoris dans le col ourlé de sa chemise, comme pour laisser entendre qu'il n'est pas insensible à toute persuasion (...) puis il passe sa main gauche, à plusieurs reprises, sur sa gorge — mimique dont l'interprétation est immédiate : « Coupe-moi la tête si tu veux, mais je n'en démordrai pas » (p. 112-114).

Pour corriger l'inquiétant premier épisode, Ba-Iken, le metteur en scène, rappelle le jeu à son acteur : il fait passer la clef d'une main dans l'autre. Si l'arme demeure admissible, c'est la main droite d'Idder qui la manie, Idder qui semble en outre admettre, en dépit de son agitation, la possibilité d'une solution négociée.

Certes la main gauche, ultime maladresse, ne peut s'empêcher d'indiquer la violence. Mais il faut lire aussi, produit naturellement par la main droite, un geste d'une subtilité parfaite. Quand le sol est frappé par la houe, c'est une manière de métonymie qui se joue entre massue et terre par laquelle se prépare, selon la formule « qui s'assemble se ressemble », la métaphore de la massue en terre. Alors peut survenir la troisième séquence :

> Idder, marchant à bonne allure au sommet de la bosse, pénètre dans la zone d'ombre (...) Il tient à la main droite un outil à manche court — peut-être la pioche qu'il a coutume d'emporter avec lui. Il traverse le pont du même pas rapide. Le voici de nouveau au soleil (...) Ce n'est pas une pioche qu'il tient à la main mais une sorte de massue. Lassalle (...) braque les jumelles en direction du pont (...) L'objet est en terre cuite rougeâtre, mais ce n'est évidemment pas une massue : la boule, hors de proportion avec le manche, est percée d'une multitude de petits trous ronds : elle se balance au bout du manche... Le balancement s'accentue : l'objet sort du champ (p. 138).

Tenue par la main droite, la massue devient ce qu'elle est : un simple objet en terre cuite. A l'extrémité du mouvement de balancier, l'objet angoissant peut sortir du champ de l'inquiétude. La tentative d'Ichou qui mime aussitôt une scène de violence n'empêche pas une certaine sérénité de s'établir :

> N'est-ce quand même pas prêter à Idder des intentions bien ténébreuses, tout à fait hors de proportion avec la consistance de l'enjeu ? (p. 142).

Comme la boule de l'instrument est trop « hors de proportion avec le manche » pour qu'une arme soit possible, les intentions ténébreuses prêtées à Idder sont trop « hors de proportion avec la consistance de l'enjeu » pour qu'une accusation soit permise. Et d'ailleurs, ajouterait une certaine logique textuelle, après avoir marché dans l'ombre, « le voici de nouveau au soleil ».

d) L'enfumoir : Mais quel est donc le rôle pratique de cette poterie ? Et à qui appartient-il de le révéler à Lassalle ? Puisqu'il s'agit d'un enfumoir, c'est naturellement à Ba-Iken :

> — C'est en terre rouge ?
> — Oui.
> — Ah ! je vois... C'est pour les abeilles... Son frère, à Zegda,

a des ... comment tu dis ? Des petites cases pour les abeilles ?
— Des ruches.
— Oui, c'est ça, des ruches. L'appareil, c'est pour faire de la
fumée dans les ruches... (p. 167).

La fonction de cet homme si prévenant n'est-elle pas, en effet,
d'obscurcir toute l'affaire en permettant que se développe un
rideau de fumée ? Signe ambigu d'Imlil, la poterie est donc bien
la superposition de deux insignes : l'insigne d'Idder, c'est la massue ;
celui de Ba-Iken, c'est la fumée. Tout lecteur sceptique sera ren-
voyé ici au détail du texte. Dès la première apparition, Ba-Iken
« sort un paquet de cigarettes » (p. 49) ; dès la seconde :

> Lassalle lui offre une cigarette. Ba-Iken accepte avec un sourire
> retenu, comme pour s'excuser :
> — J'ai pris l'habitude à l'armée, tu comprends...
> Il allume sa cigarette (p. 51).

et maintes fois ensuite. Mieux : l'activité de dissimulation de Ba-
Iken se trouve irrécusablement liée à la production de fumée.
Quand, par un lapsus calculé, Lassalle s'efforce de découvrir
quel lien unit Jamila-la-blessée et sa semblable, Yamina, qui vit
chez Idder, Ba-Iken, se gardant bien de lui donner le moindre
indice, s'empresse, sa cigarette étant éteinte, d'en allumer une
nouvelle :

> — Jamila ? Ba-Iken jette sa cigarette par terre et l'écrase de la
> pointe de son soulier.
> — Oui... tu m'as dit que c'était une cousine à toi... quelqu'un
> de ta famille.
> — Yamina, Monsieur Lassalle, pas Jamila !
> — Ah, c'est vrai... Yamina... Lassalle se passe la main sur le
> front. Ba-Iken fouille dans sa choukara et sort un paquet de
> cigarettes. (...)
> — Ça m'a surpris de le voir là. Je ne savais pas qu'il habitait
> avec elle...
> — Oui... il habite là. Ba-Iken craque une allumette et approche
> de la flamme le bout de sa cigarette... Il habite avec elle... c'est
> son frère (p. 126).

Notons enfin que la fumée est associée d'une autre manière à
la dissolution. Dans le bureau du capitaine, c'est, selon la formule
« qui se ressemble s'assemble », sur la cheminée, lieu de la fumée,
que repose l'enfumoir. Or, dans l'âtre, en l'attente de quelque

flambée, se trouvent, offrant une sphéricité similaire, les papiers froissés d'un texte aboli :

> La cheminée, juste en face, est revêtue de petits carreaux blancs, exactement comme celle de la chambre. La grille en fer, dans l'âtre, déborde de papiers froissés roulés en boule. L'objet sphérique en terre rouge est posé à plat sur la tablette, entre la cruche et les bougeoirs (p. 20).

e) Le jeu des couleurs : Sans se perdre dans les minuties, il est facile de noter, en tous lieux du texte, l'insistance de deux couleurs : le rouge, le blanc. Le blanc, certes, se fait peu à peu signe de censure. Il est tantôt écran, tantôt absence de savoir :

> Le soleil est invisible derrière la couche de nuages blancs (p. 74). L'écran des nuages blancs (p. 79). Trois mots seulement la parcourent en guise d'explication : « zone non-cartographiée »; mais ce n'est même pas une explication. En deçà d'un périmètre flou, c'est le vide : la carte y est aussi blanche que le ciel (p. 61).

C'est pourquoi Imlil, ou « la blanche », est une région bien nommée. Marque de censure, le blanc, on le devine, est l'insigne de Ba-Iken : la porte de sa maison, comme celle de ses amis Agouram et Si Abdesselam, s'orne, peinte en blanc, d'une emblématique main de Fatima. Mais les nuages ne forment pas la seule blancheur vaporeuse. Il y a aussi, chaînon intermédiaire, la brume, et, à la base, leur « source » peut-être, la fumée :

> A première vue, l'écran de brume masque le fond du bassin. Mais avec l'accoutumance, l'opacité de la nappe blanche peu à peu décroît (p. 64). Plus proche, à mi-hauteur de la grille, la fumée de la cigarette s'attarde en traînées blanchâtres qui se désagrègent au contact des barreaux de fer et s'échappent vers le toit (p. 99).

Ainsi est-ce également par le registre des couleurs que l'enfumoir appartient à l'activité de la censure, au domaine de Ba-Iken.

Rouge, l'appareil s'inscrit aussi dans la perspective de la violence, dans le domaine d'Idder. Songeons à la sanglante péripétie de l'abattage des chiens (II, B. b) et à tel passage où la significative couleur se lit sur le visage de l'énergumène :

> Idder se balançait contre la porte, l'arcade sourcilière meurtrie, la lèvre inférieure fendue, le menton taché de sang (p. 195).

Dès lors le rouge détermine une précise affinité entre l'enfumoir, Idder, Lessing et Lassalle. Acteur, Lessing subit une blessure mortelle; metteur en scène, Lassalle une chute bénigne :

> Il applique lui-même la compresse sur la blessure, où la chair meurtrie a pris une coloration rougeâtre (p. 162).

Or Lessing vient de Rotheim ou « maison rouge » et Lassalle de Dar el Hamra ou... « maison rouge ».

Sous le signe d'une poterie rouge qui émet une fumée blanche, l'ambiguïté du livre fonctionne donc comme un travail du rouge et du blanc. C'est parfois une contiguïté : si, arrivant avec Ba-Iken au col qui domine Imlil, Lassalle croise, image en abyme des protagonistes de l'histoire, diverses silhouettes :

> Plus loin encore, un homme au turban blanc guide un mulet vers l'Issoual; il fait un bref salut; sur le dos du mulet, une jeune femme assise en amazone s'agrippe des deux mains à un tapis multicolore; elle porte un ruban rouge dans les cheveux et détourne la tête au passage (p. 63),

c'est, turban blanc et ruban rouge, Ba-Iken conduisant Jamila-la-blessée qu'il contemple; si, au-delà de l'écran formé par Ba-Iken, la robe de Yamina apparaît, c'est une étoffe très particulière qui se présente :

> Ba-Iken, le dos tourné, bavardait sur le pas de sa porte; sa djellaba cachait en partie la robe à rayures rouges et blanches (p. 99).

Semblable à Jamila, Yamina porte des raies rouges; prise dans la conspiration du silence, des raies blanches. C'est parfois un chiasme : issus de lieux-dits rouges, Rotheim et Dar el Hamra, tout investis de blanc :

> Sur ce rebord, d'un peu plus d'un centimètre de hauteur est étalé un petit rectangle de papier blanc glissé sous deux rubans élastiques. Deux lignes sont tapées à la machine sur le papier, d'abord un nom propre en caractères majuscules : DR. H. LES-SING, puis, immédiatement au-dessous, en minuscules : B.i.a.g. Rotheim (p. 149). Les couleurs s'estompent, les plans se dis-tendent; au seuil de la pénombre, le cloisonnement s'effrite : sur ces données nouvelles, l'espace blanc se réédifie (p. 9),

Lessing et Lassalle découvrent l'un et l'autre le rouge à Imlil, un lieu-dit blanc.

f) Le substitut : Nous l'avons lu : quand Ba-Iken parle de la poterie, il dit : « l'appareil ». Nul doute, en sa sonore similitude, qu'un calembour ne joue à marquer ici des ressemblances bien connues. La poterie, c'est la pareille. Par similitude, elle évoque la massue d'Idder et la cigarette de Ba-Iken, ou encore, par une précise monstruosité, l'illicite accouplement de Lessing et de Jamila. Mais elle a elle-même une pareille, insigne de Lassalle : la pipe.

Non seulement, par sa forme, la pipe évoque la massue ou la pioche d'Idder, mais encore elle lui est associée par contiguïté. C'est sur la pente de « terre rouge granuleuse », matière même de la poterie, et à courte distance de cet Imi n'Oucchène où Idder est apparu avec l'appareil, que Lassalle, déséquilibré, un instant perd sa pipe :

> Mais la terre rouge reprend le dessus et non loin du but il fait un faux pas, glisse et descend les derniers mètres sur les reins. Dans sa chute, la pipe et le calot sont allés rouler sur les cailloux (p. 146).

Non seulement, par sa fonction, la pipe désigne la cigarette de Ba-Iken, mais elle lui est non moins liée par proximité. Un soir, par exemple, sous l'effet conjugué de la cigarette et de la pipe, la maison de Ba-Iken se transforme en une véritable tabagie :

> Ba-Iken allume une nouvelle cigarette (p. 98). Ba-Iken, les yeux baissés, les mains jointes sur les genoux, rejette lentement par le nez la fumée de sa cigarette (p. 98). Plus proche, à mi-hauteur de la grille, la fumée de la cigarette s'attarde en traînées blanchâtres (p. 99). Lassalle fouille dans ses poches et en sort la pipe, la blague à tabac et la boîte d'allumettes (p. 99). Lassalle défait sa blague à tabac et commence à bourrer sa pipe (p. 100). Ba-Iken (...) tire une troisième cigarette de son paquet et tout en l'approchant de la flamme, fait un signe affirmatif (p. 100). Lasalle (...) allume sa pipe. Le tabac grésille et se tord au contact de la flamme (p. 101). Lassalle s'adosse au mur, un coude sur les coussins, la pipe à la main (p. 102). Ba-Iken (...) allume une autre cigarette (p. 102).

Non seulement, par un classique sens argotique, la pipe fait allusion à certaine pratique sexuelle, mais encore elle annonce, substitut du rapport de Lessing et de Jamila, le rapprochement

de Lassalle et de Yamina, dans un texte où fourmillent les allusions érotiques (lit, gorge, cylindre, etc.) :

> Lassalle (...) prend sa pipe et sa pile électrique, éteint la lampe à
> carbure et sort de la tente (p. 117). Le lit du torrent est complè-
> tement à sec, l'entrée de la gorge obstruée par de gros rochers
> ronds, au sommet aplati, facilement accessible — emplacement
> commode pour s'asseoir et fumer une pipe (p. 117). Le cercle
> lumineux se déplace légèrement vers la droite, inspecte la paroi :
> une main apparaît, plaquée sur la roche, puis un bras, une
> étoffe aux rayures rouges et blanches, enfin tout le corps collé
> à la muraille, l'autre bras protégeant le visage ébloui (p. 119).
> Alors la jeune fille s'élance, les bras en avant. Ses doigts agrippent
> le cylindre métallique (p. 119).

Ainsi, l'instrument de terre cuite forme-t-il en son ambiguïté,
une enseigne universelle qui distribue les rôles des quatre protagonistes : Lessing, l'érotisme actif; Idder, l'assassinat; Ba-Iken,
la dissimulation; Lassalle, l'érotisme symbolique.

C. *Les doubles.*

C'est comme mise en évidence du cycle que *Bouvard et Pécuchet*
nous a paru constituer un immense exergue à *la Mise en scène* (I.
A. a). Il faut y ajouter : comme inscription du double. La rencontre
de Bouvard et de Pécuchet n'obéit-elle pas, elle aussi, au principe
du « qui se ressemble s'assemble »? L'un et l'autre ne sont-ils pas
copistes? L'un et l'autre, et cela est décisif, n'ont-ils point écrit
leur nom dans leur couvre-chef?

a) La gémination : Or, en montrant la nature symétrique de
l'espace du roman, nous avons signalé (I. A. b) la présence de
deux doubles, Agouram et Si-Abdesselam, les deux cheikhs dont
les portes connaissent le même emblème et les noms la même initiale. Il s'agissait là d'un fragment d'une gémination dont l'ampleur
peut maintenant se déployer. Qu'elle se produise surtout à Assameur et à Imlil permettra de fortifier l'hypothèse, ci-dessus démon-
trée, que ces deux endroits sont le lieu d'une superposition.

Nous nous en tiendrons aux rôles et aux initiales. Dès le départ,
Lassalle rencontre deux aides consécutives : celle du brigadier
Pozzi qui le conduit en camionnette à Tafrent et celle du garde

Piantoni qui, prenant le relais, lui procure des mulets et un guide. A Imlil, lors de la soirée chez Ba-Iken, l'amabilité du maître de maison est accentuée par les soins diligents du fils, Bihi. Deux personnages anormaux (l'un est un « chitan », l'autre est muet) parcourent sans cesse le territoire d'Imlil : Idder et Ichou, qui, à maintes reprises, se trouvent face à face. A l'aller, Lassalle avait eu affaire au capitaine Weiss; au retour, dans le même bureau, c'est son adjoint le lieutenant Watton qu'il rencontre.

Quant à Jamila et Yamina, ce n'est pas seulement, si propice au lapsus, la similitude de leurs noms qui permet de les assimiler, c'est aussi, notamment, en dépit de l'ordre inverse des deux textes, les caractères de leur visage :

> Les cheveux, très noirs, sont séparés par une raie médiane et tressés en nattes qui, de derrière les oreilles, retombent sur les épaules de chaque côté d'un collier de pièces d'argent montées sur une cordelette de soie. Le front est large, bien dégagé, le bas du visage très effilé, les joues creuses. Les lèvres, pleines, bien dessinées, sont agitées d'infimes tremblements. Les yeux, inhabituellement distants l'un de l'autre, semblent logés en lisière des tempes, par delà la saillie des pommettes (Jamila, p. 28);
> Les yeux verts, attentifs, inhabituellement distants l'un de l'autre, semblent logés en lisière des tempes, par delà la saillie des pommettes. Le front est large, bien dégagé, le bas du visage très effilé. L'inclinaison de la tête met en valeur deux courbes concentriques : la ligne des sourcils, celle des lèvres souples et fines. Les cheveux, très noirs, sont séparés par une raie médiane et tressés en nattes qui contournent les oreilles et retombent sur le devant des épaules (Yamina, p. 82).

Mais, certes, c'est la gémination de Lessing et de Lassalle qui est le fruit des opérations les plus insistantes, les plus subtiles. Un recensement approfondi dépasserait donc le cadre de cette étude. Notons simplement, d'une part, qu'en leur ressemblance, les patronymes Lessing et Lassalle évoquent l'un et l'autre deux germaniques célébrités : le philosophe, le socialiste. D'autre part que les travaux des deux hommes (accomplis dans une même région à la suite de deux voyages symétriques) sont de semblable nature : ils concernent la *terre*. L'un s'occupe de mines; l'autre de pistes, ou, remarquons-le encore : de *trous* l'un, de *routes* l'autre. Ainsi est-ce bien par gémination que se produit ici la germination du texte.

b) Les adjuvants : Si, en ce livre, la lecture semble toute disposée à découvrir les parentés qui permettent la mise en paire, c'est qu'elle a été éduquée, peu à peu, par un incessant courant de similisation. Nous avons rappelé (I. A. b) que la similitude comprenait deux grandeurs : une constante et une variable. Il suffit donc qu'un élément se répète pour que toutes séquences où il figure soient en rapport de similitude. Or, la moindre attentive lecture relève, chemin faisant, d'innombrables récurrences. Très différentes, en voici deux.

A maintes occasions, chacals et chiens viennent composer, de leurs abois ou de leurs silhouettes, diverses scènes de la fiction. Ainsi communiquent par exemple, analogiquement, le sanglant abattage des chiens, à coups de gourdin, sur une place d'Assameur, et le lieu dit Imi n'Oucchène : « On l'appelle Imi n'Oucchène, à cause des chacals » précise en effet Ba-Iken à la page 71. L'assimilation qui, à partir d'un élément commun tend à rendre identiques les deux ensembles, esquisse, en Imi n'Oucchène, l'endroit d'une mise à mort par coups de massue. C'est l'actualisation de ce rapport que pratique le texte, ultérieurement, en supposant à Imi n'Oucchène le meurtre de Lessing par Idder.

L'autre lisible récurrence est celle du nombre trois. Évitant le détail des effets, nous insisterons plutôt, pour en donner quelque idée, sur le nombre des cas. A hauteur de narration : le livre compte, rappelons-le, trois parties, et la section centrale se compose d'un multiple de trois, vingt et un chapitres. A hauteur de fiction : il faut trois jours pour atteindre Imlil et trois jours pour en revenir ; le bassin d'Imlil compte trois douars (Asguine, Ifchtalen, Zegda) et trois cols (tizi n'Oualoun, tizi n'Amerziaz, tizi n'Taâzit) ; Idder fait à trois reprises un geste d'assommeur ; lorsque Ichou commente l'intérêt du pont naturel, c'est trois explications qu'il donne ; il y a plusieurs séquences triangulaires (Lessing — Jamila — Idder / Lassalle — Yamina — Ba-lken / Weiss — Pozzi — Lassalle / Pozzi — Piantoni — Lassalle / Ba-Iken — Agouram — Lassalle / Idder — Ichou — Lassalle, etc.) ; l'enquête d'Agouram dure trois jours et neuf, multiple de trois, le séjour de l'ingénieur à Imlil ; Lassalle a affaire trois fois avec un scorpion, et les serpents sont trois fois évoqués ; trois portes sont ornées de la main de Fatima, etc.

c) *La « jalousie »* : Composé des doubles de Lessing et de Jamila, le couple Lassalle-Yamina est le double de ce couple. Mais c'est un substitut. Des événements de l'histoire, Marx disait qu'ils se produisent une première fois comme tragédie, une seconde comme comédie. Tout se passe, curieusement, comme si ce principe s'appliquait dans *la Mise en scène*, d'un couple à l'autre. Jamila subit deux coups de couteaux mortels ; Yamina reçoit deux simples gifles. Lessing meurt d'un probable coup de massue à la nuque ; Lassalle tombant dans l'escalier de Ba-Iken se fait une anodine bosse au front. Une union réelle a sans doute accordé Lessing et Jamila ; un rapprochement symbolique a seulement assemblé Lassalle et Yamina. Qu'un sentiment de jalousie puisse être suscité, chez Lassalle, par une si frustrante situation, rien, dans le texte, n'en saurait former l'indice, si la lecture ne réussissait à percevoir, une fois encore, le jeu implicite d'un exergue géant. Observons donc deux phrases :

1) Maintenant l'ombre du noyer s'étend à mi-chemin de la tente et du mur de pierres sèches qui marque l'extrémité du champ.
2) Maintenant l'ombre du pilier — le pilier qui soutient l'angle sud-ouest du toit — divise en deux parties égales l'angle correspondant de la terrasse.

Si nous utilisons le lexique défini plus haut (I. B. b), la similitude complexe qui les allie se définit aisément. D'abord, c'est une correspondance isosyntaxique isolexicale (une citation) : « Maintenant l'ombre ». Puis, une correspondance isosyntaxique homolexicale (quasi-citation) : « du noyer » / « du pilier ». Ensuite, une correspondance isosyntaxique hétérolexicale : « s'étend » / « divise ». Enfin, une quasi-reprise : « à mi-chemin de la tente et du mur de pierre » / « en deux parties égales l'angle correspondant de la terrasse ». Or, si la première phrase se lit à la page 175 de *la Mise en scène*, non loin du moment où justement Lassalle, dans son agenda a écrit par erreur, à des pages très antérieures, celles du mois précédent, la seconde ouvre un non moins antérieur roman : *la Jalousie* de Robbe-Grillet. Fonctionnant comme exergue, cet ouvrage souligne alors, à l'aide du rapport Frank / « mari », le caractère actif / passif de la relation Lessing / Lassalle, et insère par ce biais, dans le texte, la jalousie de l'ingénieur.

d) *Les reviviscences :* Le phénomène le plus troublant, sans doute, et fondamental, que produise le travail des doubles, est la mise en place des suppléances, la tendance aux résurrections. Jamila vient mourir à Assameur où Lassalle a surpris son agonie; sous les yeux étonnés de celui-ci, elle renaît au lieu symétrique, Imlil, sous les traits similaires de Yamina. A mieux lire, le lapsus Jamila-Yamina que profère l'ingénieur est donc moins une ruse pour décontenancer Ba-Iken que l'affleurement de cette résurrection inadmissible.

Établie par étapes, la reviviscence de Lessing s'accomplit non moins aux antipodes de la mise à mort, d'un lieu de la superposition à l'autre, d'Imlil à Assameur. Un premier quiproquo, rapide, a lieu page 96. Comme Lassalle traverse le douar, une jeune fille qu'on connaîtra sous le nom de Yamina s'enfuit à son approche : elle l'a pris pour Lessing. Au retour, peu s'en faut que la machinerie du texte n'accomplisse cette résurrection parfaite :

> Un homme entre, grand et maigre, les manches de sa chemise kaki retroussées jusqu'aux coudes, les yeux protégés par des lunettes noires. (...)
> — Lieutenant Waton! (...) Je crois que nous nous sommes déjà rencontrés ?
> — Vous faites erreur, mon lieutenant. C'est le capitaine Weiss que j'ai vu à mon arrivée.
> L'officier retire ses lunettes, les pose sur le sous-main, fixe un instant son visiteur, puis sort un mouchoir d'une de ses poches de pantalon et se met à nettoyer lentement les verres poussiéreux.
> — Oui, en effet. C'est exact... Le capitaine m'avait lui-même signalé votre passage. J'ai confondu sur le moment... (...) Je n'aurais pourtant pas dû...
> Il frotte encore un moment les verres, puis les repose sur le sous-main.
> — C'est un géologue que j'avais reçu... Un géologue qui était passé peu de temps avant vous. Un étranger, au nom de ...
> — Lessing (p. 228-229).

En le refus de Lassalle, la recréation reste toutefois en suspens et chaque lecteur éprouve le désir d'une occurrence plus accomplie, à l'issue d'un système encore plus ambitieux...

D. *Du cyclique à l'autre chaîne.*

Auparavant, la lecture, quitte à suivre un nouveau tour du circuit, doit insister sur divers autres problèmes.

a) *Le cyclique :* Nous l'avons rappelé (I. A. introduction), toute circularité tend vers l'infini. Pris dans un immense mécanisme circulaire, les événements de *la Mise en scène* sont voués à l'innombrable redite. Au cours de l'ultime étape du retour, le « taxi » qui ramène Lassalle à Assameur croise un autre véhicule avec un « passager assis à l'arrière de la voiture, le visage collé contre la vitre » (p. 223). Empruntant l'itinéraire sinistrogyre, nul doute que ce passager ne figure quelque nouveau Lessing promis à l'activité et au drame. Aussi, montant par l'autre demi-cercle, comme l'avait fait ce nouveau Moritz nommé Lassalle, faut-il supposer la venue ultérieure de certain futur enquêteur.

b) *Le récit retors :* Le système détermine donc une précise alternance des voyageurs : Moritz / Lessing / Lassalle / le passager etc. Or celle-ci est loin d'être fortuite : il suffit de prendre en compte le métier des protagonistes : ingénieur des Ponts et Chaussées / géologue / ingénieur des Ponts et Chaussées / probable géologue / etc. En telle alternance se reconnaît aisément l'activité retorse, à présent bien admise, par laquelle la fiction raconte la narration qui l'instaure. L'ensemble se lit en effet : transition / séquence / transition / séquence / etc.

c) *Le « dramamètre » :* Il n'était point rare, autrefois, qu'un roman offrît, en tête de chacun de ses chapitres, un bref résumé annonçant les majeures péripéties à venir. Au début du chapitre VIII du *Voyage à Liliput*, par exemple, on lit : « l'auteur, par un accident heureux, trouve le moyen de quitter Blefuscu et, après quelques difficultés, retourne dans sa patrie. » Malgré l'apparence, tel principe n'a pas été abandonné dans le roman moderne : plus subtil, il s'est seulement dissimulé. Formant, par analogie, une manière de résumé, il suffit qu'une mise en abyme s'installe à l'amorce du récit pour jouer le rôle annonciateur. Or, nous l'avons signalé (II. C. b), Lassalle rencontre trois scorpions et, curieusement, au chapitre initial de chacune des trois parties. La première fois, dans sa chambre, Lassalle est assiégé : l'animal tente de gravir le pied du lit; la seconde a lieu quand Lassalle soulève une pierre :

l'insecte s'enfuit parmi les fourmis; la troisième laisse voir une simple carapace minutieusement réduite, peu à peu, par les fourmis, à ses articles constitutifs. Comme la scutigère variable de *la Jalousie*, annonçant de ses métamorphoses, les évolutions du « sentiment », le scorpion joue ici le rôle d'un « dramamètre » : il mesure et annonce l'intensité des épreuves qui attendent Lassalle. Dans la première partie, le héros s'apprête à partir pour une région mal connue, éloignée, difficile, dont il ignore la langue et d'où arrive une jeune femme poignardée; dans la seconde, il devine un double meurtre, mais mille prévenances l'assurent qu'il ne court aucun risque; dans la troisième, il se décide à passer sous silence le drame qu'il a soupçonné.

d) *Une autre chaîne* : A diverses reprises, nous avons souligné qu'un texte, en s'enchaînant à un autre, le considérait comme exergue géant. Restreindre ce phénomène au seul travail d'Ollier reviendrait à en réduire la portée en clôturant ce qui se définit sans fin : la chaîne des textes. Précisons donc comment tout un autre roman, *la Prise de Constantinople*, établi en particulier sur les permutations issues en apparence d'Isabelle (Bel Asile, Silab Lee, Dr Baseille, Le Basile etc.) et les possibilités des lettres S-L, est lié à *la Mise en scène*. Dans le premier cas, la base est *abeilles*, insectes subissant les opérations du fameux objet en terre cuite; dans le second, elle est Lessing, ou par anagramme, *signe S. L.*; l'une et l'autre se trouvent évidemment liées par la ressemblance sonore lessing / l'esseim. Ainsi *la Mise en scène* préside-t-elle, en ses dédoublements et cercles, aux cercles et dédoublements de ce roman qui l'a choisi comme exergue immense, à son tour.

*

De proches analyses faites sur les deux romans qui suivent *la Mise en scène* y montreraient aisément l'importance du circulaire. Signalons par exemple, dans *le Maintien de l'ordre*, les systématiques effets de réitération dont témoigne cette phrase :

> Ce sera donc comme hier, comme avant-hier, ou à peu près : à quelques minutes près les mêmes gestes, les mêmes regards; à

quelques mètres près les mêmes démarches, les mêmes retraites, les mêmes chassés-croisés (p. 25),

et, dans *Été indien*, le retour, en l'ultime scène, des éléments de la première :

> On imaginerait un monde chaotique, des terres bourbeuses, morcelées, la jungle, l'eau des fleuves charriant des bêtes mortes, charriant des souches, des palmes, des fleurs rouges, l'eau s'infiltrant, montant sous les racines, l'eau stagnante. Un ciel blanc, une lumière éparse, tamisée, des lianes torses reliant les rives, les nids des perroquets en équilibre au creux des branches (p. 7).
> L'eau stagnante, l'eau s'infiltrant sous les racines, les souches — glauque —, sous les tiges, les structures métalliques. La ligne de flottaison montant insensiblement le long de la paroi, irrépressiblement sous la lumière éparse, tamisée. Ciel blanc, nuages immobiles cachant les crêtes. Lianes torses reliant les rives, lobes tavelés, branches moussues d'où l'oiseau blanc s'envole. Battement d'ailes dans l'air moite, torpide. Palmes. Plumes (p. 214).

Ces trois livres forment donc, à leur tour, une chaîne de textes. Et peut-être convient-il d'y lire les symptômes du système plus ambitieux dont *la Mise en scène* a donné la soif.

III. *LE CERCLE DES ROMANS*

Sitôt l'enchaînement se précise-t-il, en effet, que les romans deviennent les péripéties d'une fiction plus vaste, et qu'une reconnaissable trajectoire amorce son incurvation dans l'inquiétant domaine du sinistre.

A. *La voie sinistre.*

a) Enquêtes, mises en scène : L'homogénéité du récit général est déterminée par d'innombrables similitudes. Dans les trois livres, il s'agit d'enquêtes : à celles de Lassalle et d'Agouram s'ajoute celle de l'anonyme narrateur du *Maintien de l'ordre* (sur la clandestine pratique des tortures) et celle de Morel (chargé d'établir sur les lieux de tournage le devis d'un film). Il s'agit non moins de mises en scène : à celles de Lassalle et de Ba-Iken, s'adjoignent celle de Perez et Marietti (jouant, pour intimider le narrateur, un ensemble de menaçantes pratiques) :

> D'ailleurs, s'ils avaient vraiment voulu en finir, ils l'auraient essayé hier après-midi, alors que tout le monde était parti (...). Ils ne se sont même pas approchés, si ce n'est par dérision (...). Mais ce n'était qu'une supercherie : ils sont ressortis presque aussitôt, après une brève station dans le vestibule. Ce n'est qu'une suite de supercheries, de manœuvres pour rire (p. 91),

et celle de Morel qui finit par imaginer les divers films possibles.

b) Métamorphoses : Mais ce groupe de similitudes est travaillé par de sourdes transformations : de la passivité de Lassalle (il se borne à enquêter sur certaines actions et ne signale pas ses hypothèses aux autorités), à la semi-passivité du narrateur du *Maintien de l'ordre* (il enquête sur des sévices et signale ses découvertes aux autorités, sans insister quand un scandale mineur aura permis de masquer l'autre), le récit général passe à la croissante activité de Morel (il s'introduit finalement comme acteur dans les mises en scène qu'il envisage).

c) Mort de Morel : Métamorphosant, du passif à l'actif, le personnage principal du grand récit, cette trajectoire tend à s'inscrire en une région semblable à la moitié gauche du domaine de *la Mise en scène* (Tableau 2), ce lieu des actions et du drame. D'un roman à l'autre, en effet, peu à peu le danger s'accentue. Lassalle comprend qu'il n'a rien à craindre sur le territoire des Aït Imlil; dans *le Maintien de l'ordre*, le narrateur est contraint d'envisager le pire, un mortel attentat; dans *Eté indien*, tel accident d'avion, in extremis, fait enfin, de Morel, « le mor(t) ». Remontant le cours du temps, à l'inverse de Lessing, Lassalle permettait la reviviscence du mort; suivant le cours du temps, comme Lessing, Lassalle, en Morel, est condamné à vivre cette mort.

d) Surrection de Nolan : Si, par les analogies qui les accordent, les trois romans sont conduits à composer les phases d'un récit unique, alors, comme on l'a laissé entendre, Lassalle, le narrateur anonyme et Morel doivent se fondre en un seul héros. Déjà, *la Mise en scène* fournissait une indication. Guidé par Ichou, Lassalle passait d'abord sur Imi n'Oucchène, puis dessous : il faut que le trajet en surface soit suivi d'une exploration de la profondeur.

Ainsi surgit Nolan, avec lequel rebondissent les trois intrigues précédentes. Insensiblement, le quatrième livre révèle en effet que Lassalle, le narrateur anonyme et Morel n'étaient que les « couvertures » d'un personnage unique, Nolan, employé d'une étrange Agence :

> L'Agence est en fait un bureau d'études. Études économiques, financières, enquêtes sociales, sondages d'opinion. Enquêtes parallèles... (p. 33).
> Il s'agissait, en gros, de mener de front deux activités parallèles, indépendantes, l'une sous le couvert de l'autre, la « couverture » devant présenter toutes les garanties d'effacement et d'insignifiance requises (p. 135).

Or, par la transformation qui du passif fait accéder la suite des trois premiers héros à l'actif, Morel se distingue nettement de Lassalle. Leur résultante, Nolan, sera donc un mixte : un enquêteur (passivité) sur lequel, devenu légendaire (activité), on enquête.

B. *Le second demi-cercle.*

a) *L'espace de droite* : Cette transition de Morel à Nolan est clairement inscrite dans l'espace de la fiction. La première partie de *l'Echec de Nolan* se situe dans un extrême hameau norvégien, nommé *Nö*. Pour y parvenir, il a été nécessaire d'emprunter la ligne aérienne dont les ultime étapes sont : Vlönjheim, Skyrk, *Mö*... A mieux lire, il est facile de noter que ce passage s'exécute non moins par l'artifice d'une habile disposition phonétique :

> Ici, dans ce ha*meau* de *Nö* isolé à l'extrémité de la presqu'île au point le plus septentrional de la province, sous le Cercle déjà (p. 15).

Pour atteindre le village par la route, il faut passer en Suède. Ainsi quitte-t-on nécessairement une conduite pour une autre, l'espace de gauche formé par les trois premiers romans pour l'espace de droite de *l'Echec de Nolan* (Tableau 3) :

> A mi-parcours, roulant sur le côté gauche dans la forêt suédoise (...) la route en terre est égale, peu fréquentée, rectiligne jusqu'à la chicane, jusqu'au pays natal et à l'immédiat retour au côté droit, patriotique (p. 13-14).

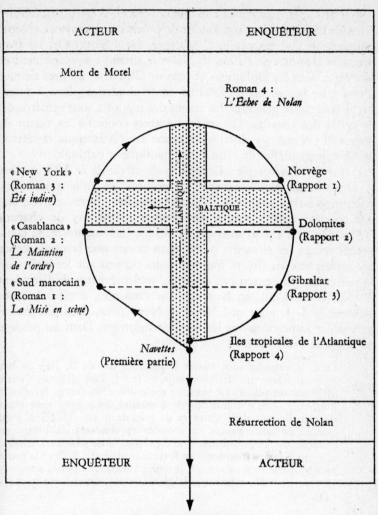

ACTEUR	ENQUÊTEUR

Mort de Morel

Roman 4 :
L'Échec de Nolan

« New York »
(Roman 3 :
Été indien)

Norvège
(Rapport 1)

ATLANTIQUE — BALTIQUE

« Casablanca »
(Roman 2 :
*Le Maintien
de l'ordre*)

Dolomites
(Rapport 2)

« Sud marocain »
(Roman 1 :
La Mise en scène)

Gibraltar
(Rapport 3)

Navettes
(Première partie)

Iles tropicales de l'Atlantique
(Rapport 4)

Résurrection de Nolan

ENQUÊTEUR	ACTEUR

Le « lointain système »
Roman 5 : *La Vie sur Epsilon*
Roman 6 : *Enigma...*

Tableau 3

b) Les étapes symétriques : A divers indices, il est possible d'inscrire les trois premiers romans en de précis emplacements géographiques : le sud marocain, Casablanca, New York. Or, les trois premiers rapports de *l'Echec de Nolan* se situent respectivement en Norvège, dans les Dolomites et près de Gibraltar. Le bref examen d'une carte fait surgir d'évidentes correspondances deux à deux : sur la trajectoire générale, les étapes des rapports sont symétriques de celles des romans. Un schéma correct confirme les vertus du dispositif : la mer s'y distribue comme axe (Atlantique et détroit de Gibraltar) et effet de symétrie (Atlantique et Baltique).

c) La fiction mimétique : Comme en le cercle de *la Mise en scène,* la symétrie du cercle général se renforce de mille similitudes. Aux successives enquêtes des trois premiers livres correspond une enquête unique auprès des témoins marquants de chacune d'elles. Or, peu à peu, au cours de chaque interrogatoire, se constituent moins les éléments précis d'un savoir que la reviviscence par mimétisme de divers fragments des fictions sur lesquelles on se renseigne. Jorgensen par exemple, seul survivant de l'accident d'avion et chez qui, en Norvège, on s'informe, devient insensiblement le J. J. chez qui Morel, à New York, dans *Eté indien,* puisait des indications sur les lieux de tournage. Dans tel passage du Rapport 2 de *l'Echec :*

> Deux voyageurs sont postés à quelques pas de là, face au lac, et se tiennent impassibles dans le froid, l'un debout, l'autre assis sur un pliant. Le premier est coiffé d'un feutre tyrolien à plumet, l'autre d'une casquette à oreilles, tous deux sont vêtus de canadiennes défraîchies et de pantalons de velours à fond doublé de cuir, gantés de moufles et chaussés de bottes en caoutchouc. Leur voiture, une Opel vieille de plusieurs années, se signale par sa carosserie en fort mauvais état : l'aile et la porte avant gauche sont cabossées, le coffre à bagages a perdu son couvercle; il semble même que la glace arrière soit enlevée (p. 143-144),

dont les dernières lignes, par exemple, forment, vis-à-vis de ce fragment du *Maintien de l'ordre :*

> ... la calandre ternie, les ailes, le capot noir à la peinture écaillée, et en l'absence de pare-brise... (on aurait dit que le véhicule avait été pillé dans un parc de ferrailles) (p. 84).

un quasi-modelage à éléments semblables, il est difficile de ne pas
songer à Perez, à Marietti, à leur vieille Buick démantibulée.
Dans le troisième rapport, l'enquêteur se rend auprès de Jimenez
au hameau d'El Paso. Maints signes, dont ce modelage d'éléments
semblables :

> D'habitude, on monte par Pueblo. Mais on peut aussi passer par
> San Blas, un village plus à l'ouest. L'accès par autocar est plus
> rapide, mais le trajet à pied beaucoup plus long. C'est par là
> qu'est venu l'autre enquêteur, dimanche après-midi. Il n'est
> reparti qu'à la tombée du jour... (p. 191).

reprenant les deux demi-cercles de *la Mise en scène*, laissent reconnaître, sous Jimenez, le vieillissant Ba-Iken. Les deux petites
nièces, certes jumelles, Ida et Iñes, sont évidemment les répliques
de Jamila et Yamina.

d) La narration similaire : On le devine : non moins que la fiction,
la narration est travaillée par l'activité du similaire. Entre le roman
et son rapport correspondant, c'est souvent une étroite parenté
textuelle qui se dispose. La comparaison de deux phrases en don-
nera l'idée :

> Comme il se penche à droite pour mieux se faire entendre/, ses
> traits se découpent de profil avec une netteté parfaite/ : le nez
> est droit, plutôt court, le front haut; la barbe, blonde avec des
> reflets roux, couvre presque toute la joue et le pourtour du
> menton. (*La Mise en scène*, p. 47.)
> Comme il se penche pour mieux se faire entendre/, ses traits se
> découpent sur le ciel avec une netteté parfaite/ : le nez droit,
> plutôt court, le front haut, la barbe blanche avec des reflets roux.
> C'est bien lui, cette description correspond exactement à celle
> qui fut donnée de lui quelque vingt ans auparavant, à une
> épithète près, comportant néanmoins plusieurs lettres communes.
> (*L'Échec de Nolan*, p. 188.)

Sans doute la liaison est-elle moins exacte que, se commentant,
le texte aussitôt l'affirme. Elle met en jeu trois phénomènes distincts : d'abord une correspondance isosyntaxique isolexicale;
puis une correspondance isosyntaxique homolexicale (les deux
lexiques sont identiques, à l'exception de « sur le ciel » et « de profil »,
formés toutefois chacun de trois syllabes); enfin une correspondance
hétérosyntaxique homolexicale (« barbe » sujet de « couvre »
devient sujet de « est » sous entendu; « blonde avec des reflets
roux », mis en apposition à « barbe », devient son attribut; une

part du vocabulaire reste identique, une autre, « blonde / blanche », a « plusieurs lettres communes », une autre est éliminée). Si vive, donc, est la similisation que, paradoxalement, ce que, en sa minutie, cette analyse fait paraître, ce sont les étapes d'une dégradation croissante. Ainsi est rendu sensible, à hauteur du mot à mot, le phénomène qu'une perception globale annonçait : l'érosion. A mesure que l'on remonte le temps vers les premiers livres, les Rapports respectifs raccourcissent.

C. « Le saut au point central ».

Ce n'est pas ici encore, cependant, que la trajectoire vient achever sa boucle : le cycle romanesque est plus ample, en fait, qu'on pouvait en avoir soupçon. Certes, le quatrième Rapport indique son terme : les îles tropicales de l'Atlantique. Mais quel est son départ ?

a) *Les textes insulaires :* Dans le premier Rapport de *l'Échec*, il y a une remarque étrange :

> ... tous les villages le long des fjords, tous les hameaux de la presqu'île jusqu'à celui, tout à l'extrémité de Nö.
> Isolé en bout de phrase (p. 15).

Par cette précise mise en page se trouvent assimilés la presqu'île et le bout de phrase, une terre et un texte. Il est alors aisé de voir que les trois premiers romans, par leur masse et leur fiction, se correspondent comme textes continentaux. En revanche, par sa brièveté et le site de son récit (îles tropicales de l'Atlantique), le Rapport quatre est un texte insulaire. Comme il est la dernière phase d'un procès d'amenuisement, l'ensemble auquel il correspond doit être à la fois insulaire et plus ample : un archipel de textes ou, si l'on préfère, un groupe de nouvelles. Or, en même temps que *l'Échec de Nolan* a paru le recueil intitulé *Navettes*. La première partie du livre assemble six courts textes dont la date (1950-1954) précède le premier roman (1958). Tout le système montre que c'est donc là que s'inscrit le départ.

b) *Retour à la matrice :* Il est d'ailleurs aisé de découvrir, en l'ultime Rapport, toutes manières d'allusions générales :

> Les voyageurs de son espèce ne sont pas rares dans ces contrées, qui font la *navette* d'un établissement à l'autre, retiennent un temps l'attention et ne reparaissent plus (p. 226).

Bien sûr, *les nouvelles* vont se faire attendre : c'est comme un rite consacré (p. 227).

La duplicité sémantique sur « nouvelles » est notamment très lisible : écrites entre 1950 et 1954, les premières nouvelles de *Navettes* paraissent en 1967. Et particulières :

> La dernière escale sur le continent était la métropole dont Nolan parle (p. 221, cf. *Un sens unique portugais*). Cette ballerine qui l'avait frappé, entrant en scène à contretemps et dénaturant son texte (p. 225, cf. *le Lapsus*). Cette coupole ouvrant sur la campagne, témoin d'un projet grandiose qu'on n'avait pas su mener à terme (p. 225, cf. *la Gare*). Parfaire sur la table et les étagères l'ordonnance des objets (p. 226, cf. *le Dispositif*). Et le garde dans sa maison de tuiles rouges (p. 227, cf. *la Maison du garde*).

Il y a aussi une allusion à *Nocturne*, première des *Navettes*, mais, certes, il convient de la citer à la fin. Ainsi, dans le récit général, c'est la moitié gauche de l'espace (Tableau 3) qui, par similitude, engendre toute la moitié droite. Avec le quatrième Rapport se produit « le saut au point central », la jonction du départ et de l'arrivée, l'accès à l'axe de symétrie, le retour à la matrice. Appuyé sur le classique jeu mer / mère, il n'est donc nullement fortuit que cet accès au lieu matriciel se produise en plein Atlantique.

c) Résurrection de Nolan : Nous le savons : Nolan doit revivre. Une première indication nous était offerte, déjà, par le nom sous lequel le héros fut victime de l'accident d'avion : Morel. Par ce patronyme, il s'agit une fois de plus d'apporter au texte l'appui d'un exergue immense, tout un roman, *l'Invention de Morel*. C'est ce roman d'A. B. Casares préfacé par Borges, qu'utilise Ollier dans son étude sur *l'Année dernière à Marienbad*, liant précisément les deux œuvres à partir du nom *Marienbad* qui leur est commun. Or, l'inventif Morel n'est mort que pour mieux assurer les conditions de sa survie... Pris donc dans le système analogique, l'enquêteur de *l'Échec de Nolan* doit devenir ce Nolan même dont le corps n'a jamais été retrouvé. Les traces de cette assimilation sont innombrables depuis, chez Jorgensen, le « tout voyageur, fût-il tombé du ciel, est le bienvenu » (p. 22) au, chez Jimenez, « Tu lui ressemblerais sans doute à la longue peu à peu » (p. 206).

Cette résurrection sera-t-elle partielle, comme celle de Lessing, ou entière ? Pour le déterminer, un coup d'œil suffit aux deux systèmes (Tableaux 2 et 3). Dans le quatrième roman, les inversions se multiplient jusqu'à l'abondance. Nul doute qu'elles ne soient le signe d'une inversion majeure. Celle-ci : remontant le temps, Lassalle emprunte un itinéraire dextrogyre à contre-courant de celui, mortel, de Lessing ; remontant le temps, le narrateur de *l'Échec* suit un itinéraire sinistrogyre, celui-même, mortel, de Lessing. La parfaite résurrection de Lessing est impossible parce qu'elle exige l'impossible disparition de Lassalle ; la parfaite résurrection de Nolan est nécessaire parce qu'elle s'appuie sur la disparition de l'ultime enquêteur, devenu acteur. Supposons donc que ce dernier, comme l'écrivait déjà Borges dans *Thème du traître et du héros*, comprenne « qu'il fait partie de la trame de Nolan »...

d) Le « lointain système » : Ainsi le mystère s'élucide-t-il moins qu'il ne se reproduit : « L'énigme dérive, calquée sur celle des débuts » (p. 205). S'il s'éclaircit, c'est par auto-génération mimétique. Ce qui s'éclaire, en fait, c'est un procès de production.

Par retour à la matrice, donc, Nolan sera regénéré. L'événement se produit dans un espace mixte, lors de l'ascension du pic d'Eldjim : l'altitude, la terre rouge et la neige, le pic, le nom d'Eldjim, cinquième lettre de l'alphabet arabe, tout appartient déjà à un autre système : dans le ciel, c'est déjà le sol rouge et blanc, sur lequel est posée la fusée verticale, de la planète Epsilon, cinquième lettre de l'alphabet grec. Certes le héros du cinquième roman, *la Vie sur Epsilon*, se nommera non point Nolan, mais O. La lettre O n'est-elle pas ce que produit la lecture d'un cercle ? Tel personnage sera un O lié au précédent système.

L'issue stellaire ne saurait davantage nous surprendre : elle était annoncée deux fois. De même que *la Prise de Constantinople* se disposait dans cette chaîne de textes, de même *Epsilon*, lisible sous-anagramme de *Constantinople*, se lie à son tour à ce livre sidéral. Songeons aussi à la dernière des *Navettes*.

Nocturne entre guillemets, où dans un amphithéâtre « grec » débarque certain extra-terrestre, formait, en son inversion, l'annonce du débarquement sur une planète au nom grec de certain terrien étrange. Ainsi cet ultime récit était-il bien, à double titre, une anticipation.

*

Déjà, le « lointain système » s'élabore. Après *la Vie sur Epsilon* s'annonce, au terme d'une nouvelle dérive : *Enigma*. A défaut d'y accéder, maintenons-nous dans la zone ambiguë où les deux ensembles se rencontrent. A la fin du texte, disposons donc un texte, *l'Échec de Nolan*, à la fin duquel, quelqu'un montant vers la cime, on peut lire, page 229 :

> C'est un beau point de vue, dit-on. Et l'occasion rêvée pour se recréer, entre deux éclipses...
> Au couchant du périple, avant le saut au point central — ou à son homologue sur un lointain système.
> Et par un beau matin, l'on se remet en route — sur la terre rouge, d'abord, comme il a été dit. Sur le sable ensuite, avant la neige, avançant pas à pas. Progressant lentement dans le sable profond.
> (Là-bas, les choses suivent leurs cours, certainement. Un temps viendra, à n'en pas douter...)
> Lentement — sur le sol souple et léger.

et, symétrique, l'exergue final qui convient :

> Dans la circonférence d'un cercle, le commencement et la fin se confondent.
>
> Héraclite

VIII

L'ESSENCE ET LES SENS

> Il sait quelles situations s'il est romancier,
> quels paysages, s'il est peintre lui fournissent
> la matière, indifférente en soi, mais néces-
> saire à ses recherches, comme serait un
> laboratoire ou un atelier.
>
> Proust

Un lecteur de notre essai *la Bataille de la phrase* nous adressait l'autre jour diverses remontrances dont voici la teneur. « De l'hôtel *Gabbia d'Oro*, par exemple, ce qui vous semble important, c'est qu'il vient jouer par consonnance, dans *la Bataille de Pharsale*, avec les noms Oriane et Orion. Or, il est permis de se demander si l'intérêt porté sur cette sorte de rapports n'a pas pour rôle de réussir une parfaite occultation : celle de la dimension autobio-graphique du livre. Une facile enquête révèle que cet hôtel existe véritablement à Vérone. Sans doute est-il advenu à l'auteur d'y séjourner : son livre le dit, tout simplement. De même tombe-t-il sous le sens que certains paragraphes, peu repris ou transformés dans la suite des pages, comme la scène de la pompe à essence, sortent tout entiers de la mémoire, échappant ainsi, pour l'essentiel, aux relations que votre essai suppose. »

I. LIVRE DE VIE
OU VIE DU LIVRE?

A. *La vie de l'auteur.*

Une rapide enquête confirme qu'il est arrivé à Claude Simon de séjourner à l'hôtel Gabbia d'Oro, à Vérone, au cours d'un voyage vers la Grèce. Loin de résoudre le problème, cette indication a plutôt le mérite de le poser. Songeons d'une part, à tout ce qu'une seule journée de vie apporte d'éléments à une éventuelle autobiographie : sensations, informations, raisonnements, phantasmes, associations par milliers, et sans oublier, certes, les actions, les travaux. Observons d'autre part la quantité qu'en mobilise toute autobiographie et nous la découvrons, en comparaison, infime, dérisoire. C'est donc que, de la vie au texte, se produit notamment un intense phénomène sélectif. Ce choix est trop rigoureux pour qu'on puisse se dispenser d'en interroger les critères. Dans notre exemple : pourquoi cet hôtel-ci plutôt qu'ailleurs tel autre ? Certains ont coutume de se satisfaire d'une affirmation péremptoire : « parce que cet endroit a tenu une place importante dans le vie de celui qui écrit ». Pour plonger assez vite ces partisans du livre de vie dans l'embarras, il suffit quelquefois de prolonger le questionnaire, et demander, ingénument, quelle est cette place. Comme rien n'est dit ici qui revête cet élément d'une vitalité particulière, la réponse exige que la vie de l'auteur fasse l'objet d'investigations plus poussées. Ainsi le tenant de la confession autobiographique est-il conduit à deux attitudes peu commodes. A la poursuite, en la vie de l'auteur, des événements mythiques que son postulat suppose, il est contraint, par l'excitation croissante de sa curiosité et le recul incessant de ses découvertes, aux tourments des inquisitions infinies. D'autre part, et ceci est plus grave, il lui faut admettre le contraire de la notion sur laquelle tout son édifice repose : à un fait supposé important peut correspondre en le livre, comme ce serait le cas ici, une discrétion parfaite ; et ailleurs davantage : le silence, le secret. Il doit alors accepter non moins ce corollaire, l'invention, par laquelle, à une profusion du texte répond un vide de la vie. Par là se trouve doublement ruiné l'analogie entre la vie et le texte, où il puisait tant d'assurance prématurée. Aussi est-il peut-être temps de recourir à une hypothèse plus modeste, et dire, de cet hôtel Gabbia d'Oro, qu'il doit en tout cas tenir une place importante dans la vie du texte.

B. *La vie du texte.*

Après tout, puisque cet élément est inscrit dans un texte, est-il si exorbitant de reconnaître qu'il en peut suivre les lois ? Sans reprendre ici des analyses que nous avons produites (cf. chap. vi), il est facile de noter que ce roman organise sa légalité en jouant systématiquement sur le principe d'analogie. Les rapprochements dont il est issu s'accomplissent tant par métaphores (similitude des signifiés) que par rimes (similitude des signifiants). En d'autres termes, ce livre s'élabore par intersections. Deux ensembles s'intersectent, en effet, s'ils ont un sous-ensemble commun; c'est le cas de la métaphore (les signifiés communs qui la permettent) comme de la rime (les syllabes communes qui l'autorisent). Tout croisement d'itinéraire forme ainsi, en l'espace de la fiction, une image du principe qui la constitue : la loi d'analogie. Mieux : il obéit lui-même à ce principe et le désigne ainsi doublement. C'est par une analogie (il est une image) qu'il insiste sur le fonctionnement par analogie. On comprend donc que les croisements soient particulièrement actifs dans le livre :

> On doit se figurer l'ensemble du système comme un mobile se déformant sans cesse autour de quelques rares points fixes, par exemple l'intersection de la droite OO′ et du trajet suivi par le pigeon dans son vol, ou encore le nom de PHARSALE figurant également dans un recueil scolaire de textes latins et sur un panneau indicateur sur une route de Thessalie (p. 186).

où, selon la définition qu'on vient de lire, ils forment des pivots.

Or, précisément, Vérone est à l'intersection des itinéraires de deux voyages. Pour s'en convaincre, il suffit de rapprocher deux fragments de la dernière partie :

> Sur un grand panneau planté entre les voies on peut lire en lettres blanches sur fond bleu VERONA. Peu après le train franchit un passage à niveau... (p. 201).
> La carte routière Shell MOTORING IN EUROPE est étalée devant lui. Il calcule les kilomètres d'un itinéraire. Il écrit :
>
> | | | |
> |---|---|---|
> | Paris-Modane | 645 | km |
> | Modane-Turin | 91 | — |
> | Turin-Vérone | 242 | — |
> | Vérone-Trieste | 283 | — |
>
> (...) Vérone est une ville de 186.556 habitants sur l'Adige. Elle est située au croisement des voies de chemin de fer Milan-Venise et Florence-Trento (p. 240).

Davantage : chacune de ces deux occurrences de Vérone est accompagnée, en guise d'enseigne, d'une intersection : le passage à niveau, le croisement des voies ferrées. Peut-être serait-on tenté de se satisfaire ici d'une démonstration qui permet d'assurer, de l'hôtel Gabbia d'Oro, sis à Vérone, qu'il occupe bien, dans le texte, une place privilégiée.

Ce serait priver de son extension le principe du croisement et, en quelque manière, s'y soustraire en le démontrant. Avancer qu'un livre repose sur le principe d'intersection, n'est-ce pas dire que chacun de ses éléments tend à être surdéterminé, inscrit à la rencontre d'au moins deux déterminations ? La mise en évidence de Vérone indique une raison du choix de l'hôtel véronais : il en faut à présent produire au moins une autre.

C. *Générateurs.*

Les rapprochements par analogie ne sont sans doute qu'une conséquence : celle de la génération par analogie. C'est parce qu'un certain nombre d'éléments ont été produits à partir d'une même base génératrice qu'ils peuvent être si nombreux, ensuite, à être les uns des autres rapprochés. Il est possible de saisir en tous lieux du texte l'activité de ces générateurs et de noter alors qu'un élément du texte est surdéterminé, s'il est l'effet d'au moins deux générateurs. C'est justement le cas de l'hôtel Gabbia d'Oro.

Dans *la Bataille de la phrase*, nous avons montré que le vocable « jaune », premier mot du livre, bénéficie d'une intense aptitude génératrice (ou sélective, si l'on considère qu'un élément généré est choisi dans l'ensemble des possibles). C'est cette idée de « jaune », dans sa variante *or*, qui convoque l'hôtel Gabbia d'Oro. D'autant plus que son adresse, *Corso Borsari*, contient *or* deux fois, tandis que le nom *Verona*, lu à l'envers on le sait par le voyageur, le contient une fois lui-même.

Or l'hôtel Gabbia d'Oro est non moins l'effet de trois autres générateurs. *a*) Le générateur *oiseau* : songeons aux pigeons, aux poules, à « mon petit passereau », au petit oiseau « tire-ligne » etc. On devine son activité : Gabbia d'Oro, c'est *cage* d'or. *b*) Le générateur *version* : par lui, le texte français se trouve confronté aux langues étrangères : le latin de la version proprement dite, le grec que traduit Nikos, l'espagnol, l'anglais, l'allemand. Avec Gabbia d'Oro, on lit qu'il faut y ajouter l'italien. *c*) Le générateur *O*. Cette lettre désigne indifféremment au moins deux protagonistes et suscite de la sorte mainte perturbation. Comme nombre, zéro, elle marque la tendancielle annulation du personnage qui en découle ; comme cercle, elle indique le dispositif circulaire dont les premiers mots reprennent les derniers. Or l'hôtel et son adresse permettent d'assembler, ostentatoirement, six occurrences de suite, dans une phrase ouverte, précisément, par un O :

> *O* et son ami grec couchent à l'hôtel *Gabbia d'Oro, Corso Borsari,* 6 (p. 240).

Cette lisible surdétermination montre donc bien que c'est dans le texte que se lisent les raisons d'être d'un texte et non, fussent-ils privilégiés par diverses idées reçues, dans les flous du hors-texte. On peut donc se demander si l'intérêt exclusivement porté au livre de vie n'a pas pour rôle de réussir une parfaite occultation : celle de la vie du livre. Exaltée, la biographie masque la « graphobie ».

II. *L'ESSENCE ET LES SENS*

Supposant peut-être que la précédente démonstration est un fruit miraculeux du hasard, certain lecteur attend ici qu'une semblable analyse soit tentée sur le passage de la station service. Relisons donc ce fragment issu tout entier, paraît-il, de la mémoire :

> Il y avait seulement deux pompes devant le poste Shell, une pour le fuel, une autre pour l'essence. Il n'y avait pas de super. Les pompes étaient d'un vieux modèle à main et tellement recouvertes de poussière et de taches de cambouis que leur peinture jaune transparaissait à peine. Un peu en arrière s'ouvraient les portes coulissantes d'un hangar de tôle ondulée. Trois hommes aux avant-bras noircis s'affairaient à changer le bloc moteur du camion. L'un d'eux releva la tête et s'avança vers nous en s'essuyant les mains à un chiffon graisseux. Dis-lui de nous mettre trois gallons, dis-je, et essaie de savoir d'où part cette route dont le type du café a parlé.
> A côté du hangar, dans un enclos limité par un treillage à mailles hexagonales des pneus hors d'usage s'amoncelaient en un tas grisâtre qui venait mourir au pied d'un vieil autobus sans roues et sans vitres posé sur le ventre. Dans un cartouche au-dessus

de ce qui avait été la cabine du chauffeur on pouvait lire en lettres blanches sur fond noir ΦΑΡΣΑΛΑ-ΛΑΡΙΣΣΑ.
Quelques poulets maigres, de cette même espèce au cou dénudé, picoraient sur le sol huileux et noir. Terre gorgée de sang. AHENOBARBUS LENTULUS le sort du monde. Une chatte blanche aux yeux cernés de rose était perchée sur l'un des piquets de l'enclos barbouillé de chaux (p. 41-42).

A. *Contiguïté fortuite.*

L'impression de souvenir authentique provient le plus souvent d'un effet de contiguïté fortuite. L'assemblage d'éléments relativement disparates évince toute *composition* concertée et propose, dirait-on, un *constat* de l'ample diversité quotidienne. Il semble bien qu'on puisse dire : « *C'était comme ça,* seulement deux pompes et il y avait même des poulets et une chatte toute blanche. » Mais il suffit que la lecture se fasse plus attentive pour que la solidité du bloc se fissure. Une remarque ultérieure laisse clairement entendre, de cette scène, qu'elle n'est peut-être que le montage d'éléments appartenant à plusieurs :

> alors pas de chatte blanche peut-être sur ce poteau près du poste Shell (p. 97).

Les lois de cette composition, on le devine, ne sont rien de moins qu'une lisible activité génératrice. Mais ici se manifeste un autre phénomène : dans un bref fragment textuel, la surdétermination provient des actions superposées de plusieurs générateurs; dans un passage plus ample, elle peut dépendre aussi des opérations redoublées du même. Nous rencontrerons donc divers générateurs dont certains agiront plusieurs fois.

B. *Générateur trois.*

Que le nombre trois compte parmi les générateurs de *la Bataille de Pharsale*, quelques citations choisies au hasard suffisent à le faire entendre :

> trois bandes vert-clair (p. 121); trois longues voitures internationales (p. 165); les trois Espagnols debout descendaient (p.165); sautant brusquement l'intervalle de trois minutes (p. 170); puis une troisième aussitôt emportée (p. 170); etc.

Songeons aussi, d'une autre manière, au trio qui fonde toute jalousie, et que rend très sensible la fameuse scène où tel narrateur, à la porte d'une chambre, suppose l'accouplement du peintre et de son modèle. Notons enfin que le livre se distribue en trois parties.

Or, justement, c'est par rapport à trois qu'est présenté, en son insuffisance, le nombre des pompes : puisqu'il n'y en a que deux, il en manque une. Les mécaniciens sont trois, et c'est trois gallons d'essence qu'il faut mettre dans les réservoir. Les mailles du treillage dessinent une figure dont le nombre des côtés est un multiple de trois. Sans doute ne précise-t-on pas ici le nombre des poulets, mais si, ultérieurement, l'indication est fournie, elle est indiscutable (et offre, en même temps, le dispositif inverse des distributeurs) :

> les portes à glissière du garage étaient fermées. Je vis une des trois poules au cou décharné rose mais pas les deux autres (p. 96).

C. *Générateurs « jaune », « coquille ».*

Il eût été surprenant qu'un générateur aussi actif que « jaune » n'eût point informé ce passage. La peinture des distributeurs l'y inscrit; la célèbre enseigne Shell, une coquille jaune, l'implique. Mais cet emblème est aussi l'effet d'un autre générateur dont on devine çà et là les traces :

> des armures de métal (...) ces coquilles Saint-Jacques bombées entre les jambes massacrant (p. 176). La carte routière Shell MOTORING IN EUROPE est étalée devant lui (p. 239). Près du paquet de gauloises se trouve une coquille Saint-Jacques utilisée comme cendrier. La matière calcaire de la coquille est d'un jaune clair, presque blanc et légèrement citronnée là où le soleil la frappe (p. 259).

A mieux lire, on voit donc qu'il y a davantage : des superpositions durables ou associations. La coquille Saint-Jacques du bureau est jaune également, en effet, mais non moins, d'une autre manière, la coquille placée au pubis de l'armure. N'a-t-on pas lu, à propos d'un déguisement de Quat'z Arts, qu'un jeune homme portait « au bas de son ventre une tache d'un jaune plus sombre » (p. 19) ?

Dès lors le travail du texte autorise la lecture à accomplir d'étranges syllogismes. Mais il faut d'abord dépister, en cette scène, les conséquences d'un quatrième générateur.

D. *Générateur « noir ».*

Lorsque, dans *Locus Solus*, Roussel précise que « pour l'œuvre d'art à exécuter, Canterel voulut choisir un sujet tant soit peu fuligineux, à cause des tons bruns et jaunâtres qui domineraient forcément dans les matériaux de la mosaïque », et, dans son sonnet célèbre, Mallarmé « fantôme qu'en ce lieu son pur éclat assigne », ce sont de parfaites définitions de l'incessante activité d'une couleur génératrice qu'ils proposent. Tout ici, ou presque, semble choisi à partir du noir. Les pompes sont couvertes de cambouis, les avant-bras sont noircis. La route a été précisée par « le type du *café*. » Il y a un amoncellement de pneus. L'itinéraire Pharsala — Larissa s'inscrit sur fond noir. Les poulets picorent sur « le sol huileux et noir ».

Or, dès la première page, le noir a été interprété comme « rappel des ténèbres », indice de mort. L'on n'est donc guère surpris de découvrir ici maintes traces du vétuste et du trépas. Les pompes sont « d'un vieux modèle », et recouvertes de « poussière » (synonyme, ne l'oublions pas, de débris mortuaire). Il y a des « pneus hors d'usage » dont le tas vient « mourir » et un « vieil autobus ». Mais le titre et mille détails nous assurent que la mort, en ce livre, est souvent militaire. Il convient donc d'ajouter au recensement : « pompes » (Pompée, général romain vaincu à Pharsale), « trois gallons » (trois galons marquent l'officier : un capitaine de Reixach meurt dans *la Route des Flandres*, dont divers échos traversent *la Bataille de Pharsale*), et « un cartouche » (une cartouche). Le mot « pompes », c'est donc aussi ici, la moitié de la formule « pompes funèbres ».

E. *L'urne funéraire.*

Tel est alors le syllogisme, par lequel peut être formulée une hypothèse de lecture : le jaune appelle souvent le noir comme signe funèbre; or la coquille est associée au jaune, toute chance donc que la coquille soit liée à la mort. Certes cette conjoncture doit être vérifiée. Dans la scène qui nous occupe, la relation vient d'être mise en évidence. Ailleurs les soldats aux armures à coquille se livrent à un massacre. En Shell MOTORING, il n'est pas difficile d'entendre Shell MORT. Enfin, c'est en toute logique textuelle que la coquille Saint-Jacques offre, précisément in extremis, un réceptacle à cendres, une urne funéraire. L'association complexe du poste Shell et de la mort est donc, à l'opposite du souvenir, l'une des étapes de cette liaison au second degré qui parcourt le livre. Inversement la carte, en marquant l'itinéraire, et le poste, en produisant l'énergie nécessaire, disposent, dans le texte, comme l'image de ce fonctionnement.

F. *Jaune, noir, blanc.*

On l'a lu plus haut : là où il est frappé par le soleil, le jaune presque blanc de la coquille est citronné. Aux dernières pages, la feuille de papier au soleil est « d'un blanc citronné » et le soleil lui-même « d'un blanc jaune aveuglant ». Au début, sitôt après une évocation du soleil, il est question d'une photo jaunie. Il faut donc supposer que la luminosité a souvent pour rôle, en ce livre, de transformer le blanc en jaune, et donc, inversement, que l'atténuation de la luminosité par l'intervention du noir, métamorphose souvent le jaune en blanc. Ainsi, d'emblée, l'évocation du pigeon qui occulte le soleil au passage, entraîne la venue d'une blancheur irrécusable :

> Obscure colombe auréolée de safran. Sur le vitrail au contraire blanches les ailes déployées (p. 10).

Ou encore, peu après, si le jaune du papier est atténué par un trait noir, c'est le blanc non moins qui surgit :

> Le tout baignant dans ou recouvert d'une couche jaune uniforme soufre ou plutôt pisseuse (...) Yeux regardant comme à travers les trous de masques figés et plâtreux, percés de fentes en forme d'amandes cernées d'un trait noir tout autour. Le nuage blanc tout à fait disparu un autre envahissant lentement (p. 13).

De même, ici, l'atténuation du jaune de la pompe par la poussière et le cambouis convoque les ultérieures occurrences du blanc : « lettres blanches sur fond noir », « une chatte blanche », le piquet

« barbouillé de chaux ». Il est alors possible de comprendre pourquoi la chatte, sans doute extraite de quelque autre lieu, s'inscrit dans cette scène. Comme le cygne mallarméen, c'est sa blancheur qui l'y assigne.

G. *Génération généralisée.*

Pour en faire paraître l'efficience, nous avons été conduit à mettre l'accent sur certains générateurs. Mais, sous peine de dissimuler en exhibant, ceux-ci ne doivent pas occulter la foule des autres. Tout, à chaque instant, peut fonctionner comme générateur : le texte n'est pas seulement l'émanation d'une constellation génératrice; il est, continûment, la base de sa propre génération. Ou encore : c'est à partir de lui-même qu'il se compose. Relisons par exemple telle phrase parcourue peut-être trop couramment :

> Un peu en arrière s'ouvraient les portes coulissantes d'un hangar de tôle ondulée (p. 41).

Cinq au moins de ses éléments ont à l'évidence une fonction génératrice. Deux à hauteur de signifié : « s'ouvraient des portes » suscite par renversement la fameuse scène du jaloux devant la porte close; « ondulée » appelle les collines de Pharsale mais non moins une autre bataille : « elle fait lentement onduler et tourner son bassin sous lui ». Trois à hauteur de signifiant : « hangar » renvoie à l'arrêt *en gare* de Vérone; « tôle » détermine la fin de la séquence où un soldat est conduit en prison; « coulissantes » fait survenir, à courte portée, les poulets au cou dénudé (au cou lisse). Si elle multiplie les occurrences rapprochées, cette génération par calembour est certes ressentie comme un système de rimes. Auto*bus* convoque Ahénobar*bus* et Ahéno*bar*bus, à son tour, *bar*bouillé.

H. *Les signes de l'écriture.*

Il est quelque peu difficile, donc, de persister à lire le passage de la station service comme le compte-rendu d'un souvenir marquant. Tout y est plutôt l'effet d'une élaboration textuelle soumise à des lois rigoureuses. Mais une preuve décisive nous serait fournie, sans doute, si le texte se plaisait à désigner lui-même le mouvement scriptural qui le produit. Or, ce mécanisme, longtemps sous-estimé mais dont nous avons montré la place dans *la Bataille de Pharsale*, tient avec force un rôle générateur. A hauteur de narration, la typographie (à la manière un peu de *Nombres*) ne laisse pas de multiplier la diversité des écritures : à l'italique qui précède le paragraphe fait suite le bas-de-casse romain, accueillant à son tour les caractères grecs et les petites capitales. A hauteur de fiction, c'est ouvertement une écriture qui se propose dans le cartouche de l'autobus. En outre, il y a divers volatiles et nous n'ignorons plus à présent que l'oiseau est porte-plume ou, comme le roman le précise : « tire-ligne » (p. 93).

Mieux : par la série « jaune, noir, blanc », cette scène permet d'éclairer l'un des plus troublants paradoxes du livre. Reprenant textuellement ses termes, la dernière phrase de *la Bataille de Pharsale*, nous le savons, se présente comme la première ou encore : la première est la dernière de tout un livre effacé. Or, nous l'avons lu, la feuille de papier, sur le bureau, est citronnée : l'on devine donc que la venue, sur cette couleur, du noir de l'écriture doit produire une virginale blancheur, celle même que laissent entendre, ici, les « lettres blanches ». La feuille écrite reste apte, toujours, à accueillir une nouvelle écriture. Ou, plus exactement, il n'est de page blanche qui déjà ne soit porteuse d'un texte sous-jacent. En tout « vide papier que la blancheur défend », l'écriture suppose, pour la vaincre, les ressources d'un palimpseste.

IX

LA FICTION FLAMBOYANTE

... selon peut-être le décor
Des licornes ruant du *feu* contre une *nixe*.
Mallarmé

Dans *Projet pour une révolution à New York*, la première scène se déroule très vite. On sent qu'elle a déjà été répétée plusieurs fois : chacun connaît son rôle par cœur. Les mots, les gestes se succèdent etc. Ainsi pourrait s'ouvrir une étude sur le sixième roman de Robbe-Grillet. Or, à l'indication du titre près, telles sont les premières lignes du livre lui-même. La fiction n'y débute pas abruptement; elle requiert le biais d'un commentaire sur elle-même :

> La première scène se déroule très vite. On sent qu'elle a déjà été répétée plusieurs fois : chacun connaît son rôle par cœur. Les mots, les gestes se succèdent à présent d'une manière souple, continue, s'enchaînent sans à-coup les uns aux autres, comme les éléments nécessaires d'une machinerie bien huilée.
> Puis il y a un blanc, un espace vide, un temps mort de longueur indéterminée pendant lequel il ne se passe rien, pas même l'attente de ce qui viendrait ensuite.
> Et brusquement l'action reprend, sans prévenir, et c'est de nouveau la même scène qui se déroule, une fois de plus... Mais quelle scène? (p. 7).

C'est en lisant, non sans minutie, ce début problématique, que nous tâcherons d'abord d'éclairer le fonctionnement du texte.

I. *LE JEU DU LISIBLE*

A. *Un blanc, un espace vide.*

Il semble bien, à première vue, que le commentaire prenne pour objet une scène à venir : la première. Mais, à mieux lire, plusieurs détails se plaisent à corrompre cette certitude : ils composent une machine à produire des apories. Dire qu'il y a première scène, c'est en supposer au moins une seconde. Rien, cependant, dans la suite du livre qui en porte la marque : nulle part le blanc annoncé, ni le temps mort indéterminé où il ne se passe rien. Mieux, ils sont impossibles : lorsque l'action reprend, il s'agit, une fois encore, selon une classique mise en place du circulaire, de la première et donc unique scène.

En leur ostensible abondance, telles difficultés ne sont ni hasardeuses ni indifférentes. Leur fonction est claire : laisser entendre qu'une autre lecture doit être tentée. Or, précisément, les contradictions se résorbent à admettre, pour « première scène », ce qu'elle est aussi : « le début du livre ». En effet, lorsque la fin du volume survient, il y a bien « un blanc, un espace vide, un temps mort de longueur indéterminée pendant lequel il ne se passe rien, pas même l'attente de ce qui viendrait ensuite », jusqu'à ce que le lecteur, quelque jour, se décide à relire.

B. *Invitation à relire.*

Mais ce blanc entre deux lectures, tout ici, en même temps, se dispose pour le réduire. L'on sait que le début et la fin d'un livre sont en état de symétrie inverse. La mise en jeu de cette situation répond ici à un rôle précis. Le début est prospectif : il commente une scène à venir, il lance la lecture. La fin est rétrospective :

> Laura, tout de suite, a dressé la tête, l'oreille tendue, l'œil fixe, les lèvres serrées, *comme il a déjà été dit* (p. 214).

elle suppose un prolongement antéposé, un fragment, en le corps du texte, qu'il est désormais possible de lire autrement. C'est un courant centripète qui suscite le désir de lire et de relire. Que la relecture mette en contact avec un texte autre et comme la suite du texte en lui-même, la promesse en a d'ailleurs été faite, expressément, quelques lignes plus haut. Lorsqu'une nouvelle fois l'action reprend sans prévenir, la même scène, au-delà des similitudes, est déjà bien différente :

> Et brusquement l'action reprend, sans prévenir, et c'est de nouveau la même scène qui se déroule très vite, toujours identique à elle-même. J'ai enroulé la fillette dans une couverture, comme si c'était pour la sauver des flammes, descendant l'escalier métallique en zigzag devant la façade d'un building vertigineux (p. 214).

C. *Description de la lecture.*

Dès lors, il appert que c'est une description de la lecture, non moins, que propose le début du livre. Pour que la lecture se déroule très vite, il convient qu'elle ait été répétée plusieurs fois. Alors chaque lecteur connaît son rôle et les mots, avec les gestes de la fiction qu'ils engendrent, se succèdent bien d'une manière souple etc. Ainsi une délicate euphorie se développe à mesure que se précise, avec la définition d'une lecture heureuse, la mise en place du lisible. Deux caractères connexes signalent ici le lisible : le mécanique et le lubrifié. Avec le mécanique se profile le désir d'unité : chaque élément joue un rôle nécessaire dans un ordre d'ensemble qui le subsume. Le lubrifié est une rêverie du mécanique : par lui, chaque pièce trouve si bien l'autre et sa convenance que toute friction s'élude. Or cette « continuité », cet « enchaînement sans à-coups » ne sont pas sitôt assis qu'ils subissent, avant de resurgir, l'attaque d'un parfait adverse. Par ce hiatus blanc s'annonce que le lisible, loin d'indéfiniment s'étendre selon un flux inextinguible, aura à souffrir ici maint assaut. Par cette reprise, l'on devine qu'il s'efforcera, en toute occurrence, de ne pas se laisser subvertir. Entre le lisible anodin et son contraire redoutable, le récit s'apprête au conflit essentiel : flamme contre eau, feu contre nixe comme en le miroir mallarméen, ou en cet autre qui bientôt s'énonce, le feu, privé de son nom, s'y devant satisfaire de paraître dans le feuillage, et le foyer, dans la couleur de l'eau :

> Son cadre en bois sculpté de *feu*illages *sans nom* où la dorure s'efface, délimite une surface brumeuse aux profondeurs bleu*âtres* d'*aquarium* (p. 13).

D. *Mise en scène du conflit.*

Ainsi se multiplient les rapports du texte avec lui-même.. Si, par exemple, dans le commentaire initial, un blanc est évoqué, c'est, comme par hasard, à l'immédiate suite d'un blanc minuscule, celui du retour à la ligne. Peu après, quand la fiction remplace le commentaire, c'est en mettant justement en scène le conflit que le commentaire vient d'inscrire. Jouant de l'opposition du plein lisible et de sa rupture, du continu et du discontinu, une foncière dualité marquera le récit. Ambiguïté donc, ou, comme disaient les latins : double tête (anceps). Or, quel est le premier objet que la fiction propose ?

> Mais quelle scène ? Je suis en train de refermer la porte derrière moi, lourde porte... (p. 7).

L'ambigu par excellence, la porte, que les latins nommaient janua et dont le dieu était précisément l'anceps Janus, le dieu à deux visages. La porte, en sa fonction, ne participe-t-elle pas, en effet, à deux catégories antagonistes : le dehors, le dedans ?

Certain lecteur supposera peut-être que nous insérons dans un système l'accident d'une pure coïncidence. Invitons-le à relire une nouvelle fois le texte :

> lourde porte de bois plein percée d'une petite fenêtre rectangulaire, étroite, tout en hauteur, dont la vitre est protégée par une grille de fonte au dessin compliqué (imitant le fer forgé de façon grossière) qui la masque presque entièrement. Les spirales entremêlées, encore épaissies par des couches successives de peinture noire, sont si rapprochées, et il y a si peu de lumière de l'autre côté de la porte, qu'on ne distingue rien de ce qui peut, ou non, se trouver à l'intérieur.
>
> La surface du bois, tout autour, est recouverte d'un vernis brunâtre où des petites lignes plus claires, qui sont l'image peinte en faux-semblant de veines théoriques appartenant à une autre essence (p. 7-8).

Tout s'y compose sur le principe de la double face ou, si l'on préfère, du masque (dont il sera fait d'ailleurs abondant usage dans la suite) : la vitre est masquée par la grille. Ou du simulacre : la fonte imite le fer forgé, la peinture sur le bois est le faux-semblant d'une autre essence.

E. *Lisible frauduleux.*

Si le désir du lisible est celui d'une continuité sans *coupure* (selon le mot que proposera plus loin le texte), l'on devine que la stratégie qui l'agresse peut recourir à deux tactiques opposées : la faille ostentatoire, la rupture clandestine. En ce dernier cas, un peu comme en les oppositions où l'on retourne contre lui-même la propre force de l'adversaire, il s'agit d'utiliser l'élan de la lecture pour tendre le chausse-trape d'un hiatus subreptice. Puisque le souhait du continu est en somme le goût de la suite, une suite sera bien offerte, mais piégée :

> La surface du bois, tout autour, est recouverte d'un vernis brunâtre où des petites lignes plus claires, qui sont l'image peinte en faux-semblant de veines théoriques appartenant à une autre essence, jugée plus décorative, constituent des réseaux parallèles ou à peine divergents de courbes sinueuses contournant des nodosités plus sombres, aux formes rondes ou ovales et quelquefois même triangulaires, ensemble de signes changeants dans lesquels j'ai depuis longtemps repéré des figures humaines : une jeune femme allongée sur le côté gauche et se présentant de face, nue de toute évidence puisque l'on distingue nettement le bout des seins et la toison foncée du sexe; ses jambes sont légèrement fléchies, surtout la gauche dont le genou pointe vers l'avant, au niveau du sol; le pied droit se trouve ainsi croisé par-dessus l'autre, les chevilles sont réunies, liées ensemble selon de fortes présomptions, de même que les poignets ramenés dans le dos comme d'habitude, semble-t-il, car les deux bras disparaissent derrière le buste : le gauche au-dessous de l'épaule et le droit juste après le coude.
> Le visage, rejeté en arrière, baigne dans les flots ondulés d'une abondante chevelure de teinte très sombre, répandue en désordre sur le dallage. Les traits eux-mêmes sont peu visibles, tant à cause de la position où repose la tête que d'une large mèche de cheveux qui barre en biais le front, la ligne des yeux, une joue; le seul détail indiscutable est la bouche généreusement ouverte dans un long cri de souffrance ou de terreur (p. 8-9).

L'insidieuse métamorphose s'appuie sur plusieurs phénomènes. D'une part, la crainte de l'enlisement du récit. L'on sait que les divers éléments d'une fiction ne jouent pas le même rôle : à l'objet fixe, offert dans la simultanéité de ses parties, s'oppose l'action, sensible en la successivité de ses états. Entre l'action et la suite narrative s'établit l'heureux accord d'une analogie. Entre l'objet fixe et la narration successive surgit le discord d'une différence. Tandis que la narration passe (d'un mot à un autre), il ne se passe rien : l'on parcourt seulement des aspects simultanés. Songeons au terrible enlisement du récit que suscite la description de la jetée aux premières pages du *Voyeur*. C'est la crainte de ce désaccord entre fiction et narration qui hante la lecture dès que s'amorce la description d'un objet fixe. Tout, dès lors, paraît préférable.

D'autre part, sur ce qu'il faut nommer une gradation thématique. Celle-ci est double : évitant la menace de l'enlisement, la fiction passe d'un objet fixe à un être vivant, certes promis, en dépit de ses entraves, à une activité plus vive; ce faisant, elle quitte le frigide (une femme en bois) pour le brûlant (une femme de chair).

Mais ces particularités ne dépassent pas un rôle d'adjuvant. Si le passage s'accomplit avec une telle aisance, c'est qu'il mobilise les spécifiques ressources de la description. Au plan du quotidien, un groupe de nodosités et de veines du bois, pour évocateur qu'en soit l'assemblage, reste très différent d'une femme même : c'est que l'allure féminine de leur composition n'est qu'un aspect fondu avec d'autres dans une appréciation globale. Chaque ensemble conserve sa ferme autonomie. Il en va autrement à hauteur de fiction : tout détail est nécessairement isolé, exhaussé (en la lecture chaque mot se trouve, à un moment, au premier plan de l'attention) et disposé en l'étalement d'une succession. Par rapport à son référent, l'objet fictif perd à la fois son unité (il est fragmenté) et sa présence (il est temporalisé). Cette consistance une fois disloquée, chaque détail gagne une manière d'indépendance : « la jeune femme allongée sur le côté » échappe au contrôle de la déjà lointaine (dix lignes) « surface de bois ». Rien de plus facile alors que lui affecter peu à peu les caractères d'une femme de chair.

F. *Rappel à l'ordre.*

Ainsi, en vertu de ces précautions, la lecture s'est-elle abandonnée à un lisible frauduleux : le hiatus masqué. Riposte du lisible : une autre rive ayant été atteinte, il importe d'y asseoir désormais, et la plus ample possible, une continuité nouvelle. C'est alors toute la scène, longue de trois pages, où la jeune prisonnière est sur le point d'être victime d'un étrange expérimentateur, lui-même dérangé par un homme en smoking et, « silhouette plus chétive », par un probable serrurier. A mesure que les événements se succèdent, l'inadmissible départ de la séquence tend à s'éloigner et, à la limite, s'oublier. Pour fonctionner, l'opposition continuité / rupture doit donc se lier au quantitatif. Si la continuité est trop longue, le récit tend vers une lisibilité commune; si elle est trop brève et disparaît comme telle, le récit se risque vers une certaine « illisibilité ». Tout texte marqué par ce problème sera empreint de la périodicité d'une scansion.

Mais, pour établir une rupture, il n'est pas nécessaire de pratiquer un changement complet. En sa continuité, toute scène subit la hantise de la précédente, qu'elle occulte. Pour la rompre, il suffira d'une allusion. Sous prétexte d'apporter quelques détails complémentaires sur la situation de la jeune fille, c'est une telle attaque qui a lieu :

> Et d'ailleurs les cris de la fille, si elle était en train de hurler, traverseraient au moins partiellement l'épaisse vitre du judas rectangulaire à grille de fonte.
> Mais voilà qu'un homme aux cheveux argentés, vêtu de la longue blouse blanche à col montant des chirurgiens, entre dans le champ par la droite, en premier plan (p. 9).

Rappel à l'ordre : n'observait-on pas les nodosités d'une porte ? Pour colmater la brèche de ce retour vers un état passé, il faut l'immédiate promesse d'un renouveau de l'action : la venue d'un personnage inédit.

G. *Retour apocryphe.*

L'allusion précédente se serait-elle prolongée en séquence, qu'un autre problème aurait surgi. S'exerçant désormais sur le lieu dont la rupture sournoise l'avait dépossédée, la continuité se serait efforcée de réduire ce qui l'a rompue : l'épisode intermédiaire. Les figures du bois étant retrouvées, la jeune fille entravée, son abondante chevelure et sa bouche généreusement ouverte se résorberaient alors en l'anodine parenthèse d'un fantasme. Avec le parfait retour, une continuité ne serait abolie qu'au profit d'une autre par erreur abandonnée. Pour que la rupture soit consommée, toute *reprise* (selon le mot ultérieur du livre) doit être apocryphe. C'est ainsi, finalement, que la scène sera rompue :

> ... une silhouette plus chétive : un petit homme chauve en costume de travail avec la courroie d'une boîte à outils passée sur l'épaule, qui doit être quelque chose comme plombier, ou électricien, ou serrurier. Toute la scène alors se déroule très vite, toujours identique à elle-même.
> On sent qu'elle a déjà été répétée plusieurs fois : chacun connaît son rôle par cœur. Les gestes se succèdent d'une manière souple, continue, s'enchaînent sans à-coup les uns aux autres, comme les éléments nécessaires d'une machinerie bien huilée, quand tout à coup la lumière s'éteint. Il ne reste plus, devant moi, qu'une vitre poussiéreuse où se distinguent à peine quelques reflets de mon propre visage et d'une façade de maison, située derrière moi, entre les spirales emmêlées de l'épaisse ferronnerie peinte en noir (p. 11).

Rupture double : avec la dernière séquence et avec la pénultième. En effet, le raccord est inexact : le départ s'est accompli à partir des nodosités, le retour se fait sur la lucarne. Par ce décalage insoluble, le récit rompt avec la scène qu'il devait rejoindre et, curieusement, renoue avec la scène qu'il vient de laisser. Si la scène a été vue à travers la lucarne, alors elle ne peut se réduire à un fantasme suscité par les détails d'une porte. Mais alors, par un choc en retour, c'est l'essentiel même de la première scène qui se trouve frappé d'imposture : ce n'est pas en regardant les nodosités qu'une étrange vision s'est offerte au narrateur; en outre, il est faux que la lucarne ne permette nul regard. Loin de réussir l'adhérence promise, la tentative de soudure suscite une croissante profusion de difficultés.

H. *Le prix du lisible.*

Revirement curieux : la recherche d'une continuité aboutit à son contraire, la pause dans un interminable imbroglio. Or, l'on sait ce que n'hésite pas à faire tout lecteur pressé, avide de la suite, s'il rencontre l'une de ces « fastidieuses descriptions » qui enlisent le récit : il la saute. De même fuira-t-il le frein de l'imbroglio. Et comme les trois séquences y sont impliquées, ce sont elles qu'il faudra abandonner. A trop vouloir conforter la continuité qu'il souhaite, le lisible se voit astreint à désirer le contraire : la rupture. A partir de quoi, certes, il s'efforcera d'établir une continuité nouvelle. Schématiquement, le jeu commence ainsi : continuité I / rupture : continuité II / rupture : continuité III et soudure avec la I en abolissant la II / échec : rupture de la I et de la III, pseudo-soudure de la II et de la III, imposture de la I, imbroglio des trois / rupture souhaitée : continuité IV etc. La suite du livre apporte, on le devine, toutes manières de raffinements et de complications.

Tel est donc le prix que le lisible doit payer : il lui faut se rabattre sur une continuité provisoire issue d'une rupture avec une précédente continuité piégée et à son tour promise, sitôt les contradictions acquises, au probable abandon. Loin de toute continuité triomphale, le lisible est réduit aux derniers retranchements du relatif. Il faut appeler fiction flamboyante, celle qui s'élabore selon un semblable dispositif. D'une part, elle éclaire les procédures qui la fabriquent; d'autre part, elle se consume à mesure. Sans cesse condamnée à resurgir, autre, de ses propres cendres, elle ressemble à ce contradictoire porteur de plumes que Mallarmé, par hypogramme, se plaît à disloquer : feu-nixe, le phénix.

II. *LES MOTS DU JEU*

Nous en avons souligné plus haut un aperçu (I. D) : une fois encore, la fiction n'est pas ici telle substance antécédente qui se coulerait en un quelconque moule. Elle émane du processus narratif et contribue en quelque façon à le décrire. La fiction est, le plus souvent, une fiction de la narration. Au XIIe siècle, Baudri de Bourgueil ne s'est-il pas plu à concevoir, comme matière d'un poème, la description de ses tablettes?

A. *Fiction de la narration.*

S'efforçant donc, dans son propre domaine, de rendre compte des phénomènes qui la produisent, la fiction en multiplie les équivalents analogiques. En un sens, la fiction est une immense métaphore de sa narration. Ainsi n'y a-t-il pas lieu de séparer une thématique des dispositions narratives. Jouant ici avec le lisible, le narratif, nous l'avons vu, soumet toute continuité à la destruction d'une proche rupture. Et c'est bien en interprétant de diverses façons les caractères de ce dispositif que, de proche en proche, toute la fiction s'élabore.

a) Incendie : Nous-même, ci-dessus, s'il nous a fallu donner une image du fonctionnement auquel la fiction est soumise, c'est aux flammes que nous avons eu recours. Le texte lui-même ne procède pas autrement qui multiplie à plaisir les occurrences d'incendies et de brûlures :

> son corps nu ensanglanté devant être brûlé pour finir sur un bûcher arrosé de pétrole, embrasant de proche en proche toute la maison (...) Le feu au contraire, dès que l'allumette a effleuré un bout de dentelle imbibé d'essence, s'est répandu dans toute la masse d'un seul coup (...) En arrivant au milieu du couloir, je m'aperçois que l'incendie ronfle déjà dans la cage d'escalier (p. 41). Vous n'avez pas achevé l'histoire de l'incendie (p. 47). Pour prendre la fuite pendant que l'incendie se déchaîne (p. 82). Du buisson ardent (p. 110). « N'oublie pas de mettre le feu, Marc-Antoine » (p. 116). Profitant de l'état d'épuisement où l'ont laissée ses dernières brûlures (p. 181)...

b) Démolition : En sa continuité, chaque séquence se présente comme l'unité d'un édifice, aussi ne doit-on guère se montrer surpris de l'insistance des démolitions ou des constructions avortées :

> Quelques minutes plus tard, l'immeuble entier s'effondre dans le fracas de l'explosion (p. 83). Les blocs ont ici la même dimension que partout ailleurs, mais ce ne sont pas des blocs d'immeubles construits en hauteur : démolitions, baraquements, chantiers à l'abandon, murs aveugles constituent la plus grande partie du paysage (p. 162). Ai-je déjà signalé que, même avant la révolution, toute la ville de New York, et en particulier l'île de Manhattan, était depuis longtemps en ruines? Je parle bien entendu des constructions de surface, à l'air prétendu libre. Une des dernières maisons tenant encore debout, celle du narrateur, située dans la partie ouest de Greenwich, est investie maintenant par une équipe de dynamiteurs (p. 207)...

c) Tortures : Ou bien elle est un organisme à chaque fois promis à ce que le texte, précisément, appelle coupure. De là, les très sanglants sévices auxquels sont soumis, innombrablement, divers corps de femme :

> La victime étant ensuite immolée par éventration ou égorgement, son corps nu ensanglanté (p. 41). Sept jeunes filles de condition noble, appartenant à des tribus vaincues, doivent être empalées sur le sexe du dieu de la fécondité (p. 79). L'écartement des longues jambes, bien tendues par les liens, fait pénétrer davantage les pointes d'acier dans les chairs tendres du périnée; des filets de sang commencent à couler sur le plat de la lame et à la face interne des cuisses (p. 182)...

d) Révolution : Ou encore, état, elle est menacée d'un « changement brusque et important dans l'ordre social, moral; une transformation complète » (Robert). Ce qui rejoint le caractère cyclique du livre, permettant le « retour périodique d'un astre à un point de son orbite » (Robert), pour appeler l'idée de révolution :

> « Demain... ». Sur la dernière affiche de la série, à l'extrémité du quai, un inconnu a rajouté à la suite (...) « la Révolution » (p. 111)...

e) Thématique privilégiée : Si la fiction est, à un certain niveau, une métaphore de sa narration, il est alors permis de croire qu'une thématique privilégiée doit accompagner globalement certains processus narratifs. Ainsi n'est-ce guère l'effet du hasard si, au-delà de leur lisible différence, deux autres ouvrages récents *(Nombres, les Lieux-dits)*, utilisant la rupture et le circulaire, accueillent en leur fiction, chacun à sa manière, les mêmes idées d'incendie, d'ensanglantement, de révolution. Il y a là un clair procédé, que justement, dans *Niveaux sémantiques d'un texte moderne (Théorie d'ensemble)* : « Cette auto-consumation — *marquée dès le début par le motif du feu* », Sollers précise.

B. *Jeux de mots.*

Si violemment refusées par le lecteur traditionnel, ces dispositions agissent également de mainte autre façon. Loin de susciter les mots par exemple, la fiction en est largement tributaire.

a) Vocable producteur : Nous l'avons indiqué pour *la Bataille de Pharsale* avec le mot « jaune ». Cette démonstration indispose semble-t-il divers esprits. L'un lui reproche d'être réductrice; l'autre de donner envergure à un phénomène exceptionnel. La première réserve trahit une fois de plus l'incessante incompétence, en matière de littérature, du dogme de l'expression. Pour celui-ci, toujours un certain quelque chose à dire doit gésir à la base du texte. Tel mot, détecté comme cellule génératrice dont la matière fait l'objet de diverses opérations productrices, lui apparaît alors comme ce que le roman est chargé d'exprimer. Là où nous montrons les aptitudes productrices d'un vocable, nous sommes étrangement accusé de réduire le roman à un mot. Pour répondre à la seconde remarque, il faut multiplier les exemples. A ceux que nous avons déjà indiqués, ajoutons donc *Projet* et son travail sur le mot « rouge ».

b) *Similitude* : Ce qui signale souvent un mot comme cellule génératrice, c'est la reprise de l'idée qu'il marque, innombrablement, en le cours du récit. En effet, la production à partir d'un vocable met en jeu deux traitements principaux : l'opération similitude et l'opération différence-liée. Dans le premier cas, le problème consiste, suivant le théorème du « qui se ressemble s'assemble », à convoquer en le récit le maximum des objets relatifs au mot de base. C'est ce principe que commente le récit : la solution au conflit du noir et du blanc (de l'encre et du papier, selon cette autre thématique privilégiée, classique depuis Poe et Roussel) s'y lit comme la solution aux problèmes du texte :

> Le thème de la leçon du jour paraît être « la couleur rouge », envisagée comme solution radicale à l'irréductible antagonisme entre le noir et le blanc. Les trois voix sont chacune attribuées, à présent, à l'une des actions libératrices majeures se rapportant au rouge : le viol, l'incendie, le meurtre (p. 38).

D'où le pullulement du sanglant, « un peu de sang bien rouge » (p. 28), et des flammes, « un beau feu bien rouge » (p. 179). Mais, si les jaunes sont des antigrévistes, les rouges sont des révolutionnaires : l'idée de révolution qui fait titre est donc, ainsi qu'il convient, nettement surdéterminée. Nous rencontrerons aussi : « la terre rouge » (p. 39), « le dallage de brique » (p. 48), « mon verre de Marie-Sanglante » (p. 51), « de fines gouttes de rubis » (p. 54), « des cheveux roux » (p. 54), « appuie sur le bouton rouge » (p. 67), « au papier peint écarlate » (p. 68), « sur la moquette rouge »

(p. 71), « un étroit froncis de dentelle rose » (p. 78), « sa robe rouge vif » (p. 88), « les longues aiguilles rougies au feu » (p. 101), « leur initiale brodée en rouge » (p. 108), « une seconde coulée vermeille » (p. 124), « la poignée de porcelaine est rouge » (p. 125) etc. Ainsi le texte constitue-t-il à partir de tel ou tel mot, comme d'immenses constellations du similaire.

c) *Inversion* : Le système est évidemment plus complexe : au similaire, il est facile de joindre l'inverse, si, après la synonymie, il est possible de faire jouer l'antonymie. C'est le cas ici : au rouge, couleur la plus visible, s'oppose la parfaite absence de couleur, le noir. D'où le titre du reportage télévisé, « Le Rouge et le Noir » (p. 80), qui en signale l'importance conjointe. Et toute lecture attentive en releverait d'aussi nombreuses occurrences : « peinture noire » (p. 7), « lingerie noire » (p. 9), « d'un smoking noir » (p. 11), « ferronnerie peinte en noir » (p. 11), « squelette de lignes noires » (p. 14), « ma silhouette qui se découpait en noir » (p. 17), « du type en ciré noir » (p. 19), etc.

d) *Différence* : Ce qui suscite la résistance la plus violente, nous le savons, c'est moins cette extension de la métaphore et de l'oxymoron, que le phénomène de la différence-liée. Celui-ci met en jeu un théorème qui généralise les principes rousselliens : pour obtenir, à partir d'un vocable, l'ensemble des éléments différents dont il est capable, il suffit de transformer par des opérations similitude son niveau signifiant. C'est-à-dire, notamment, les homogrammes et homophones, les anagrammes et « anaphones », les sous-anagrammes et « sous-anaphones ».

Rouge, donc, c'est : *orgue* : « l'organiste aveugle continue de venir » (p. 211), *rogue* : « c'est impossible et tu nous embêtes » (p. 151), *jour* (geour) : « la police qui tient régulièrement à jour » (p. 130), *goure* : « j'ai dû commettre une grave erreur » (p. 182), *urge* : « Mais le temps presse » (p. 208), *roue* : « la voiture blanche sans roues » (p. 177), *roué* : « je l'ai giflée plusieurs fois » (p. 171), *grue* : « un énorme camion à grue » (p. 161), *ogre* : « pour m'acheter un sandwich au bœuf cru » (p. 155), *gourd* (gour) : « comme engourdie » (p. 121), *joue* (geou) : « la ligne des yeux, une joue » (p. 8), « les orateurs de leur côté jouent » (p. 40), *goret* (goré) : « des œufs au jambon » (p. 99) et « l'un d'eux, en particulier, est tout à fait malpropre » (p. 107), *gré* : « pas assez complaisante à mon gré » (p. 171), *rue* :

« j'achève de me retourner vers la rue » (p. 13), *guet* (gué) : « comme un factionnaire » (p. 20), *gai* (gué) : « s'exclame le docteur avec un bon rire » (p. 155), *roux* (rou) : « des cheveux roux » (p. 54), *goût* (gou) : « le goût de la grâce et du péché » (p. 205), *eros* (ero) : « des romans-photos érotiques » (p. 95), *héros* (ero) : « aux aventures des héros » (p. 91), *gros* (gro) : « une affiche géante » (p. 111), *houe* (ou) : « la laboureur avec sa houe à bras » (p. 39), *or :* « un stylo en or » (p. 148), *rôt* (ro) : « des sandwiches au rosbif » (p. 73), *jeu* (ge) : « des compagnes de jeu » (p. 95), *je* (ge) : « Je suis en train de refermer » (p. 7), *os* (o) : « les os sont si bien rongés » (p. 214), *air* (r) : « l'air sort des poumons » (p. 39).

Certes d'autres jeux peuvent-ils accroître les aptitudes du système : le métagramme par exemple, ou un joycien polylinguisme qui ne saurait guère surprendre dans un livre où il est indispensable, pour faire la révolution en Amérique (entendons notamment : composer un *Projet pour une révolution à New York*), de « parler vingt-trois langues, y compris la gaëlique et l'afrikaans ». Ainsi les deux principales occurrences qui manquent à la liste précédente servent, elles, de départ à ces opérations. Un métagramme par adjonction à l'initiale permet d'obtenir, à partir de l'absent *orge*, les deux seules possibilités si souvent reprises, *orgé* et *gorge :* « le fer forgé » (p. 7), « gorges, tores » (p. 13), etc.; un calembour bilingue passe du manquant *ergot* (ergo) au latin pour produire *donc :* « Donc, vous vous appelez Robeson ? » (p. 99). Sans multiplier les exemples, signalons cependant, mainte fois inscrit, un clair métagramme par substitution de *rouge, bouge :* « ne pas bouger » (p. 82).

Faisant appel aux rimes, diverses procédures voisines sont encore utilisées. Parmi les plus lisibles, citons la chaîne : rouge, « orgue », organiste (p. 211), organe (p. 193), « orgasme » (p. 202), Morgan (p. 72), mort (p. 96) et gants (p. 48), etc. Ou encore, déduite des deuxième et troisième mots du volume, cette robe grillée : « elle laisse tomber le fer brûlant sur la robe verte où (...) il laissera un large trou triangulaire à la place du sexe » (p. 82). Loin d'être exceptionnel, ce travail roussellien sur les sons et les lettres est à l'œuvre, depuis le roman de jeunesse inédit *Un régicide* (« ci-gît Red » ou Maurice / Boris), dans tous les textes de Robbe-Grillet.

C. *Jeux de scène.*

A cette méthode, qui permet surtout d'offrir au récit un ensemble d'éléments ordonnés, se joint un travail sur des agencements plus amples. Une action quelconque peut en effet servir de base à la production d'un grand nombre de scènes. Il suffit de lui appliquer certaines des opérations précédentes : la similitude, l'inversion.

a) Similitude : Partons de la première scène, l'action majeure qui s'y dispose est celle de pénétration : à partir des dessins du bois s'accomplit, étrange, une manière de traversée de la porte. C'est par analogie avec cette idée que la séquence elle-même se compose : « le genou pointe » (p. 8), « le faisceau a été dirigé » (p. 9), « quelque pièce de lingerie noire fourrée de force entre les lèvres » (p. 9), « un instrument effilé (...) une insémination artificielle (...) un cathéter » (p. 10), « la porte du fond s'ouvre à ce moment avec violence et un troisième personnage apparaît » (p. 11), « serrurier » (p. 11). Outre cette micro-activité, l'idée se propage en tous lieux du texte et y impulse de nouvelles séquences : les viols réitérés, les innombrables objets pointus (couteaux, fragments de verre, clefs, aiguilles, pals, pointes de sein, de crayon, etc.), les agressions de toutes sortes, les regards par la serrure ou la fenêtre, etc.

b) Inversion : En réponse s'accomplit, conjointe, une averse d'inverses. Quand se produit la pénétration à travers le bois de la porte ? Au moment où le narrateur sort de sa maison. A la limite, il n'y a pas de sortie qui ne suscite un retour; une pointe un creux : « le bout des seins et la toison foncée du sexe » (p. 8); une descente une montée : « m'apprêtant à descendre (...) gravir ensuite » (p. 12-14); une lueur une ombre : « la lueur crue du bec de gaz qui se trouve à proximité projette son ombre encore agrandie » (p. 15); un cri un bâillon : « elle veut crier mais une main chaude et ferme se plaque sur sa bouche » (p. 17); une vérité un faux : « les traits du vrai Ben Saïd (...) en liaison constante avec le faux Ben Saïd » (p. 198-204), etc. Cette permanente coexistence de l'inverse et du similaire est si caractéristique que le récit l'interprète par diverses allusions à l'homosexualité : « la brigade des mœurs en quête d'homosexuels mineurs » (p. 61). Par elles sont mis en jeu, en effet, simultanément, inversion et même sexe.

c) *Permutation* : La coexistence de l'inverse et du similaire trouve sa solution la plus élégante dans la permutation. En ce cas en effet, il y a à la fois inversion, puisque chaque élément prend la place de l'autre, et similitude, puisque le dispositif général est maintenu. Le principe est formulé explicitement :

> Ce couple d'Américains moyens venus chez le fabriquant de masques sur les conseils du médecin de famille : ils voulaient se faire faire à chacun la tête de l'autre, afin de pouvoir jouer à l'envers le psychodrame de leurs difficultés conjugales (p. 55).

et maintes fois appliqué, notamment lors de cette tentation buñuellienne :

> Elle a vu le crâne chauve de l'homme courbé dans la position du voyeur (...) Laura s'était d'abord décidée à lui crever l'œil avec une aiguille à tricoter (p. 113).
> Laura se penche contre la première pour tenter d'apercevoir, par le trou de la serrure, ce qu'il y a de l'autre côté; mais elle ne voit rien, et elle n'ose pas insister à cause de l'aiguille à tricoter du petit homme chauve (p. 118).

d) *Combinaison* : Le récit ne paraît, cependant, que si les éléments de ce réservoir se trouvent liés en séquences. Comme ils sont choisis selon les directives d'un système spécifique, leur intégration à un autre système y produit toutes manières de désordres. Un conflit s'institue entre la diversité nécessaire au déroulement de la fiction et l'homogénéité inquiétante (similitude, inversion etc.) du matériel mis en œuvre. Pour résister à tels insidieux dérangements, le récit peut recourir à des jeux de relations très solides, bien connus et admis, proches du stéréotype :

> des situations analogues se trouvant dans la plupart des romans vendus par les librairies galantes de Times Square (p. 93),

et dans lesquels les composants seront comme soudés au feu de l'action. Mais cette ultime défense contre l'invasion du similaire est, on le devine, une arme à double tranchant. Porté à son paroxysme (recettes, ici, du roman populaire érotique ou policier), le stéréotype révèle ce qu'il est, un procédé obéissant au principe contre lequel il lutte : la similitude. Compte tenu de ces contradictions, l'ensemble doit donc se lire comme une contestation étagée : la similitude des éléments perturbe la séquence; la stéréotypie des séquences dérange la sacro-sainte variété du récit.

III. *UNE SUBVERSION AMBIGUË*

L'autre jour (*le Figaro littéraire*, 26/1/70), Pierre Bourgeade traitait *Tel Quel* d' « arrière-garde », depuis (*le Monde*, 30/10/70), il prononce le mot « réactionnaire » à propos de *Projet pour une révolution à New York*. Il ne serait donc pas trop pour nous surprendre que le roman de Robbe-Grillet offrît maint aspect subversif.

A. *Le double dogme du représentatif.*

Ce que toute une littérature moderne nous a appris de manière décisive, c'est notamment l'idée qu'en un récit, la fiction, loin de singer un quotidien quelconque, se développe selon de singulières lois spécifiques. C'est parce qu'elle diffère du quotidien qu'elle peut agir, non par une analogie illusoire. Attendre d'une fiction qu'elle cesse d'être fiction pour accueillir, tout crus, d'entiers fragments du quotidien, c'est perpétuer un vieil obscurantisme. Mais Bourgeade fait mieux :

> Rien n'est plus facile aux États-Unis, pays que les problèmes de l'époque coupent en deux (Noirs, pauvreté, Vietnam) et qui, depuis sa révolte étudiante, vit en état de crise nationale. Or bien évidemment, rien de tout cela n'apparaît dans le livre. Malgré son titre racoleur, ce roman n'est rien d'autre qu'une petite histoire de sadiques...

Il reproche au titre de formuler un mensonge : il s'agit non d'un projet de révolution mais d'une petite histoire de sadiques. Un bref détour est ici nécessaire. Considérer ce roman exclusivement comme « une petite histoire de sadiques », c'est adopter le curieux point de vue qui réduirait *Un amour de Swann* à une petite histoire de cocu et *la Fugitive* à toujours la même petite histoire. Supposer faux le titre d'un roman, c'est admettre que tel autre puisse être vrai. Cette candeur curieuse doit être analysée. Un titre, sans doute, c'est ce que, paradoxalement, le texte offre de plus opposé à lui-même. Tout ce qui tisse sa complexité, les mille liens, le jeu des contradictions, une mobilité incessante, est simplifié, subsumé, figé en les quelques mots d'une courte formule substitutive.

Titrer, c'est trahir : par dissimulation et simulation. Plus le titre est lu comme l'analogue du contenu d'un roman et plus l'occultation des complexités textuelles risque d'être parfaitement réussie. Le rapport du titre à la fiction est un conflit, non un accord. En un sens, le texte romanesque produit l'impitoyable critique du titre qui le couronne. Mais le souhait de Bourgeade, un titre représentatif, outre cette occultation, projette le texte dans un univers bien connu : celui de la marchandise. Si la marchandise ne correspond pas à l'étiquette, c'est le contrat commercial qui est rompu. Le dogme représentatif dispose donc un double système spéculaire : le roman, « miroir que l'on promène le long d'une route »; le titre, miroir que l'on place devant le contenu d'un roman. Subvertir ce système revient à détruire ces deux miroirs. Or, c'est à cela précisément que *Projet pour une révolution à New York* s'applique. A l'abondante diversité du quotidien, il répond par les fréquences excessives (par exemple le rouge) qui suscitent, entre les objets concernés, de curieuses parentés textuelles. A la révolution risquée par le titre, il oppose les troubles les plus ambigus. Loin de s'établir entre le titre et les événements de la fiction, la convenance joue plutôt, maintenant, entre le titre et le fonctionnement du texte. Titrer sur la révolution, c'est, ainsi qu'on l'a noté (II. A. d), ici renvoyer d'une part aux continuités narratives toujours rompues, d'autre part au dispositif circulaire général. Ainsi procèdent, chacun à leur manière, *la Bataille de Pharsale* qui désigne moins tel combat macédonien que, par anagramme, les conflits de *la bataille de la phrase; la Vie sur Epsilon* qui, sous prétexte de planète, insiste surtout sur les aventures du *cinquième* roman d'Ollier; *la Prise de Constantinople* qui annonce moins le siège d'une ville que, par métagramme, l'allure byzantine de *la prose de Constantinople*. Ou encore, plus directement, *Comme* signalant une méthode de lecture, *Personnes* un travail sur certains pronoms, *Nombres* un texte opéré par le numérique des scansions.

B. *L'agression inverse.*

Parmi les dogmes qui nuisent à la lecture du texte romanesque, il faut compter aussi la foi en la mythique possibilité d'un récit linéaire, naturel, innocent. Pris dans leur ensemble, les romans de

Robbe-Grillet peuvent se lire comme une subversion incessante, systématique, de cette croyance tenace. Seulement, les procédures se sont inversées : à une critique *par défaut* fait suite une mise en cause *par excès*. Loin d'être évoqué, le viol de la jeune Jacqueline, dans *le Voyeur*, est dissimulé par le blanc d'une censure; c'est à partir de cette absence contrainte que s'élabore son efficace : le récit en est hanté, agressé de toutes parts. Loin d'être refoulé, le viol, dans *Projet*, s'affiche d'emblée et bientôt se multiplie en tous lieux du texte; c'est par cette abondance calculée que s'accomplit son action : la diversité du récit subit son contraire, l'obsession d'une insistance. Dans *la Jalousie*, le narrateur n'accède ni à la parole ni à l'acte : il est exclu du *je* comme du *jeu*. Ainsi le récit est-il distordu par l'obstination d'un prégnant principe de cohérence (c'est le « mari ») et, à un autre niveau, par sa catégorique exclusion. Dans *Projet*, « le narrateur » se montre agressivement comme celui qui agit et celui qui raconte; mieux : à un moment ou l'autre, il tend à devenir chacun des personnages :

> Agacé par leur manège, le narrateur - disons « je », ça sera plus simple — cherche longuement (p. 73).
> Ils ont l'air incertains, fatigués. M décolle un instant son masque, d'un geste machinal, pour tenter d'effacer avec le plat de sa main les plis de son vrai visage, par-dessous; et Morgan, qui lève alors les yeux des paperasses accumulées sur la table, reconnaît avec stupéfaction les traits du narrateur. Sans hésiter, me voyant découvert... (p. 213-214).

Perdant, par le fait des subites injections du *je*, la certitude de ses repères, le récit se trouve en quelque façon « déboussolé ».

C. *La subversion mal entendue.*

Dans les premiers romans de Robbe-Grillet, *le Voyeur* et *la Jalousie* notamment, l'on assiste à d'innombrables descriptions d'objets fixes : dans l'un par exemple la jetée, la bananeraie dans l'autre. Il s'agit là, on le sait, d'un fantasme de la description précise : tel objet s'offre dans une immobilité propice sans que nul incident n'en vienne détourner. Mais il y a plus : ainsi que nous l'avons signalé plus haut (I. E), un conflit se déclare entre narration dynamique et statique fiction; il est reçu comme un périlleux enlisement du récit. Ces chicanes ne sont probablement obtenues que si le livre se compose dans une lenteur de principe qui refuse de se laisser entraîner par l'évolution des événements. Dans *Projet*, c'est tout le contraire. Aux amples descriptions d'objets immobiles jadis à plaisir prolongées, se substitue une cascade de péripéties, pleines de rejaillissements imprévus, qui rejoignent ouvertement celle des fictions populaires : romans policiers et d'espionnage, érotiques et d'aventures. Davantage : les rebondissements, loin d'accumuler les surprises traditionnelles d'une même histoire, sont à chaque fois, par toutes manières de contradictions dont nous avons esquissé l'analyse (I. G), comme des segments, plus ou moins voisins, d'histoires différentes. Pour suivre une courbe gauche et lui rester autant que possible tangente, toute droite est ainsi contrainte de rompre sa continuité rectiligne en une polygonale ligne brisée. Ou encore : le borgesien *Jardin aux sentiers qui bifurquent* laisse place à l'inadmissible *Sentier aux jardins qui bifurquent*. Le fil du récit n'est plus embrouillé, il casse sous le rythme excessif d'événements toujours moins contrôlables. C'est par une accélération démentielle, sensible en particulier lors du paroxysme terminal, que le récit est mis en cause. Quant à l'élaboration du livre, certes s'accomplit-elle dans un emportement qui se laisse enflammer par ses incessantes découvertes.

Nul doute que cette sorte de subversion soit contestée : son principe même l'y condamne. Il est clair que c'est pour en époumonner le récit et les critiquer eux-mêmes, en faisant surgir leur stéréotypes, que *Projet* met en jeu les divers genres romanesques populaires. Il est non moins discutable, inversement, que le livre, tout en les portant à l'incandescence, bénéficie, jusqu'à une certaine popularité, de l'élan que ces recettes lui fournissent. Qui peut prétendre même que maint lecteur de policiers ou d'érotiques ne lira pas *Projet* en occultant ses particularités subversives (les mettant entre parenthèses comme d'autres, pour d'autres textes, sautent les descriptions) pour y seulement saisir, selon un malentendu savamment permis, çà et là des bribes de leurs lectures favorites ? En outre, ajouterait un renchérissant extrémisme, s'il s'agit de travailler la discontinuité pourquoi ne pas laisser intervenir incessamment la coupure et briser à l'infini la ligne polygonale ? Ces réserves, peut les subir tout texte qui plus ou moins opère, comme *Projet*, dans ce qu'il faut définir comme le domaine primo-roussellien.

L'on sait que le premier procédé de Roussel comporte deux phases. L'initiale forme une manière de fabrique : à partir d'un certain groupe de mots, la mise en jeu des consonnances produit un nouvel ensemble aux signifiés très hétéroclites. La seconde est un assemblage : elle unit les incohérentes données obtenues en la description d'un appareil ou le récit d'une histoire. Certains lecteurs sont alors tentés de reconnaître, d'une étape à l'autre, l'effet d'une récupération : l'activité productrice de la fabrique serait arrêtée, censurée, intégrée, par la sage nappe d'un langage plus tranquille. Or c'est peut-être là une vue un peu courte de la contradiction. Aucune des deux phases n'intéresse Roussel pour elle-même : ni la multiplication indéfinie des calembours, ni les habituels récits de la tradition. Ce qui lui importe, c'est le conflit de la transformation et de la formation. Il ne faut pas omettre, en effet, dans le premier procédé roussellien, la seconde face de la controverse : l'assemblage contredit l'éclatement initial mais l'éclatement initial ne cesse de contredire l'assemblage. Si, à partir d'une transformation (celle du groupe de départ) se produit une formation (à partir d'un dispositif d'accueil), cette formation est elle-même transformée par ce qu'elle met en forme. Si le récit final parvient à s'imposer, ce n'est qu'en passant, du ver cithariste d'*Impressions d'Afrique* à la hie volante de *Locus Solus*, par d'innombrables élucubrations qui le mettent en péril : lisiblement travaillé par un sous-jacent principe, il ne peut plus paraître, gauchi, que comme un récit truqué. Loin de subir une récupération, ce qui ici s'intègre transforme le lieu de son établissement. Ainsi, à sa manière, *Projet* ne s'approche-t-il des récits populaires contemporains qu'en changeant radicalement leur domaine, notamment par le système des coupures non cicatrisées.

L'autre remarque relève d'une voisine attitude : prétendre, par d'incessantes ruptures, proscrire la venue de toute formation c'est, de manière à peine travestie, tenter d'abolir la contradiction pour parvenir au mouvement pur, à la mystique d'une mobilité sans résistances, exact pendant de la croyance en une stabilité sans métamorphoses. Seul peut se transformer ce qui vient d'être posé. Proust ne pratique de si violents voyages temporels à l'aide du mécanisme des similitudes, qu'il n'ait établi une longue chaîne d'événements successifs. Sollers, dans *Nombres*, n'opère de si brutales transformations qu'il n'ait posé, si brève fût-elle, la présence du segment à renverser :

> Ce « nous » se perdait, revenait, tremblait, et revenait sans cesse : je pouvais ressentir sa présence, une présence de mots vivants. A ce point, justement, il n'y a plus place pour le moindre mot. Ce qu'on sent aussitôt, c'est la bouche (p. 11).

En ces domaines, le discontinu combat le continu : il ne l'exclut pas.

D. *La responsabilité référentielle.*

Nous le savons : s'élaborant ouvertement selon de spécifiques lois, la fiction moderne échappe au mirage représentatif : ainsi se trouve-t-elle investie par ce qu'il faut nommer une responsabilité référentielle. Trompeuse, feignant les choses mêmes pour s'abolir comme telle, la fiction représentative peut indifféremment en accueillir n'importe quel aspect. Détrompeuse, se différenciant des choses mêmes pour s'établir comme telle, la fiction moderne est astreinte à une minutieuse vigilance. Si le référent des éléments qu'elle organise n'est pas le lieu de conflits très brûlants, alors les respectives spécificités de la fiction et du quotidien seront faciles à saisir : telle description d'un arbre, en une fiction, ne saura guère passer pour une monographie botanique. Dans le cas contraire, maintes confusions s'accompliront entre quotidien et fictif, au constant bénéfice du brouillage obscurantiste. Tout agencement de la fiction capable de conforter tel des protagonistes sera sitôt extrait, monté en épingle et entendu comme représentatif du quotidien. Plus que tout autre, on l'imagine, le politique et ses aspects les plus violents, guerre civile et révolution, se situent au centre de ce domaine névralgique. Si Claude Simon a pris le méticuleux soin d'interdire, dans *le Palace*, tout sigle de partis, c'est pour que ne puissent abusivement se confondre, au détriment de l'un comme de l'autre, un ordre politique et un ordre littéraire. C'est pour le même motif que le titre n'en a pas été : *Tentative de restitution d'un épisode de guerre civile à Barcelone*. Or c'est un titre de cette sorte, très agressivement, que propose le sixième roman de Robbe-Grillet. Si reste certes possible la lecture correcte qui ne laisse pas cette fiction se substituer aux analyses économiques, sociales et politiques, ni détourner de l'action quotidienne, d'autres attitudes se trouvent encouragées, toutes appuyées sur la formule représentative du *c'est comme ça*. Le représentatif comme démagogie assure, à juste titre, que les U.S.A. « ce n'est pas comme ça » et en déduit avec hâte que tel est précisément le défaut du livre (on reconnaît Pierre Bourgeade). Le représentatif comme illusionnisme rassurant admet que « c'est comme ça » et qu'il ne sera guère pénible, en conséquence, de juguler une révolution aussi abracadabrante (on reconnaît certains lecteurs « avancés » des beaux quartiers). Le représentatif comme mirage double croit que « c'est comme ça » et que c'est de cette manière, ici ou là-bas, qu'une révolution doit être produite (on reconnaît ceux qui, en règle générale, prennent leurs fantasmes pour réalité).

Tels malentendus, nul doute que *Projet pour une révolution à New York* se soit plu à les mettre en place, à les travailler, à les faire paraître. C'est, pour ce livre, une autre manière de jouer avec le feu.

X

NOUVEAU ROMAN, TEL QUEL

> Quel serait donc cet événement? Il aurait
> la forme extérieure d'une rupture et d'un
> redoublement.
>
> Derrida

S'en tenir sans fin aux labels, c'est se permettre l'avantage périlleux de manipuler d'étranges syncrétismes; c'est, un Valéry l'a
maintes fois noté, la très commune manière d'étudier les textes
singuliers. Inversement, se laisser séduire par l'individualité des
œuvres, c'est s'exposer aux mirages de l'original; c'est risquer
d'omettre les précis rapports liant les textes. Evitant d'obéir à
l'une ou l'autre de ces tentations, convoquons ici, sur pièces, le
jeu complémentaire des divergences et des similitudes. A partir
de problèmes exacts, essayons de classer plusieurs ouvrages récents.
Prises en elles-mêmes, les éventuelles superpositions permettront
de dépasser le singulier vers l'amorce de procédés typiques;
par leurs probables oppositions respectives, elles esquisseront quelques-unes des différences qui distinguent deux sortes de fictions.
La Maison de Rendez-vous, d'Alain Robbe-Grillet (1965), *le Libera*,
de Robert Pinget (1968) d'une part et, de l'autre, *Personnes*, de
Jean-Louis Baudry (1967) et *Nombres*, de Philippe Sollers (1968)
formeront le champ de cette étude. Les problèmes du *personnage*,
de la *formalisation*, de la *représentation* en marqueront les étapes.
Ainsi, à partir d'un aspect essentiel de la fiction, s'enchaîneront
le technique et l'idéologique.

I. MORT DU PERSONNAGE FICTIF

Nous le savons : la notion traditionnelle de personnage est remise en cause, de mille manières, par le mouvement de la littérature moderne. Ce n'est guère hasard si un Claude Ollier s'est plu à intituler *la Mort du personnage* l'une de ses pièces radiophoniques : il est aujourd'hui possible d'établir le déroulement d'une fiction comme l'ironique allégorie de cette dégradation irrémissible. Mais, cette métaphore, qu'est-elle sinon l'actuel écho d'une annonce prophétique passée inaperçue, quelque peu, autrefois, à l'aube de la modernité ? Dans la célèbre lettre qu'il écrivit à Sainte-Beuve au sujet de *Salammbô*, Flaubert faisait l'aveu démesuré qu'en son livre, le piédestal était trop grand pour la statue. Les minutieux scrupules flaubertiens sont un peu trop connus pour que la plus vive circonspection, en l'occurrence, n'ait été de mise. Quoi ! l'auteur de *Salammbô* allait chercher chez Ammien Marcelin les détails de quelque carthaginoise porte ; il pourchassait en tous lieux du texte de microscopiques allitérations involontaires, et il eût toléré pour son livre, après des années de labeur, une disproportion si monumentale ? Sachons plutôt lire que, s'adressant dans une époque défavorable à un critique puissant et rétrograde, il n'y avait guère d'autre subterfuge pour faire entendre que le roman, désormais, ne serait plus trop comparable à une statue sur un socle ; que toujours plus étroitement soumis aux nouvelles procédures du livre, le personnage entrait maintenant dans la voie de la déchéance. Bouvard et Pécuchet deviendraient bientôt la pure et simple commodité d'un recensement encyclopédique.

A. « Ça, c'était un personnage ! »

La Maison de Rendez-vous s'inscrit irrécusablement dans cette perspective et, plus encore, incline à le souligner. Le titre d'une pièce se précise, c'est de *l'Assassinat d'Edouard Manneret* qu'il s'agit. Or ce titre forme un équivalent visible à celui de la pièce d'Ollier : Edouard Manneret n'est-il pas le seul dont le récit assure, non d'ailleurs sans comique, que « ça, c'était un personnage » ? Et, de fait, c'est bien Manneret, éternel ressuscité en la trame du livre, qui est victime, innombrablement, de toutes manières de meurtres. Nul doute que nous n'assistions là à l'une de ces fables intérieures par lesquelles les romans se plaisent, en un point ou un autre, à désigner leur fonctionnement même. Sa morale est la suivante : au toujours renaissant personnage, le roman doit infliger la violence d'inlassables massacres.

S'en prendre au personnage, c'est-à-dire à l'unité d'une identité, revient à produire des troubles de classement. L'opération comporte deux phases : dissocier l'individu en fragments incomparables ; distribuer les éclats selon l'ordre d'unités inédites. Comme pour le mimétisme animal en lequel les taches disruptives dispersent le spécimen en de nouvelles figures établies par analogie avec la variété de l'alentour, il s'agit de disjoindre une unité, puis d'amalgamer des éléments divers. Ces perturbations prennent pour objet, on le devine, les attributs traditionnels du massif personnage balzacien : le patronyme, le rôle social, la nationalité, la parenté et parfois jusqu'à l'âge et l'apparence.

Dans *la Maison de Rendez-vous*, l'activité disjonctive semble obéir d'abord à deux tendances inverses : celle qui unit la perennité du nom et la diversité des rôles ; celle qui lie la variété des noms et la continuité du rôle. Dans le premier cas, il faut citer Manneret. Si son patronyme reste apparemment stable, sa fonction subit d'étranges métamorphoses dont les états successifs, sans être tous incompatibles, s'ouvrent pourtant aux excès d'un inquiétant mélange. La page 70 le propose écrivain : « Il est à sa table de travail. Il écrit ». A la page 84, le voici personnage de la pièce : « L'Assassinat d'Edouard Manneret ». A la page 85, nous le découvrons peintre : « la Maïa, qui est un tableau célèbre de Manneret ». Page 117, tout porte à croire qu'il s'agit d'un usurier dont la malignité serait célèbre. La page 167 le révèle « à la fois médecin, chimiste, vaguement féticheur », tandis que la page 208 dénonce en lui une curieuse sorte d'agent secret :

> Edouard Manneret vient d'être assassiné par les communistes, sous le prétexte — évidemment faux — qu'il était un agent double au service de Formose. Il s'agit en réalité d'un règlement de compte bien plus trouble, bien plus complexe.

Enfin, discordance majeure, sa mort n'interrompt guère sa vie... Inversement, le rôle de fiancé de Lauren est tenu par certain négociant hollandais dont le nom subit diverses transformations sonores ou orthographiques. Une première alternative se propose page 13 : « ce Marchat, ou Marchand n'était pas un habitué de la maison »; une seconde est offerte à la page 210 : « Il s'agit de Georges Marchat ou Marchant ».

A mieux lire cependant, l'élément stable se trouve contesté dans un cas comme dans l'autre. Le patronyme Manneret voit sa solidité compromise par les transparentes allusions aux noms des peintres Manet et Man Ray qui tendent respectivement à le réduire ou le rompre. Quant au fiancé de Lauren, ce négociant Marchat, est-on si certain de connaître son métier? La page 185 en ferait plutôt, non moins que Manneret, un peintre connu :

> J'ai eu cent fois l'occasion de contempler à loisir ces sculptures, ces toiles, ces pastels dont je connais même les signatures, presque toutes célèbres. Edouard Manneret, R. Jonestone, G. Marchand etc.

Plus : dans ce livre où le théâtre tient une place insistante, les claires références phonétiques à des noms d'acteurs bien connus comme Jean Marchat ou Georges Marchal ne laissent pas de lui prêter, insidieusement, les aptitudes d'un comédien. Sa nationalité elle-même n'est pas très sûre : à une question qui le suppose français, il est répondu, page 97, d'une façon indécise : « Non, hollandais, je crois ». Enfin ce promis n'est-il pas seulement, page 56, « ce jeune homme insignifiant avec lequel Lauren passe généralement pour fiancée »?

Ainsi rien de vraiment solide ne subsiste ni des rôles, ni des noms. L'exemple le plus surprenant est sans doute offert par les transformations réversibles de Lady Ava, belle tenancière de la Maison Bleue, en la germanique Eva Bergmann, puis en Jacqueline, vieille actrice née à Belleville qui radote, sur la maison Bleue, des histoires qu'on lui aurait autrefois contées... Mais la disjonction la plus complexe est celle qui produit l'impossible R. Jonestone, Jonstone, « celui qu'on appelle Johnson ou même souvent « l'Américain », bien qu'il soit de nationalité anglaise et baron » (p. 46), Sir Ralph, « cet Américain fraîchement débarqué » dont l'air d'indifférence « probablement lui a valu son surnom britannique » (p. 53) et qui, Portugais de Macao à la page 95, exerce les activités de planteur, de peintre, de trafiquant de mineures et de drogues, d'agent communiste, et en arrive à jouer même, le cas échéant, un rôle de médecin.

Nous l'avons noté : ces éléments disparâtes qui disloquent chaque unité permettent à l'effet de similitude de produire d'inquiétants amalgames. Ecrivain, rôle de théâtre, usurier, médecin, chimiste vaguement féticheur, agent secret : cette accumulation excessive fissure l'identité du peintre Manneret. Celui-ci, dès lors, tend d'autant plus à se confondre avec tout autre personnage qui, non moins détérioré, serait également peintre. Des hybrides curieux, de fugaces assemblages issus d'étranges rendez-vous surgissent ainsi au cours de la lecture. En effet, systématiquement, les rôles communs se multiplient. Peintres sont Manneret, Johnson, Marchand. Médecins, en quelque sorte, Johnson et Manneret. Trafiquants de drogue, Manneret, Johnson, Lady Ava qui se livrent aussi à l'espionnage. De Manneret, Johnson et Marchand, à Lady Ava et Lauren, personne qui ne s'abandonne à quelque commerciale activité. Enfin la plupart portent des patronymes évocateurs de comédiens notoires : Marchand (Georges Marchal) Johnson (Van Johnson), Bergmann (Ingrid Bergman), Kim (Kim Novak), Ralph (Georges Raft), Lauren (Sophia Loren), ce qui, de surcroît, réduit le morcellement de leur être à la possibilité d'un simple paraître.

Guère moins que les rôles, les noms connaissent d'ailleurs ces facteurs communs. Ils fonctionnent aussi comme des sas insidieux : la lecture est tentée de les emprunter pour passer d'un vocable à un autre. Ki est commun à Kim et à Kito, To à Kito et Jonestone, Man à Manneret et Bergmann, Chan à Marchand et Tchang. En ce monde cosmopolite l'idée de roche (stone) et celle de montagne (berg) font communiquer Bergmann et Jonestone. A toute soif d'identification s'oppose ainsi un parfait système du quiproquo où, à la limite, personne n'étant jamais exactement soi-même, chacun est un peu tout le monde. Les ultimes pages en offrent une comique apogée, Johnson, c'est-à-dire Sir Ralph, finissant par être pris pour Sir Ralph, c'est-à-dire Johnson :

> Manneret prend d'abord Johnson pour son fils; il le prend pour Georges Marchat, ou Marchant, il le prend pour Monsieur Tchang, il le prend pour Sir Ralph, il le prend pour le roi Boris.

Davantage : puisque l'unité du personnage profite de la mono-
polisation d'un nom propre, il est permis de conjecturer une nouvelle décadence. Si diverses collusions associent trame de la fiction
et patronymes, ces derniers auront en quelque manière tendance
à devenir les synonymes de simples noms communs. Jonestone,
précisément, nom de sculpteur, évoque la pierre; Edouard M.
et Marchand, noms d'artistes, accueillent *art* en leur prononcia-
tion; Marchand négocie, et c'est pourquoi, sans doute, son proche
Tchang est un intermédiaire. Johnson, comprenant l'anglais *son*,
est pris par Manneret pour son *fils;* mieux : Jonestone se reconstitue
par l'effet du vocable *fiston;* Sir Ralph est impliqué dans une sorte
de rafle. Quant au marchand Marchat, que Lauren fait si bien
marcher, il est l'objet des irrécusables complicités sonores qui
tissent tel paragraphe :

> C'est Georges *Marchat*, l'ex-fiancé de Lauren, qui a longtemps
> erré à l'aventure en *remâchant* sans cesse dans sa tête les éléments
> de son bonheur perdu et de son désespoir. Parti très tôt de la
> réception, où sa présence ne se justifiait plus guère, il a d'abord
> *marché* lui aussi... (p. 120).

Manneret, c'est Manne et rêts : celui dont Johnson attend une
aide miraculeuse mais qui ne sera pour lui qu'un dangereux piège.
Lauren, c'est l'or et reine : si Johnson, qui vient juste de la quitter
pour obtenir l'*argent* nécessaire à son achat, emprunte un itinéraire,
c'est par *Queens* Road, puis *Queen* Street, etc.

Mais il est une autre agression. Sitôt relevée l'épisodique présence du roi Boris, évoquant deux personnages du roman de
jeunesse inédit *Un régicide*, dont un fragment a été publié en revue
(*Médiations* n° 5), nous sommes conduits à rapprocher Georges Marchat et le négociant Adolphe Marchat des *Gommes;* Jacqueline et
la Jacqueline Leduc du *Voyeur;* Lady Ava et A., l'héroïne de *la
Jalousie.* Manneret, pour sa part, s'inscrit de lui-même dans une
des tâtonnantes séries du *Labyrinthe :* Matadier, Montoret, Montaret,
Montalet. Nul doute que ces similitudes n'accroissent d'aptitudes
nouvelles les groupes de possibilités qu'il est désormais difficile
d'appeler personnages. Ces références ponctuelles à d'autres
ouvrages sont d'ailleurs soutenues par d'innombrables allusions :

> Il est inutile d'insister davantage sur cette mise en scène que
> tout le monde connaît. La nuit est très avancée, une fois de

plus, déjà. J'entends le vieux roi fou [*Un régicide*] qui arpente le long couloir, à l'étage au-dessus. Il cherche quelque chose, dans ses souvenirs, quelque chose de solide, et il ne sait pas quoi. La bicyclette [*le Voyeur*] a donc disparu. Il n'y a plus de tigre en bois sculpté, pas de chien non plus, pas de lunettes noires [*l'Immortelle*], pas de lourds rideaux [*Dans le Labyrinthe*]. Et il n'y a plus de jardin [*l'Année dernière à Mariendad*], ni jalousie [*la Jalousie*].

C'est qu'il s'agit de doubler l'actuelle fiction par les précédentes, de manière à permettre aux anciens personnages de venir hanter, avec l'effet que l'on suppose, tout le présent récit.

Enfin il n'est pas jusqu'aux notions mêmes de personnage, de héros ou d'héroïne qui ne soient détournées de leur sens par l'effet d'étranges calembours. Personnage : Lady Ava, cette vieille Jacqueline est ouvertement celle qui perd-son-age. Héroïne : c'est la drogue naturellement, dont le trafic s'inscrit en maintes pages. Héros : c'est Eros, avec l'insistante kyrielle des déshabillages. Personnage, héros, héroïne ne peuvent être agréés par le récit, où si l'on préfère servir à le construire, qu'à la stricte condition de s'y évanouir comme tels.

B. « *Moi les noms vous savez...* »

Dans *le Libera*, une voisine contestation du personnage s'accomplit selon les complémentaires étapes de l'éclatement de l'unité et de la confusion des divers. Sans doute y a-t-il quelques différences de procédés. Ainsi la rupture du personnage ne joue-t-elle pas au niveau du métier, stable, dans l'ensemble d'un bout à l'autre du livre. Ce qui frappe, plutôt, au fil des pages, c'est la mise en jeu d'une stupéfiante pléthore de protagonistes. Un recensement approximatif l'évalue à quelque cent cinquante. Dans ces conditions, on l'imagine, la plupart d'entre eux n'accèdent guère à la consistance : il leur manque, matériellement, une suffisante continuité.

Les âges, en outre, sont soumis à un implacable traitement. Loin de servir de points de repère, les deux dates glissées dans le texte sont plutôt des facteurs de perturbation. Il suffit pour s'en convaincre de rapprocher les passages suivants :

Si La Lorpailleur est folle mais est-elle folle, elle l'est, prétend
que j'aurais (...) trempé dans l'affaire du petit Ducreux (p. 7)
Qu'une personne comme La Lorpailleur à son âge, la quarantaine,
peut très bien s'imaginer (p. 8). L'affaire Ducreux, vieille affaire,
il y a bien des années, il y a bien une dizaine d'années (p. 8).
Mais d'assassinat on n'avait pas vu depuis mille huit cent soixante-
treize. C'est encore dans les archives et les journaux de l'époque,
un nommé Serinet tué d'un coup de fusil par son beau-frère
(p. 9). La Lorpailleur en sortant de l'école enfourchait son vélo
(p. 11). Louis Ducreux 1948-1952, ces choses-là font réfléchir
(p. 17). A moins que l'abbé n'ait suivi le cortège et fait une prière
sur le pouce au domicile de l'assassiné (...), ayant soutiré à la
veuve une commande d'enterrement de première classe, Serinet
avait de quoi. Pour ce qui est de mademoiselle Ronzière elle a
fait un compte rendu de l'événement dans les journaux (...)
coupant l'herbe sous le pied de La Lorpailleur (p. 33).

Donnons seulement vingt ans à La Lorpailleur au moment où
elle était en mesure de relater l'affaire Serinet : ce n'est pas moins
de cent neuf ans qu'il faut lui reconnaître dès lors quand, à sa
sortie de l'école, elle enfourche, quadragénaire, la bicyclette. Or,
toute tentative de reclassement des péripéties qui prétendrait donner
à La Lorpailleur une longévité plus cohérente déplace dans le temps
les autres personnages et suscite, jusqu'à l'inextricable, de nouvelles apories. Personne, en ce livre, dont l'âge ne soit suspect.

C'est aussi par l'activité d'événements incompatibles que le
personnage se décompose. Pinget reprend l'efficace procédure :
établir sur un plan d'égalité et faire se succéder un groupe de
variantes. Ne pouvant s'ordonner en une scène véridique environ-
née d'une collection de mensonges, l'ensemble forme une parfaite
machine à écarteler tout personnage qu'on y implique. Jugeons-en :

La Lorpailleur en sortant de l'école enfourchait son vélo,
elle se posait dessus et juste à ce moment lâchait le guidon,
elle tombe, elle gigote en criant (...), elle bave, vous voyez
bien qu'elle était folle disait madame Monneau (p. 11). Elle
gisait sur la chaussée, les mômes en cercle à distance, la pauv'
maîtresse comment qu'elle a fait ça, le camionneur répétait elle
m'a foncé dessus d'un seul coup, il s'épongeait le front de son
mouchoir, le docteur qui habite au tournant penché sur la morte
la tâtant, l'auscultant constatant qu'elle était morte (p. 11). Ou
qu'elle ne soit pas morte sur le coup. Ou que le camion l'ait
croisée simplement, elle serait arrivée à l'école à neuf heures

moins vingt (p. 12). C'est le camion qui l'a renversée, pas trace
d'épilepsie là-dedans (p. 13). M'est avis qu'elle s'est laissée tout
simplement couler de son vélo lorsqu'elle a vu le camion soit
par peur soit par calcul, c'est plutôt là que je chercherais, elle est
si mauvaise, faire croire que le camion l'avait renversée (p. 15)...

Si, de plus, comme on le devine ici, les variantes sont prises en
charge par divers narrateurs, c'est chaque récit lui-même, dans
les jeux du contradictoire, qui perd de sa force persuasive :
chaque version se fait fantasmatique, chaque acteur, un ecto-
plasme.

Ce démembrement obtenu, les diverses recettes d'amalgame
rencontrent l'aide très précieuse de la surabondance des protagonistes. Innombrables en leur succession, subalternes le plus souvent,
ces derniers seront l'objet, à la moindre ressemblance, d'irrémédia-
bles méprises. Pinget accorde donc une extension étonnante aux
liens de parenté : sœurs, mères, frères, pères, cousins, oncles,
tantes en tous lieux se multiplient; et il y a même, si propices aux
confusions, des jumeaux.

Parmi les effets de similitude, il faut noter aussi l'esquisse des
professions voisines. La receveuses des postes Ronzières et l'insti-
tutrice Lorpailleur, par exemple, ont en commun leur collabora-
tion aux feuilles locales. Mais toutes sortes d'anecdotes, surtout,
non sans système, se distribuent entre les personnages les plus
variés. C'est parfois une simple activité ménagère :

Mademoiselle Cruze était en train de nettoyer les carreaux de
sa fenêtre un escabeau sur le trottoir (p. 9).
Quant à la contusion de mademoiselle Lorpailleur (...) figurez-
vous qu'elle datait de la veille, en tombant d'une chaise pour
laver les carreaux elle s'est démis l'épaule (p. 15).
Ce jour-là madame Ducreux la boulangère s'était attardée dans
sa chambre, elle nettoyait les carreaux de la fenêtre, montée sur
un tabouret (p. 15).
Puis passant devant la boucherie elle a aperçu dans le fond la
patronne en train de laver les carreaux de la porte communicante,
montée sur un tabouret (p. 38).
Selon madame Monneau qui les observait de sa fenêtre, elle
nettoyait ses carreaux (p. 62).

ou bien l'Argentine. Ce pays a notamment reçu, plus ou moins,

la visite de la sœur de La Lorpailleur (p. 8), de la sœur de madame
Ducreux (p. 19), d'Etiennette Piedevant (p. 62), du fils Pinson
(p. 66), de la cadette des Moignon (p. 68), d'une certaine dame
(p. 141), d'Odette Magnin (p. 186).

La foule des personnages a une troisième fonction : avec elle,
il est possible de pousser jusqu'à certains paroxysmes la ressem-
blance des patronymes ébauchée dans *la Maison de Rendez-vous*.
Les enseignants s'appellent Lorpailleur, Lattirail, Loiseleur.
Entre le pharmacien Verveine et le dénommé Vernes, il n'y a qu'une
simple contraction. Ducreux, Cruze, Crottard, Crottet, Descreux
ont *cr* en commun. C'est *ar* qui relie Ariane, Aristide, Topard,
Monnard, Charpy, Maillard, Marie, Chottard, Edouard, Mottard,
Dondard, Crottard, Ménard, Poussardin, Cossard, Paillard, Marin,
Marchin. A la manière des noms en S. de *Jean Santeuil*, innombrables
sont, dans *le Libera*, les noms en M : Monneau, Monnard, Mortin,
Moine, Maillard, Marie, Magnin, Mottard, Moineau, Moignon,
Ménard, Monette, Morier, Miquette, Mireille, Machette, Marin,
Marchin. Davantage : il arrive qu'une constellation se forme avec
des analogies d'abord terminales puis initiales, jusqu'à ce que la
fin du dernier nom retrouve le début du premier : Piedevant,
Passavant, Passetant, Passavoine, Passepied. Plusieurs remarques
du récit s'érigent alors en commentaire de ces procédures : « Moi
les noms vous savez » (p. 134) ou « un truc facilité par la rime »
(p. 172). A ces effets de consonnance vient s'adjoindre ce qu'il
faut appeler thème patronymique, curieux assemblage de plusieurs
noms propres en référence à une commune idée. Serinet, Moine et
Monneau, Pinson, Moineau, Paquerot, Poussardin, Poussinet,
Loiseleur se réunissent tous à l'enseigne de l'oiseau.

On ne sera donc guère surpris qu'un tel travail conduise, ici
encore, à la permanente possibilité des équivoques :

> Ce qu'il avait à lui dire était relatif à Monnard ou à Dondard
> (p. 148). Mais sa maman donc madame Ducreux non, Madame
> Moineau (p. 173) Au courant des relations ayant existé entre
> le professeur Duchemin et mademoiselle Loeillère... entre Magnin
> et Lorette (p. 204). Je vois encore Monnard son cache-nez... ou
> Mottard qui avait assisté la défunte (p. 217).

En outre, comme dans *la Maison de Rendez-vous*, un étroit

réseau d'analogie tend à dissoudre la possession des noms propres dans la mobile substance du récit. Appelé par la fiction, le patronyme la réfléchit; la précédant, il l'annonce; tels sont ses communs rôles. Une occurrence très visible, à la fin du livre :

> Ou que Morin à sa fenêtre...
> Ou que la mort sous le platane... (p. 221).

forme une enseigne à usage rétrospectif. Ainsi les Crottard souffrent d'une maladie chronique : la dysenterie. Mademoiselle Ronzière, page 63, engendre « onze heures » à la ligne suivante; la veuve de Moignon, page 68, attire, onze ligne plus loin, « pauvre mignon »; Maillard donne vingt six lignes après, page 92, « sur le mail »; Bianle, page 108, permet, sept lignes plus bas, « on s'est mis en branle »; Mortin, déjà, page 201, suscite à la ligne suivante, « la mort qui gagne du terrain ». Mais il y a aussi, page 139, par une dérivation facile :

> Ou si je confonds avec la succession Duchemin, bref au croisement de la rue Neuve et des Casse-Tonnelles.

Inversement, une fillette emmenée en forêt s'appelle Sylvie. L'arrivée d'un oiseau, page 193, prélude celle de Serinet, dix-sept lignes plus bas; un certain machin, page 221, annonce l'évocation, sept lignes après, d'une affaire Marin Marchin. Mieux : Latirail, page 135, peut se lire comme la superposition des mots *portail* et l'*attirance* inscrits dans le précédent paragraphe.

Enfin, faut-il le rappeler, ces Lorpailleur, Latirail, Mortin, Apostolos et consorts ne traversent pas les complications du *Libera* sans avoir déjà connu les divers traitements d'ouvrages antérieurs. Qu'on feuillette *Mahu, l'Inquisitoire, Autour de Mortin...* Ces épisodiques résurgences, on le suppose, sont loin d'accorder aux uns ou aux autres quelque épaisseur accrue. Au contraire, les mille contradictoires anecdotes reprises entre Fantoine, Agapa et Sirancy-la-Louve, augmentent à plaisir tous ces excès par lesquels les personnages, indéfiniment repris et multipliés, subissent les pires détériorations.

II. *VENUE DE LA PERSONNE GRAMMATICALE*

Ce qui frappe en revanche, quand on tourne les pages de *Per-onnes* ou de *Nombres* c'est, dans le texte et jusque les exergues, a parfaite absence du moindre nom propre. Mallarmé ne s'écrit oint après « Les axiomes s'y lisent, inscrits par personne »; le ers « Seminaque innumero numero summaque profunda » ne porte as la signature de Lucrèce. Ce bannissement trahit notamment, u plan de la fiction, l'entier effacement du personnage. Dès 1961, our rendre compte de certains fonctionnements du second roman le Sollers, *le Parc*, nous avions dû recourir à la notion de person-ages pronominaux [1]. L'évolution ultérieure de certains auteurs a i nettement amplifié le phénomène que semble aujourd'hui s'ouvrir ne ère du pronominal.

En cette perspective, plusieurs articles d'Émile Benveniste, epris depuis dans *Problèmes de Linguistique générale*, ne peuvent asser inaperçus. Consacrés aux pronoms personnels, ils permet-ent de clarifier le problème. Relisons *De la subjectivité dans le lan-age* :

> Or ces pronoms se distinguent de toutes les désignations que la langue articule, en ceci : ILS NE RENVOIENT NI A UN CONCEPT NI A UN INDIVIDU.
> Il n'y a pas de concept « Je » englobant tous les JE qui s'énoncent à tout instant dans les bouches de tous les locuteurs, au sens où il y a un concept « arbre » auquel se ramènent tous les emplois individuels de ARBRE. Le « je » ne dénomme donc aucune entité lexicale. Peut-on dire alors que JE se réfère à un individu parti-culier? Si cela était, ce serait une contradiction permanente admise dans le langage, et l'anarchie dans la pratique : comment le même terme pourrait-il se rapporter indifféremment à n'importe quel individu et en même temps l'identifier dans sa particularité?

t *la Nature des pronoms* :

> JE signifie « la personne qui énonce la présente instance de discours contenant JE ». (...) Il faut donc souligner ce point : JE ne peut être identifié que par l'instance de discours qui le contient et par là seulement.

, *Problèmes du nouveau roman*, p. 64-65.

De ses particularités, il ressort que, selon le passage où il joue
le *je* peut aussi bien permettre une mise en place du personnage
que son exacte abolition. Supposons un texte qui se plaise à
assembler autour de cette première personne toutes manières de
déterminations. Alors le *je* vide se remplira d'une identité sans cesse
plus précise. Peu à peu ce narrateur jouira des traditionnels caractères du personnage. C'est une opération de cet ordre qu'ébauche
par exemple Benjamin Constant dans le premier paragraphe
d'*Adolphe* :

> Je venais de finir à vingt-deux ans mes études à l'université
> de Gottingue. — L'intention de mon père, ministre de l'élec-
> teur de ***, était que je parcourusse les pays les plus remarquables
> de l'Europe. Il voulait ensuite m'appeler auprès de lui, me faire
> entrer dans le département dont la direction lui était confiée,
> et me préparer à le remplacer un jour. J'avais obtenu, par un
> travail assez opiniâtre, au milieu d'une vie très dissipée, des
> succès qui m'avaient distingué de mes compagnons d'étude
> et qui avaient fait concevoir à mon père sur moi des espérances
> fort exagérées.

Si, à l'inverse, la mise en place du texte empêche que se coagule
un cohérent ensemble déterminatif, alors *je* demeurera une vacance
incessante. Cette particularité peut naturellement s'étendre à la
seconde personne, mais aussi à la troisième. Sans doute, Benveniste
l'a noté, celle-ci est-elle entièrement différente de *je* et *tu*. Dans la
mesure pourtant où elle fonctionne comme un substitut abréviatif,
il suffit de l'employer sans l'élément dont elle pourrait assurer le
relais. On devine que l'usage traditionnel de la troisième personne
est d'une trop constante utilité pour que ce nouvel emploi puisse
parfaitement l'abolir.

A. « *La personne ici indiquée comme elle* ».

Comme son titre le suggère, *Personnes* est notamment le fruit de
tels travaux. Leur difficulté est extrême : toujours, si changeantes
fussent-elles, voire inconciliables, les déterminations tendent à se
réunir de manière à tracer l'absente figure de la personne. Aussi
toute brisure irréfutable exige la mise en jeu de niveaux strictement
antinomiques. Avec *il*, et au prix de curieuses métamorphoses,
on peut certes voyager par tous les éléments masculins de la fiction

par tous les éléments féminins, avec *elle*. Mais, justement, c'est encore se maintenir dans l'homogénéité relative de l'espace fictif. Pour découvrir un espace radicalement étranger et ainsi obtenir la possibilité de décisives ruptures, il suffit de faire passer le récit de l'un à l'autre des deux plans qui composent le texte : fiction, mais aussi narration.

Cette opération suppose un traitement préalable : la disposition du plus grand nombre possible de similitudes entre les deux niveaux. Dans une étude discrètement inspirée du *Comme* de Marcelin Pleynet (*Comme un livre*, dans *Tel Quel* 24) mais qui convient aussi bien à divers autres ouvrages, Baudry nous en avertissait :

> Il s'agira donc d'établir entre l'espace du livre (livre, page, phrase, mot, parole, etc.) et l'espace de la fiction les plus petites unités signifiantes communes.

Visée pour les personnes, l'organisation systématique de l'ambiguïté à hauteur de lexique met en jeu, de la polysémie (feuille) à la paronymie (page / plage) toute la gamme des proximités. Le tableau (1), où une lecture verticale de chaque colonne obtient différents types de ruptures par transition analogique, donne une idée schématique de ce fonctionnement.

	il	elle	feuille	plage
Narration	livre	phrase	du livre	page
Fiction	« homme »	« femme »	de l'arbre	plage

Tableau 1

Il suffit d'accueillir cette activité que le roman lui-même souligne :

> Si la phrase est la même voilà qui est sûr. Mais elle tombe tantôt sur pile (c'est alors le visible, tous les visages qu'elle appelle), tantôt sur face (c'est alors un vocabulaire qu'elle résume).

pour que des pans entiers du livre, obscurs à toute lecture traditionnelle, insensiblement s'élucident. Relisons, par exemple, ce fragment de la séquence 50 :

> Alors si je veux m'adresser à elle maintenant, peut-être faut-il réveiller tout ce qui me rappelle sa fuite. Heureusement, à

chaque mot nouveau, un sens s'ouvre et sombre et j'évite le
décor trop précis qui l'immobiliserait. C'est à peine si je veux
la décrire maintenant, quand elle avance, s'allonge près de moi
si je veux reconnaître cette attente (corps exposé pour provoquer
le geste et la voix qui le rendent à lui même). Puisque désormais
tout la désigne sans la nommer, puisque c'est ici, au moment
où je commence, que je la trouve.

Nous assistons à la transformation d'une « femme » en « phrase »
tandis que le *je* investi par un « homme » se laisse prendre par le
« texte ». Les premières lignes annoncent le principe et les modalités
du changement : abolition du sens commencé; imprécision du
décor favorable à la métamorphose. Puis peu à peu il faut admettre
de toute phrase qui avance, qu'elle s'allonge près du texte, que sa
première ébauche (son attente) est mise en place pour susciter le
geste scriptural qui corrige et la lecture vocale qui façonne, que
c'est elle enfin que le texte rencontre au moment où il commence.
Tout désigne donc bien ici la phrase sans la nommer.

Inversement, dans la séquence 58, une phrase ayant la parole
et s'adressant au livre, on découvre la progressive venue d'un
ensemble corporel :

> Une phrase s'adresse à vous et par l'effet d'une action réversible
> ce qui s'annule se reconnaît visible, ce qui perd trace est ici
> présent. Dès que vous essayez de jouer cette personne — silhouette
> image de fond d'une forme discursive à contre-jour des acci-
> dents, des éclats brefs du monde — votre corps se trouve engagé
> prisonnier d'un tissu grammatical qui le recouvre, fonde ses
> limites, suppose une apparence globale. Corps devenu la cible
> opaque vers laquelle se concentre l'action soutenue des mots
> des gestes. Votre corps cependant morcelé. C'est ainsi que vous le
> percevez — jambe et bras, main. Vous dites une main.

Nulle hypostase possible, donc, des personnes en personnages
Tout lecteur qui, par un réflexe naturaliste, chercherait à éluder
le mouvement que trahit un perpétuel vocabulaire de transformation (déplacement, glissement, évanouissement, disparition, renversement, chute, évasion, dissolution, substitution, etc.) et
s'efforcerait d'habiter définitivement l'un des deux étages entre
lesquels le récit va et vient, serait à chaque instant inscrit sur une
tangente qui l'éloignerait sans retour de la courbe du texte. Au
lieu de s'abandonner à quelque fantasme réducteur qui occulte

rait l'autre face, il doit toujours être attentif au « bruit de fond persistant sur lequel peuvent venir s'appuyer les murs, les objets posés dans l'espace », inconciliable dualité qui écartèle toute tentative de personnification.

B. « *Mais personne n'était plus moi* ».

En la complexité de son fonctionnement, *Nombres* annule de mille manières toutes manœuvres d'appropriation et de conservation. C'est dire combien ce multiple milieu est contraire à tout ce qui s'attache à l'idée de personnage. Dans *Niveaux sémantiques d'un texte moderne* (in *Théorie d'Ensemble*), Sollers le précise sans détour :

> C'est donc peu dire que le « personnage » disparaît de la narration ainsi que le nom propre : c'est la notion même de PROPRIÉTÉ et par exemple de corps propre — clos, achevé, assuré dans son identité par l'image spéculaire et la fonction exclusivement parlante impliquant un sujet limité — qui s'évanouit.

Sans doute, un peu plus haut, contredisant en apparence la règle de parfaite disponibilité des personnes, il semble que diverses affectations aient été nettement distribuées :

> Le pronom « je » (dans le texte écrit) désigne ainsi en premier lieu le principe d'organisation du texte. « Nous » renvoie aux ensembles de phrases et de mots. Vers le lecteur — qui est ainsi appelé et convoqué dans l'espace du texte — le « vous » devient dominant (un « vous » pluriel), mais le lecteur est d'abord un acteur grammatical parmi d'autres.

Rien de plus loin, toutefois, d'un définitif investissement. Certes l'usage d'une personne, le *je* par exemple, suppose, au moment de l'énonciation, un effet de rassemblement. Mais cette unification est sitôt soumise à un mouvement de rupture, changement et dissociation, à la grande brisure blanche et bleue qu'il est facile d'appeler écriture si l'on songe à « l'encre bleu-noir » des ultimes lignes du *Parc* :

> Si j'écris parmi vous les traces de cette histoire, la seconde où je jouis de ma recomposition et du fait d'être brièvement écrit parmi vous, j'appelle en même temps cette grande brisure blanche et bleue qui nous produit et nous laisse aller, nous attire, nous change, nous confond dans son étirement, son isolement...

A lui seul, ce passage suffit à convaincre de l'incessante mobilité
du contenu des personnes. Un instant établie en la provisoire
unité du scripteur, l'agissante organisation du texte s'adresse aux
lecteurs : « vous ». Le « nous » reprend ensuite ce « vous » et ce « je »
et les inscrit dans le déplacement qui les produit et les change.
Mais ce « nous », c'est aussi l'ensemble des mots et des phrases qui
sont non moins produits et changés par l'écriture. Un renversement rétroactif contraint alors « vous » à signaler cet ensemble
de mots parmi lesquels le mot « je » s'écrit. Marquant d'abord le
principe organisateur du texte dans sa généralité, le « je » est ainsi
transformé jusqu'à ne désigner que le simple mot qu'il forme parmi
d'autres. Et le lecteur lui-même réduit à un mot est bien « un acteur
grammatical parmi d'autres ». Telles métamorphoses contaminent
naturellement d'autres éléments du lexique. Appliqué d'abord à
la jouissance de la recomposition, l'adverbe « brièvement » concerne
en second lieu la durée de l'écriture des deux lettres du mot « je ».
Il importe donc de faire nettement le départ entre toute *polysémie*
en laquelle les sens s'ajoutent les uns aux autres selon un enrichisse-
ment continu, et cette *permutation de sens*, en laquelle les sens
s'expulsent l'un l'autre selon une circulation ininterrompue, entre
propriété qui accroît ses possessions et expropriation permanente.
En somme, comme l'écrit Lao-tseu, il s'agit de « Produire sans
s'approprier ».

Ainsi mots, phrases, texte et tous versants de fiction qui s'éla-
borent à partir de leur mise en place, sont-ils saisis dans un jeu
continu d'échanges et de métamorphoses. Démembrements, transformations, violences : le passage réversible du grammatical au
physiologique :

> Cependant, il y avait un « nous ». Ce « nous » se perdait, revenait
> tremblait, et revenait sans cesse : je pouvais ressentir sa présence
> une présence de mots vivants. A ce point, justement, il n'y a plus
> de place pour le moindre mot. Ce qu'on sent aussitôt, c'est l
> bouche : pleine obscure — herbe, argile —, on est dedans
> Inutile de remuer, de se retourner. Tout est investi et comblé
> sans décalage, intervalle, fente. Plus loin ? C'est ici. Autrement
> Ici. Deux voies : une veine éclatant sous la tempe, à gauche
> le cœur se décidant sans prévenir, se laissant freiner. Mais non
> (Séquence I).
> Cependant je retrouvais mon corps mutilé et on aurait dit qu

la chair avait été labourée, et le sexe était cousu et dressé comme
un épi durci et fermé, et je regardais ce premier modèle d'avant
la chute enfermé dans une cellule étroite où pénétrait le soleil...
Ce premier exemplaire blessé mais plus sexué... C'était moi,
j'étais sûr, j'avais attendu mon sommeil... Là, je sortais de terre,
je revenais défiguré mais parlant, isolé mais assez fort pour aller
jusqu'au bout, dans l'œuf... Plus exactement nous étions deux,
maintenant : celui dont la peau intacte pouvait être montrée
à tous, celui dont l'enveloppe ne provoquait pas immédiate-
ment l'horreur, et l'autre criblé d'entailles et de trous, la chair
à vif, violette et pourpre, écorché comme un bœuf... Je commen-
çais à agir sur l'enchaînement, sur le roman où rentraient ces
figures, sur le fond lumineux et vide où elles se désintégraient à
la fin (Séquence I, 29.)

à l'opposé de toute représentation d'un corps « clos, achevé,
assuré dans son identité », suscite de sanglantes obscures opérations.

III. *FORMALISATION DE LA FICTION*

Que, dans un récit, la fiction obéisse à des principes formels,
divers auteurs l'ont montré : Propp par exemple, au sujet des
contes russes. Efficaces, ces dispositions restent le plus souvent
imperceptibles. En effet, si les « lois qui régissent l'univers raconté
(...) reflètent les contraintes logiques que toute série d'événements
ordonnée en forme de récit doit respecter sous peine d'être inintel-
ligibles » (Claude Brémond : *La logique des possibles narratifs*, in
Communications 8), l'attention du lecteur ne sera guère mise en éveil.
Le recours à des textes voisins, dont on assurera la superposition,
sera souvent nécessaire au surgissement des (communs) facteurs
formels :

1. Le roi envoie Ivan chercher la princesse. Ivan part.
2. Le roi envoie Ivan chercher un objet singulier. Ivan part.
3. La sœur envoie son frère chercher un remède. Le frère part.
4. La belle-mère envoie sa belle fille chercher du feu. La belle
fille part,
5. Le forgeron envoie l'apprenti chercher la vache. L'apprenti
part.
Etc. L'envoi et le départ lié aux recherches sont des constantes.
Celui qui envoie et celui qui part sont des variables. (V. Propp :
Les transformations des contes fantastiques, in *Théorie de la littérature*.)

Pour le consommateur naïf, qui s'abandonne au flux palpitant d'une histoire, tel rassemblement n'est guère loin de jouer un rôle sacrilège; il éclaire ce qui doit rester obscur : des procédures de fabrication. Par l'offre de poèmes si voisins qu'ils forment à l'évidence un simple groupe de variantes, il est arrivé à Valéry de placer cet instrument critique en la production même.

A. « *Le scénario se déroule ensuite d'une façon mécanique* ».

Utilisant un procédé très visible dans *la Jalousie*, par exemple, *la Maison de rendez-vous* exaspère cette scandaleuse expérience. Au lieu d'offrir comme 'le faisait Valéry un recueil de variantes auto- nomes, le roman les intègre au déroulement de sa fiction. Alors la superposition, avec son aptitude à faire jaillir les communautés formelles, s'accomplit inéluctablement par les vertus du texte même. Nous appellerons formalisation cette tendance par laquelle, au lieu d'être soigneusement dissimulée, l'activité des principes formels s'accroît et devient l'objet d'une indéniable ostentation. En effet, à mesure que les séquences se succèdent, peu à peu appa- raissent, également surprenantes, parentés et divergences. Sous la profuse diversité des variables se mettent en relief des dispositifs plus généraux. D'innombrables péripéties relevant de l'homicide, du suicide, de l'accident ou de la mise en scène, révèlent le systé- matique usage d'un moule de l'agression (Tableau 2). D'autres, en leur obéissant, signalent, par un même phénomène de superpo- sition, les modèles de l'errance, de la visite, ou, aussi bien, du nom- bre répétitif trois.

Cet agencement du divers selon la pente unitaire d'un petit nombre de schémas écarte certes du quotidien et joue un rôle anti-naturaliste décisif. Curieusement, le même effet est obtenu aussi par la procédure inverse. Appliquée à un acte éminemment unique (la mort), la matrice de l'agression le multiplie en un groupe d'occurrences contradictoires. Edouard Manneret se serait suicidé (p. 94), aurait eu la nuque broyée par le chien de Lady Ava (p. 159), aurait été victime d'un accident (p. 165), assassiné par un policier marron à l'aide d'un stylet (p. 175), à l'aide d'un pied de verre brisé dans une mise en scène de cet étrange fonctionnaire (p. 176), par les communistes (p. 202), par Johnson à coups de révolver (p. 211).

AGRESSEUR	MANIÈRE	VICTIME	PAGE
femme	pistolet	homme	26
servante	chien	petite japonaise	43
	immense aiguille	fille nue	80
Manneret	philtre	Kim	124
Manneret	rasoir	Kim	126
Marchat	révolver	Marchat	128
homme à barbiche	poison	fille nue	136
Lauren	pistolet	Sir Ralph	136
Manneret	morsure vampirique	Kito	167
Manneret	poison	policier	170
policier	stylet	Manneret	175
Kito	morceau de verre	Kito	203
Lady Ava	prison	Lady Ava	207

Tableau 2

A la limite, cette formalisation engendrerait tous les arrangements possibles à partir d'un groupe clos d'éléments (personnages, lieux, objets...) et de modèles de combinaisons (agression, errance, visite...). Mais, on le devine, telles possibilités sont trop nombreuses pour que puisse s'accomplir un exhaustif épuisement. La fiction est donc non seulement contrainte à l'ordre d'un enchaînement, mais aussi à des choix. Il lui faut donc s'en remettre à un principe capable d'établir les étapes de son cours. A travers l'abondance des événements voisins et contraires, on le perçoit; il détermine une trajectoire balistique : croissance, chute, disparition. Diverses séries nous en assurent : celle des statues; celle des images de l'illustré :

> La plupart retracent les épisodes les plus fameux de l'existence imaginaire de la princesse Azy : « Les chiens », « L'esclave », « La promesse », « La reine », « L'enlèvement », « Le chasseur », « La mise à mort » (p. 57). Chaque image est accompagnée d'une courte légende, dont les gros caractères chinois signifient, respectivement, et dans l'ordre : « La drogue est un compagnon qui vous trompe », « La drogue est un tyran qui vous réduit en esclavage », « La drogue est un poison qui vous tuera » (p. 82).

On le distingue encore à l'œuvre, par exemple, dans l'évolution de Lady Ava (jeune et adulée, flétrie et abandonnée, moribonde) ou de Johnson (disposant de Lauren, luttant pour la conserver, la perdant). Une fois clairement établis les principes formels, on peut dire que d'une certaine manière « le scénario se déroule ensuite d'une façon mécanique ».

B. « *Déclencher le mécanisme* ».

Sans doute est-ce dans *Passacaille* que le jeu combinatoire opère chez Pinget de la façon la plus systématique : moins nombreux, éléments et situations sont en effet mieux contrôlables. Mais *le Libera* en faisait déjà un emploi très analogue à celui de *la Maison de rendez-vous*. Dès les premières pages, il est clair que vient, parmi d'autres, de se « déclencher le mécanisme » (p. 7) d'une matrice de l'agression signalant la victime et ignorant le plus souvent l'agresseur (Tableau 3). L'effet anti-naturaliste de cette formule, souligné par la maladresse concertée de plusieurs tentatives de récupération :

> C'est toujours en juillet qu'il nous arrive malheur, un accident de voiture, une noyade, un incendie (p. 20).

est accru, comme dans *la Maison de rendez-vous*, par la diversification d'un événement supposé unique. Déjà sensible, dans le

tableau 3, avec les changeants décès de Louis Ducreux, ce phénomène concerne particulièrement l'accident de La Lorpailleur.
C'est elle, en effet, sur sa bicyclette, qui est victime d'un camion
(p. 10) ou d'une crise d'épilepsie (p. 11). Mais peut-être a-t-elle
simulé l'accident (p. 16) ou même, il ne s'est rien passé : elle a
seulement croisé le véhicule (p. 12). Il y a aussi une version moins
spectaculaire : la chute du haut d'une chaise (p. 15).

AGRESSEUR	MANIÈRE	VICTIME	PAGE
Inconnu	étranglement	Louis Ducreux	9
Beau-frère	fusil	Serinet	9
Camionneur non précisé	écrasement	Lorpailleur	10
Inconnu	égorgement	Louis Ducreux	15
	chute	Alfred Ducreux	21
Conducteur non précisé	écrasement	petit Ducreux	21
Camionneur non précisé	écrasement	petit Bianle	21

Tableau 3

Le rythme rapide selon lequel se constituent et succèdent les
scènes permet en ce livre une très ample actualisation des possibles.
C'est dire que la notion de trajectoire est à la fois plus diffuse et
moins nécessaire. De l'agressive initiale :

Si La Lorpailleur est folle je n'y peux rien.

à la terminale désabusée et gâteuse :

La clique des vieux bobards, mirages tartes et autre quincaille
dans nos caboches cahotantes.
Sortilèges bousillés.

on devine cependant la mise en place d'une décrépitude. Empêchée
par sa formalisation d'offrir une histoire traditionnelle, la fiction
tend à mettre en scène l'idée même de son début et de sa fin.

IV. FORMALISATION DE LA NARRATION

Hybride curieux, acteur et conteur, le narrateur est l'un des lieux où narration et fiction étrangement se croisent. Introduit dans ces fictions formalisées, tel rôle ne manque pas d'en subir de vives conséquences. La fonction narrative n'y appartient plus, en effet, comme dans le récit classique, à tel ou tel personnage suivant le déroulement des péripéties; elle se distribue mécaniquement selon de violents changements périodiques. Surgit alors ce qu'il faut appeler *narrateurs flottants*. Entre récit et narrateur, on le sait, les rapports sont communément univoques. Lors du récit d'Ulysse à Alkinoos, par exemple, un narrateur unique offre une unique version : c'est bien *le* récit d'Ulysse. Sans doute, en un point quelconque, peut survenir l'afflux de divers narrateurs apportant soit la confirmation d'une reprise textuelle, soit l'infirmation d'une version nouvelle. Si, dans ce dernier cas, une équivoque se fait jour, c'est au seul niveau global; univoque, en lui-même, reste le rapport de chaque narrateur à sa propre histoire. On assiste au simple agencement, en imbrication ou en chaîne, de récits fixes offerts respectivement par de fixes narrateurs. Les rapports équivoques se produisent avec de tout autres dispositifs : narrateur fixe et récit flottant; narrateur flottant et récit fixe; sans omettre, certes, leur produit : narrateur et récit flottants. *La Jalousie*, de Robbe-Grillet, repose sur un développement systématique de la première occurrence : à un narrateur unique, le célèbre « mari », correspond le récit flottant d'un enchaînement de versions contraires. Inversement, loin d'être la copropriété de narrateurs unanimes, un récit peut être capté, avec tous les effets rétroactifs que l'on suppose, par un narrateur imprévu. Sans narrateur spécifique, ce récit fixe est alors pourvu de narrateurs flottants. C'est le cas de *la Maison de rendez-vous*, en particulier dans ce passage d'un *il* (Johnson) à un *je* énigmatique par la suppression des guillemets :

> Sans s'appesantir sur le fait que Lady Bergmann n'a pas encore été désignée sous ce nom pendant tout leur dialogue, Johnson, qui a eu le temps de se préparer à cette question, commence aussitôt le récit de sa soirée : « Je suis arrivé à la Villa Bleue vers neuf heures dix en taxi. Un parc à la végétation dense entoure

de tous les côtés l'immense maison de stuc (...) On ne distingue bientôt plus que la forme générale des ..., etc. »

Je passe aussi sur le bruit des insectes, déjà signalé, et sur la description des statues. J'en arrive tout de suite à la scène de rupture entre Lauren et son fiancé. Et comme le lieutenant me demande le nom de ce personnage, qui n'a pas encore été mentionné, je réponds à tout hasard qu'il s'appelle Georges (p. 96-7).

9

Et, non moins, du *Libera* :

Selon mademoiselle Ronzière Etiennette ne serait passée devant la boulangerie qu'à onze heures, elle revenait de la ville portant un grand carton de chez Brivance, une nouvelle robe, coquette comme elle est, ces dames brûlant d'impatience de la voir elle ouvrit le carton, c'était un modèle de la saison précédente qu'elle avait eu au rabais connaissant une petite main de la maison, corsage à empiècement et jupe entièrement plissée dans un tissu à ramages lie-de-vin et aubergine sur fond gris qu'il fallait être Etiennette pour songer à faire cette folie, quand et où pourrait-elle la mettre mais une femme jeune ne se pose pas la question, je vois encore ces dames s'extasier, caresser le tissu et tâcher de comprendre comment les manches étaient montées et l'empiècement et le biais très savant de la jupe, et ce n'est qu'après, la robe une fois remise dans sa boîte, que la conversation de fil en aiguille a bifurqué sur la succession Doudin... (p. 63-64).

Avec tel double flottement, c'est tout essai d'appropriation du récit par l'un quelconque des personnages qui devient précaire. Mais à quelles règles est soumise l'étrange rotation des narrateurs ? Loin, semble-t-il, d'obéir à une distribution systématique, c'est l'occurrence la plus bouleversante en l'état actuel du récit qui chaque fois paraît choisie. L'ordre narratif se trouve ainsi largement soumis au déroulement de la fiction.

Sans doute *Nombres* connaît-il une distribution ordonnée de sa fiction : la citation anonyme du vers de Lucrèce par exemple, à l'ouverture, dispose non l'élégance désuète d'un ornement latin, mais une précise matrice thématique; chaque terme de cette formule joue le rôle d'un germe infiniment repris, développé et brassé, ensuite, en nombre de pages selon une somme approfondie. C'est pourtant au plan narratif que s'accomplit surtout, dans *Nombres*, le travail de formalisation. Il en va de même avec *Personnes*.

A. « *Le mécanisme est en marche* ».

Ce qui frappe aussitôt, à laisser vivement tourner les pages du livre de Baudry, c'est l'évidence matérielle d'un « mécanisme en marche » (p. 46). Désordonnés en maint roman, blancs et gris sont pris ici dans une alternance régulière qui trahit un jeu calculé de séquences. Mieux : ce dispositif se trouve clairement exposé à l'ultime page (Tableau 4).

	je	elle	il	je	il	elle	elle	je	il
elle	1	5	13	21	29	27	19	11	3
il	9	33	37	45	56	51	43	35	7
je	17	41	57	61	69	67	59	39	15
il	25	49	65	73	77	75	63	47	23
je	32	53	72	80	81	79	71	55	31
elle	24	48	64	76	78	74	66	50	26
il	16	40	60	68	70	62	58	42	18
elle	8	36	44	52	54	46	38	34	10
je	4	12	20	28	30	22	14	6	2

Tableau 4

A l'opposé d'une continuité capricieuse, la narration ne peut ici prendre corps qu'en obéissant à un rigoureux système de morcellement. Elle n'est pas une homogène substance qui se coulerait dans la grille séquentielle comme dans un moule : ordre lui est formellement intimé de ne se produire qu'en la discontinuité de directives inconciliables. Défini ici non commutatif, le produit des pronoms engendre neuf combinaisons distinctes. Cinq sont simples : je / je, je / elle, je / il, il / il, il / elle. Quatre complexes : il / je (le *je* n'est

258

possible qu'entre guillemets), elle / je (par un curieux renversement le *je* est « interlocuté » en *tu* et le *elle* devient *je*) elle / elle (l'ensemble de la séquence s'entoure de guillemets). Confronté aux pronoms sexués de la troisième personne, le *je* doit choisir entre une acrobatique neutralité (censure, le concernant, de toute détermination de genre : choix par exemple des seuls adjectifs terminés en *e*), un sexe irréfutable (déterminations masculines ou féminines) ou l'hermaphroditisme (déterminations tantôt masculines, tantôt féminines). C'est une quatrième solution qui est choisie. En effet le *je* change bien de genre, mais jamais au cours d'une même séquence. Dans son rapport au *tu* et au *vous*, on l'a vu, *je*, issu de *elle*, est féminin :

> C'est alors que je suis maintenant devant la glace, nue, et tu t'es approché de moi *(séquence 12)*. Vous espérez une image différente, celle qui se montrerait si j'étais un peu mieux absente *(séquence 33)*.

Il est masculin dans les autres couples :

> Bien sûr, je n'étais pas isolé *(séquence 4 : je/je)*. Longeant les murs qui tracent sur terre leurs figures monumentales, je suis frappé par la fréquence de ses retours ici. J'essaie de les oublier ou de n'en pas tenir compte, la replaçant dans une maison, dans un jardin qu'elle n'aurait jamais dû quitter *(séquence 24 : je/elle)*. J'avance masqué à travers un chaos silencieux (...) Je le vois lorsqu'il ne peut plus échapper au vaste édifice blanc construit autour de lui *(séquence 25 : je /il)*. Mais quel est celui qui le reconnaît comme une personne possible? et qui aussitôt lui dicte la réponse : « Je suis celui qui est ici, quand tu lis » *(séquence 72 : il/je)*.

Ces précises coercitions évitent ainsi les ambiguïtés d'une confusion des sexes. Comme, d'autre part, l'ordre des si diverses séquences est fixé par un parcours méthodique de la grille, c'est toute tentative de récupération unitaire du mouvement narratif qui se trouve exclue.

B. « *Une fois les premières propositions introduites dans le mécanisme...* »

Dès 1965, *Drame* (qu'il y a tout lieu d'évoquer à propos de *Personnes*) ordonnait ses soixante-quatre séquences à la manière d'un échiquier : systématique alternance de séquences « il » et de séquences « je ». La narration de *Nombres* n'est pas engendrée par un dispositif moins rigoureux : comme d'emblée le signale le titre, la mesure est à la base de sa formation. Cent séquences lui sont assignées dans un agencement cyclique de période quatre. Et cet « espace pré-déterminé, arbitraire, numérique » *(Logiques)* ne se prive guère d'un certain ostentatoire. Si l'on excepte évidemment les quatre premières, chaque séquence est ouverte par une double précision chiffrée : « 3.91 », par exemple, apporte trois indications : voici la quatre vingt onzième séquence; elle est de type trois; il s'agit du vingt troisième cycle. Pris dans le texte, divers graphismes inscrivent en outre les schémas de ce fonctionnement. Le premier, en la séquence 4.8, à la fin du deuxième tour, quand l'idée de circuit se trouve assurée,

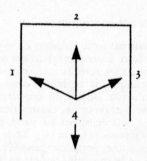

distingue des trois autres toutes quatrièmes séquences. C'est que la grammaire et même tendanciellement la ponctuation subissent, selon ce partage, une distribution obligée : les trois premières séquences s'inscrivent à l'imparfait; au présent, entre parenthèses et presque toujours avec la personne « vous », les quatrièmes. Puisque la parenthèse établit une rupture et subit un englobement, le présent de la lecture (par « vous », la séquence suppose le lecteur) se trouve défini comme entièrement équivoque : il rompt l'imparfait de la narration tout en restant pris dans son circuit.

Quel que soit en outre leur début (majuscule, minuscule, points de suspension), toutes les séquences sont astreintes à se terminer par un plus ou moins long tiret. Or, cette contrainte narrative se thématise : en 3.23, par exemple, elle est « la simple force indestructible du trait ». Ainsi se dessine une manière de stratégie symbolique où s'opposent écriture phonétique comme notation d'un langage et le tracé sur lequel un langage peut poser son interprétation. Avec la croissante multiplication des caractères chinois en fin de séquence et la permanence, au début, des chiffres arabes indépendants des langues qui les peuvent lire, la parole écrite est régulièrement enclose dans la tenaille de l'écriture parlée.

Sans doute, à l'intérieur de leur communauté, faut-il distinguer *Personnes* et *Nombres*. Tandis que l'un se borne à faire paraître in extremis après le dernier mot, en somme comme table des matières, sa grille des rencontres, l'autre au contraire insère le schéma dans son texte et, de loin en loin (4.8, 4.24, 4.48, 4.52) en propose diverses successives modifications. Dans le premier cas, séparable, immuable, fondamentale, la formalisation dessine l'enclos dont la narration ne saurait sortir. Dans le second, elle est aussi bien le jouet de la narration qu'en ses lois elle détermine jusqu'à être transformée par ce qu'elle produit.

V. *AUTO-REPRÉSENTATION*

Nous savons que le dogme qui prétend réduire, selon la formule de Sartre, « LE MOMENT VERBAL » à « une structure secondaire » se divise en deux doctrines complémentaires : expression, représentation. Pour l'une, c'est une substance intérieure que l'on exprime; pour l'autre, c'est une entité extérieure que l'on représente. A l'expression du Moi correspond la représentation du Monde. L'essentiel demeure : le texte n'est que le reflet d'un donné préalable. Au stendhalien roman-miroir qu' « on promène le long d'une route » fait écho le romantique poème-miroir de l'âme. C'est Hugo, dans sa préface aux *Contemplations* qui avance : « Si jamais il y aura un miroir d'âme, ce sera ce livre-là. » Loin de s'opposer, les deux principes s'allient donc à merveille : tout ce qui trouble à l'évidence la représentation du Monde se verse sitôt sur le compte de l'expression du Moi. Le fantastique traditionnel se lit par exemple de cette manière : ce n'est pas le Monde même qui est représenté; c'est un monde tout pénétré par l'une des majeures aptitudes du Moi : l'imagination. De « l'objectif » au « subjectif », le credo expression-représentation balaye ainsi une très vaste étendue.

Or, à cette confortable croyance s'oppose, irréductiblement, et en raison directe de son ostentation, le système des mécanismes producteurs. Nous l'avons vu (III., introduction et suite) : tels contes russes sont l'effet, en leur composition, de précises matrices. Mais seule une activité comparative dépassant chaque récit particulier a permis à Propp de les faire paraître. Il faut donc distinguer, de ces mécanismes externes les dispositifs internes de *la Maison de rendez-vous* et du *Libera*.

La fiction qu'ils engendrent s'écarte systématiquement de tout reflet du quotidien, aux aspects duquel ils font subir des agressions spécifiques. Ce qui est communément *unique* (tel personnage, tel événement) essuie la *dislocation* de variantes contradictoires; ce qui est ordinairement *divers* (plusieurs personnages, plusieurs événements) subit l'*assimilation* d'étranges ressemblances. La fiction exclut singularité parfaite comme pluralité absolue. Bref, elle est partout investie de miroirs. Miroirs déformants pour la dislocation de l'unique; miroirs « formants » pour l'assimilation du divers.

Le roman, ce n'est plus un miroir qu'on promène le long d'une route; c'est l'effet de miroirs partout agissant en lui-même. Il n'est plus représentation; il est auto-représentation. Non qu'il soit scindé en deux domaines dont l'un, privilégié, aurait l'autre pour représentation. Il est plutôt, tendanciellement, partout représentation de lui-même. C'est dire que loin d'être une stable image du quotidien, la fiction est en perpétuelle instance de dédoublement. C'est à partir de lui-même que le texte prolifère : il écrit en imitant ce qu'il lit. Quelque livre qui la contienne, toute « mise en abyme », certes, est déjà l'esquisse de ces internes miroitements. Gide n'évoquait-il pas, judicieusement, à son propos, les petits miroirs convexes de Memling et de Metsys? Mieux : l'on sait qu'elle réfléchit souvent le fonctionnement du texte. S'il lui advient de refléter le dédoublement même, elle formera, en quelque façon, un miroitement au second degré. C'est ainsi, nous semble-t-il, que doit se lire, byzantine, cette allusion glissée dès le seuil de *la Maison de rendez-vous*,

> Sur les parois des églises de Byzance, les marbres sciés à symétrie bilatérale dessinent sous mes yeux des sexes féminins largement ouverts, écartelés.

où l'accent se trouve naturellement mis, en l'évocation de l'orifice matriciel, sur l'aptitude productrice de l'auto-représentation.

VI. *ANTI-REPRÉSENTATION*

Si, avec l'auto-représentation, l'assiette du récit est sans cesse ébranlée par une scissiparité toujours menaçante, elle l'est davantage encore, on l'a vu, dans *Personnes* et dans *Nombres*, par les ruptures systématiques que lui impose, à chaque instant, un violent effort d'anti-représentation. Dans les deux cas, l'espace de la fiction devient pluriel : dans l'un, par pullulement des similitudes; dans l'autre, par multiplication des différences. « La voie vraiment voie est autre qu'une voie constante » : rien, peut-être, mieux que telle proposition du Tao inscrite dans *Nombres*, qui puisse servir d'emblème à cette dernière activité. On sait que, pour obtenir les plus vives ruptures, *Personnes* et *Nombres* ont eu recours à un très efficace dispositif. Comme il suffisait de mettre en jeu des plans inconciliables et de passer alternativement de l'un à l'autre, leur récit a reçu l'ordre d'aller et venir de la fiction à la narration, et de celle-ci à celle-là. Ainsi l'une et l'autre se contestent et s'engendrent réciproquement, au cours d'un procès de production toujours rendu sensible. Or, en la poursuite de son idéal (le *trompe-lecteur*), l'effort représentatif dissimule au maximum la narration pour que la fiction, en son illusionniste ressemblance, puisse se confondre avec ce dont elle se prétend l'image. Les signalant au contraire tour à tour, le système de *Personnes* et de *Nombres* forme donc bien l'exact inverse d'une représentation.

C'est à partir de lui-même que le texte prolifère : il s'écrit en s'opposant à ce qu'il lit. Cette pluralité peut être accrue. Ouvrant sa multiplicité à une quantité croissante d'autres textes, *Nombres* a poussé jusque-là. Cette activité intertextuelle exerce une double critique. Intervention du texte dans les textes : travaillée par le tissu qui la reçoit, la formule « le corps des nombres réels » connaît un volume de sens qui excède l'acception strictement mathématique : arrachée à toute scientiste prétention à la pureté, elle se trouve inscrite dans la constellation sémantique qui la comprend ; la précédente formule du Tao est investie d'un contenu très précis (une certaine organisation scripturale) qui lui ôte toute allure de pur paradoxe. Intervention des textes dans le texte : la mise en jeu, respectivement, de précises références à l'activité scientifique et à une civilisation autre. En toute perspective anti-représentative, le texte s'écrit au pluriel.

VII. *REDOUBLEMENT, RUPTURE*

Sous les divers angles d'où nous les avons observés, les quatre romans se sont toujours réunis par couples stables. L'esquisse de démarches typiques a donc été établie. Nul doute que la lecture d'autres livres ne soit en mesure de les confirmer comme tendanciellement caractéristiques du *Nouveau Roman* ou de *Tel Quel*. Quelques brèves remarques sur le traitement du personnage nous en assureront. La similisation de deux protagonistes distincts, Lassalle et Lessing, est l'une des opérations accomplies, et déjà dans l'assonance des patronymes, par *la Mise en scène* de Claude Ollier ; à l'inverse, c'est la rupture d'une même entité O en personnages inconciliables, tantôt homme, tantôt femme, que pratique *la Bataille de Pharsale*, de Claude Simon. Dans *Imaginez la nuit*, de Jean Thibaudeau, toute une longue séquence se construit sur le pronom *elles* sans qu'il soit jamais investi d'une stable identité ; et, nous l'avons vu (II. A), c'est à partir du *Comme* de Marcelin Pleynet que Baudry a pu définir le système permettant de varier continûment le contenu des personnes.

L'on sait que toute confrontation oscille entre deux tendances. La première a pour principe la similitude, pour objectif l'unification, pour nom l'œcuménisme; la seconde s'appelle sectarisme, son effet est l'éparpillement, son agent l'opposition. Selon la première nous noterons qu'en leur commun conflit avec le dogme représentatif, l'activité du Nouveau Roman est redoublée par celle de Tel Quel. L'une subvertit la catégorie de personnage et l'autre l'abolit. L'une tend à formaliser sa fiction et l'autre, plus violemment, sa narration. L'une détourne contre lui-même le procès de représentation et l'autre l'annule.

Selon la seconde, l'action de Tel Quel rompt avec celle du Nouveau Roman. L'abolition du personnage fait paraître sa subversion comme l'avatar d'une survivance. Face aux violentes ruptures de la formalisation narrative, la formalisation tendancielle de la fiction semble un ultime sursis accordé à l'histoire. Pour l'anti-représentation, trop représentative encore est l'auto-représentation.

Toute de proximité et de distance, cette radicalisation par Tel Quel de l'activité du Nouveau Roman, seule une figure contradictoire qui puisse la rendre. Songeons donc, pour conclure, à un lieu paradoxal où l'appui le plus vif entraîne l'écart le plus ample : le tremplin.

TABLE

IMP. FIRMIN-DIDOT. PARIS-MESNIL-IVRY
D.L. 2e TR. 1971, N° 2812 (7076)

COLLECTION « TEL QUEL »